Michael Diener

Raus aus der Sackgasse!

MICHAEL DIENER

RAUS AUS DER SACK- GASSE!

Wie die pietistische und evangelikale
Bewegung neu an Glaubwürdigkeit gewinnt

adeo

STIMMEN ZU DIESEM BUCH

Ich werde dieses Buch unseren drei Kindern und anderen jungen Menschen schenken mit dem Wunsch, dass ihnen das Feuer von Glauben und Liebe erhalten bleibt, wie es aus diesem Buch zu spüren ist – und dass sie darin hilfreiche Argumente und Mut finden, sich als Jesus-Nachfolger in diese Welt senden zu lassen, statt sich von ihr abzugrenzen.

Pfarrer Stefan Pahl, Marburger Kreis / crossover,
Vorsitzender des christlichen Mentoringnetzwerkes,
2. Vorsitzender von Willow Creek Deutschland

Ich habe die pietistisch-evangelikale Welt längst aus guten Gründen hinter mir gelassen und doch fehlt mir etwas. Vielleicht die Herzensfrömmigkeit. Bestimmt die große Ernsthaftigkeit in den Fragen des Glaubens.

Michael Diener zeigt nun auch welchen wie mir wie das gehen könnte: fromm zu bleiben ohne gegenwartsfeindlich und gesellschaftlich irrelevant zu werden. Und ganz in der Welt, aber nie, ohne zutiefst angewiesen zu sein auf Jesus.

Diener tut das anhand des Weges, den er selber zurückgelegt hat: ein Weg des auch schmerzvollen geistlichen Wachsens raus aus den engen Sackgassen von immer schon zementiertem Richtig und Falsch hin zu immer mehr Hören und Lieben.

Birgit Mattausch, Pastorin und Autorin

Vielfalt bereichert das Leben und fordert auch immer wieder heraus. Deshalb ist das leidenschaftliche Plädoyer von Michael Diener für einen Pietismus und eine evangelikale Bewegung mit Weite entscheidend wichtig. Das Zeugnis von der Liebe Gottes zu allen Menschen darf *nicht weiter beschädigt werden. Alle sind bei Gott willkommen. Alle!*

Christoph Stiba, Generalsekretär des Bundes Evangelisch freikirchlicher Gemeinden

Ehrlich, klar, anregend und zukunftsweisend für alle, die weiter pietistisch verwurzelt glauben wollen. Danke, Michael Diener, für das Teilen von nicht nur einfachen Erfahrungen, Fragen, Erkenntnissen und Selbstkritischem – all das macht dieses Buch für mich berührend und regt mich zum „Weiter-Denken und „Weiter-Glauben" an.

Katharina Haubold, Projektreferentin für Fresh X an der CVJM Hochschule und beim Deutschen Fresh X Netzwerk e.V.

Weil er der Präses gleich zwei der größten evangelischen Verbände in Deutschland war und im mächtigsten Gremium der EKD sitzt, bündelten sich die Negativtrends des Protestantismus – Polarisierung, Reformstau, Relevanzverlust – auf seine Person gerichtet wie in einem Brennglas. Jetzt nimmt er die Lupe selbst in die Hand, beäugt nicht selbstmitleidig seine Brandwunden, sondern sucht und findet Startpunkte, Wege, Brücken und Ziele für nichts weniger als eine Reform des Pietismus, einen Gestaltwandel vitaler Spiritualität im 21.Jahrhundert. Was Michael Diener hinter sich hat, ist bestürzend. Was er vorhat, ist bewegend.

Andreas Malessa, Theologe, Hörfunkjournalist, Buchautor

Wer die Aufbrüche und Spannungen der pietistisch-evangelikalen Welt der Gegenwart verstehen will, kommt an diesem Buch nicht vorbei. Michael Diener spricht die heißen Eisen an: kritisch, konstruktiv und voller Hoffnung auf bessere Zeiten.

Prof. Dr. Thorsten Dietz, Evangelische Hochschule Tabor

Für unsere Kinder Jennifer und Nicolai

INHALT

1.

EINLEITUNG ODER: WARUM MIR DIESES BUCH EIN HERZENSANLIEGEN IST

Na, das freut mich aber, dass Sie hier mal reinschauen ... Sie haben den Buchtitel und vielleicht auch den Namen des Buchautors gelesen – und aufgeschlagen. Vielleicht interessiert, weil Sie der pietistischen oder evangelikalen Bewegung angehören und so schnell mit „Sackgasse" jetzt auch nichts anfangen können. Vielleicht sogar zustimmend, weil es genau das ist, was Sie auch denken und gut finden, dass „es endlich mal einer sagt". Vielleicht gelangweilt-distanziert, weil Ihnen ja schon lange klar ist, dass diese Bewegungen in einer Sackgasse stecken (und Sie selbst nicht mehr dazugehören oder noch nie dazugehörten). Oder vielleicht auch wütend, weil das doch „typisch Diener" ist, mal wieder völlig unangebracht über seine eigene Bewegung herzuziehen ...

Nur, wie bringe ich Sie jetzt zum Weiterlesen?

Ich versuche es mal so: Unsere Gesellschaft ist im Umbruch und die christlichen Kirchen auch.[1] Total. Wir erleben Veränderungen, die so einschneidend und markant sind wie vielleicht seit der Aufklärung und dem Beginn der Industrialisierung nicht mehr.[2]

Wenn wir nur ansatzweise davon überzeugt sind, dass die christliche Botschaft, das Evangelium, für unsere heutige Zeit, gerade auch in diesen Umbrüchen, relevant ist, dann kann uns nicht egal sein, in welcher Form sich die christlichen Kirchen befinden. Und da ist eindeutig „Trainingsrückstand" zu attestieren. Die Form könnte besser sein. Immer wieder haben Kirchen Re-Formationen erlebt, kleine und große. Heute ist die Zeit für Re-Formation. Eindeutig.

Aufgrund meiner Verantwortungsbereiche könnte ich jetzt viel sagen und schreiben zur Reformbedürftigkeit und Reformansätzen in den evangelischen Landeskirchen (und vielleicht mache ich das in einer späteren Veröffentlichung auch noch). An manchen Reformschritten, wie etwa dem Reformationsjubiläum 2017 oder auch am gesamtkirchlichen Zukunftsprozess, der 2020 in die „12 Leitsätze zur Zukunft einer aufgeschlossenen Kirche"[3] mündete, war ich auch nicht ganz unbeteiligt. Und vieles davon weist aus meiner Sicht in die richtige Richtung.

Aber in diesem Buch geht es mir um einen anderen Teil evangelischer Kirche: nämlich um die pietistische und evangelikale „Welt".[4] Unser Glaube hat immer ein bestimmtes Profil. Teils können wir uns das gar nicht aussuchen, weil wir so aufwachsen und erzogen werden. Aber natürlich übernehmen wir im Laufe der Jahre selbst Mit-Verantwortung für das, was uns prägt. Und da sage ich frank und frei (und begründe das später auch ausführlich): Ich bin Christ, evangelisch, mit pietistischer Prägung. Das ist nun nichts Besonderes, kein Luxusstandard von Christsein (wobei das manche schon ganz anders einschätzen würden), aber eine Blumensorte (nein, kein Unkraut) auf der bunten Frühlingswiese Gottes. Im Zuge heutiger Schubladisierungen würden manche das mit

„evangelikal" gleichsetzen, aber ganz ehrlich, das sehe ich anders. Ich bin Pietist, aber nicht evangelikal, gestehe aber gerne ein, dass pietistische und evangelikale Bewegungen heute viele Gemeinsamkeiten aufweisen und im Grunde als eine Bewegung erscheinen. Das respektiere ich und nenne jetzt beide häufig gemeinsam.[5] Deren Zukunftsfähigkeit bereitet mir an einer zentralen Stelle wirklich Sorgen. Also nicht überwiegend und auch nicht überall, nein. Ich bin dankbar für viele Entwicklungen und überzeugt, dass pietistische und evangelikale Glaubensprofile viel zur Reform der evangelischen Christenheit beigetragen haben und weiter beitragen können. Da ist vieles auch richtig gut und zukunftsweisend aufgestellt, aber aus meiner Sicht gibt es für die pietistische und evangelikale Bewegung ein Glaubwürdigkeitsproblem in unserer heutigen Gesellschaft, das sie nicht haben müsste. Und DAS macht mir Sorgen.

In einem ersten Reflex antworten dann Angehörige dieser Frömmigkeitsprofile gern: „Das liegt an den anderen. Die stellen uns falsch dar. So sind wir nicht!" Aber leider ist in der Regel schon irgendwo auch Feuer vorhanden, wenn andere Rauch wahrnehmen. **Ich meine, dass es innerhalb der pietistischen und evangelikalen Bewegung Überzeugungen und Haltungen gibt, die weder dem Evangelium entsprechen noch lebensförderlich sind. Denn das ist für mich das Entscheidende: Es geht um den Kern unserer Glaubensüberzeugungen UND unsere Wahrnehmung in der Gesellschaft.**

„Toxisch" nennt man das heute. Mir ist klar, dass das ein harter Begriff ist. Vor allem, weil hinter diesen Überzeugungen und Haltungen ja Menschen stehen – und Geschwister im Glauben. Ich habe mir auch lange überlegt, ob ich dieses Wort verwenden soll und meine, dass es hilfreich ist, Fehlentwicklungen klar zu benennen. „Toxisch" meint: nicht lebensdienlich, zerstörerisch, spaltend. Und das sehe ich wirklich so. Diese Fehlentwicklungen haben Auswirkungen auf die gesamte Bewegung, nach innen wie nach außen. Und deshalb lassen sich derartige Fragen auch nicht einfach „intern" klären oder aufarbeiten.

Es gibt ja diese gute Sehnsucht unter Christenmenschen, nicht zu streiten und schon gar nicht öffentlich. Aber in einer modernen Medienwelt ist das fast unmöglich und die Dispute um die verschiedenen Sichtweisen in der pietistischen und evangelikalen Welt werden längst von allen Seiten auch öffentlich ausgetragen. Das finde ich auch nicht verwerflich, solange es möglichst sachlich zugeht. Noch wichtiger als Problemschilderungen ist mir der Blick nach vorne – was kommt nach der Sackgasse? Darum geht es ganz besonders ab dem fünften Kapitel. Wie kann Christsein in pietistischer und evangelikaler Prägung heute neu an Glaubwürdigkeit und Relevanz gewinnen für die Menschen unserer Zeit? Genau das kann uns als Christ*innen doch nicht gleichgültig sein – wir sind doch Teil einer Mission und die ist untrennbar damit verbunden, mit den Zeitgenoss*innen unserer Kultur(en) Evangelium zu teilen. Das gelingt aber gesamtgesellschaftlich immer weniger. Nur noch in eigenen „Identitätsblasen" oder soziologischen „Milieus". Und dann meinen wir, dass Wachstum in dieser Blase schon gleichbedeutend wäre mit „alle Menschen mit dem Evangelium erreichen". Welch ein Irrtum!

Schon an der Widmung können Sie erkennen: Ich schreibe dieses Buch besonders, mit Blick auf meine Kinder Jennifer und Nicolai, für viele junge Menschen aus mehr oder weniger „frommen" Elternhäusern. Eveline und ich haben unsere beiden nun schon erwachsenen Kinder christlich erzogen, sozialisiert in Landeskirche und Landeskirchlicher Gemeinschaft, und uns gewünscht und darum gebetet, dass sie mit „Wurzeln und Flügeln" leben. Und Gott sei Dank, das tun sie. Zugleich erlebten sie hautnah, wie lebensprägend und aufbauend, aber auch wie einengend und zerstörerisch ein evangelischer Glaube pietistischer Prägung sein kann. Heute glauben beide auf ihre Weise, aber es ist völlig unvorstellbar, dass sie in konservativen Gemeinschaften oder Gemeinden, wie ich sie nun jahrelang mit vertreten habe, je heimisch würden. Und ich weiß, dass das nicht nur „ihr Problem" ist. Ihnen ist das gesellschaftliche Engagement auch der Kirchen wichtig. Sie erwarten, dass Christen respektvoll mit Menschen anderen Glaubens oder mit anderen Überzeugungen umgehen. Ablehnung queerer Menschen geht für sie gar nicht, ebenso wenig wie eine übergriffige, restriktive Sexualethik. Digitale Glaubens- und Gemeindeangebote sind hilfreich, aber „analog" muss es ebenso stimmen. Wir hoffen und beten, dass sie einmal Gemeinschaften von Christenmenschen finden, die einladend und offen, tolerant und gleichzeitig nicht so auffällig milieuverengt sind, wie sie das bisher weitgehend erfahren mussten. Noch heute reden sie dankbar und begeistert von der bunten und offenen Gemeinschaft ihrer Kindheitstage in der protestantischen Johanneskirchengemeinde in Pirmasens. Sie erwarten, dass Glaube mit ihrem persönlichen Leben zu tun hat und gemeindliche Zugehörigkeit einen Mehrwert für ihren Tag und ihr Leben bietet: Begeisternd und lebensnah soll christliche Kirche sein.

Ich sehe meine Kinder und so viele junge Menschen, die ich in den vergangenen Jahren in der pietistischen und evangelikalen Welt getroffen habe. Ich sehe ihre Elterngeneration, mit der ich in den vergangenen Jahren an vielen Orten so intensiv zusammen-gearbeitet habe. Ich sehe unsere älteren Glaubensgeschwister, die mir in so vielem Vorbild und Ermutigung gewesen sind. **Im Blick auf alle diese Menschen möchte ich zu „einem guten Gewissen" für einen geistlich und biblisch gegründeten, aufgeschlossenen, offenen Pietismus beitragen, weil ich davon überzeugt bin, dass ein solches Glaubensprofil zur Kirche Jesu Christi auch in der Zukunft Substanzielles beizusteuern hat.** Wenn denn der Weg aus der Sackgasse gelingt...

Welche Sackgasse meine ich?

„It's the economy, stupid!" – „Es ist die Wirtschaft, du Dummkopf." Dieser Spruch wird auf James Carville, einen Politikberater Bill Clintons, zurückgeführt, der damit 1992 erklärte, was ausschlaggebend ist, um Wahlen zu gewinnen: Es geht um die Wirtschaft! Und sonst nichts. Aus dieser Einsicht entwickelte Bill Clinton 1993 eine Wahlkampfstrategie und gewann in den amerikanischen Präsidentschaftswahlen gegen George Bush. Seitdem wird dieser Slogan immer mal wieder abgewandelt verwendet, um auf DEN zentralen Schlüsselfaktor einer gewünschten Veränderung hinzuweisen.

Wer die Sackgasse und den Weg aus derselben für eine pietistische und evangelikale Bewegung beschreiben will, muss formulieren: „It's bible and culture, stupid!" – „Es ist die Bibel und die Kultur, du Dummkopf!"

Die Grundthese dieses Buches ist, dass eine notwendige geistliche Erneuerung der pietistischen und evangelikalen Welt nur gelingt, wenn eine bestimmte Lesart der Bibel, die ich jetzt vorläufig einmal als „eher fundamentalistisch oder biblizistisch" benenne, das „Ankommen" in einer bestimmten Zeit und Kultur nicht erschwert oder sogar unmöglich macht.

Eine derartige Lesart hat die „DNA" der pietistischen und evangelikalen Bewegung häufig negativ beeinflusst, sodass dieses Glaubensprofil damals wie heute in unserer Kultur und Gesellschaft unattraktiv und nicht mehr vermittelbar zu werden droht. Dabei geht es nicht um den klassischen Gegensatz zwischen „konservativ" und „progressiv" – derartige Grundhaltungen hat es immer in allen Religionen gegeben und wird es immer geben. Das ist gut und wichtig. „Zerstörerisch" wird es meines Erachtens da, wo die aus der eigenen Schriftauslegung gewonnenen Glaubensüberzeugungen so verabsolutiert werden, dass Spaltungen zwischen Glaubensgeschwistern fast unvermeidlich sind.

Während ich das schreibe, höre ich schon die mahnenden Stimmen, dass es bei einem Buchentwurf, der so sehr auf unsere Kultur und Gesellschaft blickt, doch wahrscheinlich nur um eine Anbiederung an den „bösen Zeitgeist" gehen kann. Hier soll „das Evangelium verwässert", die „Freundschaft mit der Welt" gesucht und die Gemeinde ihrer „Salz- und Lichtkraft" beraubt werden. Mitnichten. Nein, auf keinen Fall. **Es geht eben gerade nicht um einen Ausverkauf der biblischen Botschaft an den Zeitgeist, sondern stattdessen um die Befreiung der Heiligen Schrift aus einer Lesart, einem Verständnis, wie sie nach meiner Überzeugung nie gelesen und verstanden werden wollte.**

Die Bibel selbst bietet genügend Anschauungsunterricht für Einheit in Vielfalt und fordert uns dazu auf, in diesem Sinne auch aufeinander zuzugehen. Kompromisslose Übereinstimmung ist im Bekenntnis zu Jesus Christus gefragt. Wenn aber diese Kompromisslosigkeit aufgrund des eigenen hermeneutischen Verständnisses auf immer mehr dogmatische und ethische Fragen ausgeweitet wird, beschädigt das die weltweite Gemeinde Jesu Christi.

Noch einmal: Ich halte diese Lesarten der Bibel für unsachgemäß, für unevangelisch – ganz egal, wie gebräuchlich ein derartiges Verständnis der Bibel in Teilen der pietistischen und evangelikalen Bewegung bisher gewesen sein mag. Es wird Zeit, sich von einer solchen Auslegungsweise der Bibel zu verabschieden, nicht nur um der Menschen, sondern eben auch um der Bibel willen. „Glaubwürdigkeit" zielt im Titel dieses Buchs also in verschiedene Richtungen: Sie ist relevant für unsere Gottesbeziehung, für das Verhältnis von Christ*innen untereinander und sie ist absolut wichtig für die gesellschaftliche Wahrnehmung.

„Raus aus der Sackgasse" bedeutet auch: „Holt euch die Bibel zurück!" Holt sie euch von denen zurück, die meinen, sie hätten ein Monopol auf ihre sachgemäße Auslegung. Da höre und lese ich fast gebetsmühlenartig von der „Autorität der Bibel, wegen der man irgendetwas genau so sehen muss", von „bibeltreu" oder „unbiblisch". Und jedes Mal handelt es sich um nichts anderes als um eine sehr subjektive, aus einer bestimmten Frömmigkeitstradition gespeiste Sicht auf die Bibel und ihre Themen. Menschen in pietistischen und evangelikalen Kontexten kennen diese durchaus ernst gemeinte und dennoch formelhaft wirkende Aneinanderreihung bestimmter Aussagen. Ich wehre mich entschieden gegen eine derartige Vereinnahmung der Bibel: Die Bibel ist auch für mich Autorität für meinen Glauben und mein Leben und dennoch komme ich in Verständnis und Auslegung der Heiligen Schrift in manchen Fragen zu völlig anderen Ergebnissen. Wieso muss ich mir immer wieder vorwerfen lassen, meine Bibelauslegung untergrabe deren Autorität?

Es geht uns doch allen um ein verantwortungsvolles Verständnis der Bibel. Welche Auslegung „verantwortungsvoll"

ist, „glaubwürdig im Blick auf Text und Menschen", das ist hier die Frage. Die Bibel gehört doch zu allen Christenmenschen und es ist immer schief gegangen, wenn eine Gruppe das Auslegungsmonopol beanspruchte und diese „Richtschnur" verwendet wird, um den Bibelgebrauch anderer zu entwerten. Um es salopp zu sagen: Eine Richtschnur richtet aus, sie stranguliert nicht.

Das ist eine Sackgasse.

Meine „Zielgruppe", die Menschen, für die ich schreibe, sind aber nicht diejenigen, die sich jetzt verwundert fragen: „Sackgasse? Wo ist hier eine Sackgasse?" Mir stehen beim Schreiben nicht diejenigen Ausprägungen der pietistischen und evangelikalen Welt vor Augen, von denen ich mich aus guten Gründen abgewendet habe, sondern die vielen hoch engagierten, motivierten, liebevollen Menschen in pietistischen und evangelikalen Gemeinden und Organisationen, denen ich in den vergangenen 12 Jahren begegnen durfte und die ich aus ganzem Herzen respektiere und achte. Ich habe all die vor Augen, die in den vergangenen Jahren mit mir gemeinsam an einer bunten und vielfältigen Kirche gearbeitet haben; in der Mitgliederversammlung und im Vorstand des Gnadauer Verbandes, in Rat und Synode der EKD, in den Gremien der Deutschen Evangelischen Allianz, in der Arbeitsgemeinschaft missionarische Dienste, bei Willow Creek Deutschland und in so vielen anderen Werken und Organisationen. Wir sind so viele und doch oft so belastet von Streitfragen und Polarisierungen, die uns wahrlich nicht bestimmen müssten. Dieses Buch richtet sich an alle jene in Kirche, Gemeinschaftsbewegung und Freikirchen, die das Gute ihrer Prägung bewahren und weiterentwickeln wollen, die überzeugt davon sind, dass es anders geht und dass das auch endlich an der gemeindlichen Basis laut gesagt und gelebt werden kann.

Ansprechen will ich aber auch all diejenigen, die gern wieder frei atmen, das Evangelium als wirkliche „gute Botschaft" erleben und mit anderen Menschen teilen wollen, ohne den gesetzlichen Ballast, wie ich ihn immer wieder als Konsequenz einer eher fundamentalistischen oder biblizistischen Auslegung mitgeliefert bekam. Ich meine diejenigen, die so müde sind, dass ihnen „ihr Glaube nicht geglaubt" wird, ihre Herzensüberzeugungen bestritten werden. Gemeint sind deshalb auch diejenigen, die „eigentlich" aus guten Gründen längst mit „pietistisch" oder „evangelikal" gebrochen haben – und denen dennoch etwas fehlt.

Meine Zeilen sollen ein ermutigender Aufruf sein: raus aus der Sackgasse einer gesetzlichen und damit unsachgemäßen Auslegung! Vertraut der Heiligen Schrift und vertraut dem Evangelium, ohne eine fundamentalistisch-biblizistische Brille zu tragen. **Gewinnt wieder an Glaubwürdigkeit miteinander und untereinander und in einer säkularisierten Gesellschaft, die das Echte, das Lebensdienliche, das Sinngebende so dringend braucht und nicht satt wird durch leere Formeln, hinter denen viel zu oft eben doch nur Abwertung und Verurteilung Andersdenkender stehen**.

Eine eher fundamentalistische oder biblizistische Auslegung ist aus meiner Wahrnehmung nicht pluralitätsfähig, sie verabsolutiert den eigenen Standpunkt und grenzt Andersdenkende konsequent aus. Sie „verkrümmt" die Menschen – diejenigen, auf die man als „ungläubig", „verloren", „liberal" oder „linksgrünversifft" herabschaut und ebenso diejenigen, die in einer solchen Engführung christlichen Glaubens gefangen sind. Klar kann man so glauben und leben – wer mag. Aber für das christliche Miteinander und unsere Außenwirkung in der heutigen Zeit und Gesellschaft ist eine derartige Haltung aus meiner Sicht eine ganz extreme Belastung.

Dass dieses Buch genau jetzt erscheint, am Ende meines Sabbatjahres, hat gute Gründe. Ich wollte auf keinen Fall „aus dem Affekt" schreiben und damit andere ungerechtfertigt angreifen. Deshalb brauchte ich Abstand zu Auseinandersetzungen, die mich nun wirklich seit Jahren immer wieder beschäftigt haben. Und auch ziemlich verletzt. Das will ich weder verbergen noch schönreden. Bis heute gibt es vieles in diesem Teil der pietistischen und evangelikalen Bewegung, was mich richtig traurig oder auch anhaltend wütend macht. Zugegeben. Aber mir ist schon klar, dass auch ich verletzt und Wut erzeugt habe. So ist das, wenn in unserer heutigen Zeit der Polarisierungen unterschiedliche Ansichten aufeinanderprallen. Und besonders dann wird es brenzlig, wenn beide Seiten das als „friendly fire" einschätzen: „Hey, warum schießt du auf mich, warum kritisierst du mich? Wir gehören doch zusammen?!"

All das ist mir sehr bewusst und deshalb ging mein Manuskript durch unterschiedliche Hände. Mehrmals. Wie viel Auseinandersetzung mit zu kritisierenden Ansichten ist nötig und wie viel Raum bleibt dann für die positiven Ansätze? Das hat mich immer wieder beschäftigt. Werden Leser*innen, die ich gewinnen möchte, zurückscheuen, wenn ich, meiner Art entsprechend, Streitpunkte klar und auch angriffig formuliere? Führt das zu Solidarisierungseffekten und verpuffen so die Impulse für mutige Schritte? Mir ist der schmale Grat bewusst, auf dem ich hier gehe. Um möglichst keine „schmutzige Wäsche zu waschen", bin ich mit der

Benennung von konkreten Beispielen und Personen so vorsichtig, wie ich nur sein kann. Manchmal muss ich als Beleg und Illustration „Ross und Reiter" nennen, aber auch dann bemühe ich mich, so sachlich wie möglich zu bleiben.

Ich kann mich noch genau an die Zeit erinnern, in der aus einem heilsamen Umgang mit meiner Klage und meinen Verletzungen der Wunsch erwachsen ist, dabei eben nicht stehen zu bleiben. Sondern eine Alternative aufzuzeigen: **Auf keinen Fall will ich nur klagen oder streiten, sondern vor allem neue Räume eröffnen für eine offene pietistische oder evangelikale Tradition. Das will ich. Das ist meine tiefste Motivation. Und das eben nicht von außen, nicht als „Expietist", sondern weiterhin als „Herzenspietist", der sich genau deshalb von manchem nun auch ganz bewusst (und öffentlich) distanziert.**

Um mich distanzieren und Alternativen benennen zu können, musste ich auf meine berufliche Tätigkeit in diesem Bereich der evangelischen Welt verzichten. Ich habe jahrelang versucht, neue Wege von innen aufzuzeigen, quasi aus dem Kernbereich der pietistischen und evangelikalen Bewegung. Aber das fordert zu sehr und zu viel – von diesen Bewegungen und ihren unterschiedlichen Protagonist*innen und auch von mir. Deshalb ist der Schritt aus meinen Verantwortlichkeiten in der ersten Reihe folgerichtig. Mit dem, was ich hier schreibe, müssen sich keine Vorstände oder Mitgliederversammlungen befassen. Es kann begrüßt und bestätigt, aber genauso auch zerrissen, ignoriert oder widerlegt werden – das liegt vor allem an Ihnen, meinen Leser*innen.

Ich habe mich auch bemüht, es Ihnen mit dem Lesen nicht allzu schwer zu machen. Ich vertrete meine Positionen hoffentlich begründet, qualifiziert und differenziert, aber ich verzichte darauf, die biblisch-theologischen oder humanwissenschaftlichen Grundlagen detailliert auszuführen. Bis auf wenige aus meiner Sicht notwendige Ausnahmen ist der Haupttext ohne „Fachchinesisch" verfasst, angereichert durch Fußnoten, die das manchmal nur Behauptete entweder belegen, veranschaulichen oder auch vertiefen sollen.

Wollen Sie jetzt noch weiterlesen? Dann will ich Ihnen sagen, was ich auf den kommenden Seiten beabsichtige:

Im zweiten Kapitel zeige ich an ganz unterschiedlichen Beispielen auf, warum ich die pietistische und evangelikale Bewegung in unserer Zeit und Gesellschaft in einer Glaubwürdigkeitskrise sehe. Danach, im dritten Kapitel, geht es um die Einbettung meiner Gedankengänge in die geschichtlichen Entwicklungen. Ja, das muss sein. Ebenso einige Begriffserklärungen: Warum spreche ich immer von „eher fundamentalistisch oder biblizistisch"? Warum drücke ich mich da so gewollt ungenau aus? Warum ist es mir wichtig, pietistisch und evangelikal zu unterscheiden, aber beileibe nicht zu trennen? Was sind „Bekenntniskonservative"? Und wie viel „Schubladisierung" ist leider nötig, bei aller gebotenen Differenzierung? Für mich nicht einfach zu schreiben – und für Sie nicht einfach zu lesen – ist das vierte Kapitel, in dem ich offen und möglichst sachlich beschreibe, warum für mich Brückenbauen inzwischen, leider, auch Grenzen hat.

So vorbereitet geht es ab dem 5. Kapitel in den zweiten Buchteil. Ganz folgerichtig mit Grundgedanken zu einem kultursensiblen Lesen und Verstehen der Bibel, um dann in den nachfolgenden Kapiteln in vielen Konkretionen aufzuzeigen, wie denn eine offene pietistische und evangelikale Bewegung, gemeinsam mit vielen anderen Christ*innen in unserer Gesellschaft, wirklich einen Unterschied machen kann. **Darauf liegt mein Schwerpunkt: auf der Benennung von Grundlagen und Haltungen, die, aus dem lebendigen Evangelium gewonnen, das Leben von uns Christ*innen heute prägen können.** Dabei werde ich auch heikle dogmatische und ethische Themen nicht auslassen.

Wollen Sie sich darauf einlassen? Dann danke, dass Sie sich mit mir auf diesen spannenden Weg begeben, auf dem ich Sie auch immer wieder an persönlichen Erfahrungen Anteil nehmen lasse. Mein Glaube hat sehr viel mit meiner Biografie zu tun, mit meiner Prägung, meiner Erziehung, meinen Erfahrungen – das ist bei Ihnen nicht anders.

Nicht umsonst haben im Pietismus Biografien einen hohen Stellenwert. Ich habe das humorig immer als „pietistisches Pendant zur Heiligenverehrung" bezeichnet. Sie müssen wissen: Mir geht es nie „nur um Sachfragen", sondern immer um Beziehungsfragen – zu Gott und zu unseren Nächsten –, es geht mir um Menschen, um Gottes Geschöpfe und Kinder wie Sie und mich.

2.

OH GOTT: EVANGELIKAL?!

Ist Ihnen das auch schon aufgefallen? Nach meiner subjektiven Recherche bezeichnen sich in unseren Breitengraden immer weniger Einzelpersonen, Gemeinden oder Organisationen als „evangelikal". Das kann viele Gründe haben, aber aus meiner Sicht ist es auch eine direkte Folge davon, dass dieser Begriff einfach „verbrannt" ist. Ich will Ihnen an einigen Beispielen mal aufzeigen, wie sich dieser Brandschaden konkretisiert:

- „Kirche für die Stadt" – so lautet der Slogan einer (fiktiven) evangelischen Gemeinde in einer mittelgroßen Kommune. Ob Kirchengemeinde, Landeskirchliche Gemeinschaft oder Freikirche darf dabei erst einmal offenbleiben. Jedenfalls hat diese Gemeinde schon seit Urzeiten ein eher pietistisches – oder für alle, die das nicht trennscharf unterscheiden – „evangelikales" Profil lebendig gehalten. Die „Kirche für die Stadt" ist anerkannt, Mitglied in der örtlichen ACK, wie auch in der Evangelischen Allianz. Weithin wahrgenommen wurde sie, als die katholische Nachbargemeinde nach einem Kirchenbrand monatelang völlig problemlos Unterschupf in ihren Räumen fand. Aus dieser

Zeit gibt es bis heute einen ökumenischen Bibelkreis und auch einen Gebetskreis, der sich monatlich trifft. Die Gemeinde unterstützt die örtliche Tafel und engagiert sich in der Begleitung von Geflüchteten. Und ebenso selbstverständlich lädt sie zu Evangelisationen und missionarischen Gesprächsabenden ein. Ihr „zweites Gottesdienstprogramm" mit Band und frischer Moderation wird von vielen Menschen aus anderen evangelischen Gemeinden, aber ebenso von Konfessionslosen und Suchenden gern wahrgenommen. Seit die Gemeinde aus eigenen Mitteln zusätzlich noch einen Erlebnispädagogen für die Arbeit mit Kindern und Jugendlichen angestellt hat, brummt der Laden. Alles im grünen Bereich – so weit.

Wären da nicht die Zwischentöne: Die unterschiedlichen Kräfte in der Gemeinde beginnen sich aneinander zu reiben. Auslöser ist der Gruß des Pastors an die ortsansässige muslimische Gemeinde zum Fest des Fastenbrechens. Erst da wird einigen klar, dass alle Jugendliche der Gemeinde in diversen Besuchsaktionen auch das Gebetshaus der Muslim*innen kennenlernten und besorgte Stimmen fragen sich, ob das denn nun gegenüber einer „antichristlichen Religion" nicht zu weit ginge ... Als ein Kind aus einer recht konservativen Gemeindefamilie in der Jugendgruppe hingegen Abtreibung als Mord bezeichnet, beginnen eher liberal geprägte Eltern, die ihre Kinder erst nach einigen Bedenken zu den Angeboten der Gemeinde geschickt hatten, ihre Entscheidung zu überdenken. Ein Leserbrief in der Lokalzeitung führt dazu, dass die Gemeindeleitung sich zu einer differenzierten Sichtweise der Frage der Abtreibung bekennt, was wiederum die inzwischen hochsensibilisierte Gruppe der Konservativen im Gemeindekern so gar nicht erfreut.

Es kommt, wie es kommen musste: Als bei einer Gemeindeversammlung thematisiert wird, dass zwei ältere Jugendliche, die ehrenamtlich in der Arbeit mit Kindern mithelfen, unverheiratet zusammenleben, wird von Einzelnen der Vorbildcharakter von Mitarbeitenden, aber auch die Gültigkeit biblischer Normen angemahnt. Plötzlich erhebt sich ein Gemeindemitglied mittleren Alters und zeigt sich überrascht davon, wie hier Menschen angeprangert und verurteilt würden. Er fühle sich schon lange gedrängt, der Gemeinde zu sagen, dass er homosexuell sei und nun, seit drei Wochen, endlich auch den Mann fürs Leben gefunden habe. Spätere Eheschließung, dann hoffentlich mit Gottesdienst in seiner Gemeinde, nicht ausgeschlossen.

Wie geht es wohl weiter?

In aller Regel führen die hier angesprochenen Konflikte zu einer erheblichen Infragestellung der lebendigen, christuszentrierten Arbeit und früher oder später meist auch zu Spaltungen. Entweder die „eher liberalen" oder die „eher konservativen" Gemeindeglieder werden fortgehen und sich eine neue Heimat suchen oder eine eigene Gemeinde gründen.

Und es bleibt nicht bei den internen Auseinandersetzungen. Ganz schnell werden diese in der Zeit der Polarisierungen und befeuert durch die sozialen Medien in der Öffentlichkeit ausgetragen:

„unbiblisch", „zeitgeistig verlottert", „homophob", „fundamenta-listisch" – diese und ähnliche Schlagwörter machen die Runde. Der gute Ruf und der „gute Geruch" der „Kirche für die Stadt" in einer säkularisierten Öffentlichkeit ist dahin und es setzen sich die üblichen Abgrenzungen und Schubladisierungen durch.

In den vergangenen Jahren wurden „Evangelikale in Deutschland" in einigen Fernseh- oder Rundfunkbeiträgen thematisiert – in der Regel geschieht das kritisch, leider nicht selten auch verzeichnend, selbst in Beiträgen der öffentlich-rechtlichen Sender. **Wenn sachlich der Finger in Wunden gelegt wird, ist das bitter notwendig. Wenn eine religiöse Bewegung bewusst verzerrt und undifferenziert pauschal an den Pranger gestellt wird, löst das nur weitere Verwerfungen aus.** Es klärt nichts. Medien berichten in der Regel nicht von „gesunden" evangelikalen Gemeinden. In Dokumentationen, Berichten oder Spielfilmen geht es fast immer um die Extreme. Und so ist es kein Wunder, dass „evangelikal" heute gesellschaftlich unter Generalverdacht steht. Auch wenn manches davon unzutreffend und irreführend war und ist, frage ich mich dennoch, was das für die Mission „evangelikaler Gemeinden" in diesem Land bedeutet. Verschweigt man die manchmal von der Mehrheitsmeinung so eklatant abweichende innere Gesinnung oder wirbt man mit ihr? Streitpunkte sind dabei doch in der Regel sexualethische Themen, die Frage nach den Geschlechterrollen oder auch Themen des interreligiösen Dialogs. Wie eben oben in dieser kleinen Gemeindeschilderung dargestellt. Muss das so bleiben?

Szenenwechsel:

Spätestens seit 2020 ist der bremische Pastor Olaf Latzel in den Mittelpunkt überregionaler Berichterstattung gerückt. Er wird dort immer wieder als „evangelikal" bezeichnet, mitsamt der St.-Martini-Gemeinde, als deren Pastor er fungiert. Olaf Latzel hat im Laufe seines Dienstes immer wieder für Aufsehen gesorgt. Er lehnt es, wie seine Kirchengemeinde, ab, dass Frauen in einer christlichen Gemeinde leiten oder lehren, er diskriminierte in einer Predigt vom Januar 2015 religiöse Inhalte anderer Religionen und des Katholizismus und in einem Eheseminar vom Oktober 2019 homosexuelle Menschen. Ich möchte seine Formulierungen hier nicht wiederholen und verweise stattdessen auf den entsprechenden Artikel bei Wikipedia.[6]

Im November 2020 sprach das Amtsgericht Bremen Olaf Latzel aufgrund der Aussagen beim Eheseminar 2019 der Volksverhetzung für schuldig. Der erstinstanzlich Verurteilte hat gegen dieses Urteil Berufung eingelegt. Im Verlauf eines innerkirchlichen Schiedsverfahrens entschuldigte sich Olaf Latzel für seine beleidigenden Aussagen über homosexuelle Menschen, woraufhin er seinen Dienst wieder aufnehmen durfte. Das verhinderte vorläufig die weitere Eskalation des Streits zwischen seiner Kirchengemeinde, die geschlossen hinter ihm steht, und der bremischen Landeskirche. Der Streit eskalierte aber auch zwischen Unterstützer*innen Latzels und dessen Gegnern. Bei einem eigens zur Unterstützung Latzels einberufenen Gebetsgottesdienst in Köln-Ostheim sprach einer der Kirchenvorsteher von St. Martin davon, dass *„evangelikale Christen immer stärker an den Rand der Gesellschaft gedrängt und als Rechtsradikale diffamiert würden"*. Es ginge nur vordergründig um Latzels Aussagen, sondern darum, *„ob wir uns an Gottes Wort* *halten oder ob wir an seine Stellen Phrasen des Zeitgeistes setzen".*[7] Es ist offensichtlich, dass damit die Positionen Latzels und seiner Gemeinde als typisch für Evangelikale bezeichnet werden, das Wort Gottes für die eigene Überzeugung reklamiert, Andersdenkende als Phrasendrescher tituliert und zugleich selbst eine Märtyrerrolle eingenommen wird. Das Ganze gewinnt auch dadurch Symbolcharakter, dass neben den zu erwartenden Unterstützern aus den Reihen der Bekenntniskonservativen auch der Präsident der Europäischen Evangelischen Allianz zugegen war.

Aus meiner Sicht ist es völlig inakzeptabel, dass die Aussagen und das Verhalten Latzels als typisch oder beispielhaft für evangelikale Christ*innen dargestellt werden. Aber genau das geschieht – sowohl in der Außenwahrnehmung als auch nach innen. Das ist einfach nur fatal. Ich verbitte mir, gemeinsam mit gewiss vielen anderen Menschen pietistischer oder evangelikaler Provenienz, einem Glaubensprofil zugeordnet zu werden, das auch nur im Entferntesten mit den strittigen Formulierungen des bremischen Pastors in Verbindung gebracht werden kann. Das sind nicht meine Überzeugungen. **Seit wann ist die Diffamierung Andersdenkender oder Andersgläubiger essenzieller Bestandteil der Verkündigung des Evangeliums?**

Hier tritt aus meiner Sicht ein häufig wahrzunehmender Wesenszug vieler Bekenntniskonservativer in seiner kritischen Ausprägung in den Vordergrund: Zur Verkündigung des Evangeliums kommt nämlich, durchaus biblisch und reformatorisch begründet, ein empfundenes Wächteramt gegenüber falschen oder irreführenden Äußerungen. Es genügt nicht, zum Glauben an Jesus Christus einzuladen, sondern es ist ebenso erforderlich, vor Irrwegen und Falschlehren zu warnen. Ich möchte gar nicht bestreiten, dass

Wachsamkeit zum christlichen Glauben dazugehört. Wie könnte ich das auch, wo ich doch mit diesem Buch ebenfalls zur Wachsamkeit und zur Distanzierung von bestimmten Ansichten aufrufe?! Aber diese Distanzierung hat im Einklang mit dem Evangelium zu geschehen, sachorientiert und nicht in einer beleidigenden, andere Menschen oder deren Überzeugungen herabwürdigenden Art und Weise. **Das Problem mit dem „Wächteramt" besteht darin, dass Menschen, die sich berufen fühlen, andere „von hoher Warte" aus zu beurteilen, seltenst geistlich frisch, lebendig und barmherzig bleiben.** Das sage ich mir selbst zuerst.

Und ich widerspreche ausdrücklich, wenn behauptet wird, Olaf Latzel werde wegen seines Bekenntnisses zu Jesus Christus und seines Einstehens für das Wort Gottes verfolgt. Es gibt sehr viele Christenmenschen, die sich öffentlich kritisch zu anderen Religionen oder zu Homosexualität äußern. Die werden aber nicht erstinstanzlich wegen Volksverhetzung verurteilt, weil sie eben sachlich und nicht „ad personam" argumentieren. Wer Olaf Latzel zum „evangelikalen Märtyrer" stilisieren will, entwertet nicht nur den mir heiligen Begriff des Märtyrertums, sondern schadet der evangelikalen Bewegung und untergräbt unsere freiheitlich-demokratische Grundordnung, weil der Eindruck erweckt wird, dass die unabhängige Justiz in unserem Land schon zur Christenverfolgung ansetzt.

Vielleicht wird bis zum Erscheinen dieses Buches das erstinstanzliche Urteil schon kassiert oder bestätigt worden sein. Vielleicht schwelt der Rechtskonflikt weiter oder er ist beigelegt. Was ich aber um diese Auseinandersetzung herum an Realitätsverlust und Faktenverzerrung wahrgenommen habe, lässt tief blicken. Und damit da keine Zweifel bestehen: Unabhängig von meinem klaren Widerspruch gegen Olaf Latzels oben benannten Aussagen stünde ich an seiner Seite, sobald es wirklich um eine Glaubensverfolgung ginge. Für ihn und mich gilt wechselseitig, dass man sich die anderen Schäfchen in der Herde des guten Hirten ja nicht aussuchen kann – und das ist gut so.

Ich hätte anstelle des Beispiels von Olaf Latzel auch auf eine Vielzahl anderer Äußerungen sogenannter „Bekenntniskonservativer" zurückgreifen können. Quer durch die Republik zieht sich ein Band von Medien, Institutionen und Personen, die gern das Wächteramt wahrnehmen und sich nicht scheuen, auch mal unsachlich und persönlich diffamierend mit Andersdenkenden umzugehen. Und dabei spielt es aus meiner Sicht überhaupt keine Rolle, dass es diese Diffamierungen auch von anderer Seite diesen Bekenntniskonservativen gegenüber gibt. Das ist ebenso falsch, kann aber nicht entschuldigen, dass hier Menschen im Brustton der Überzeugung ihre Ansichten als „einzig biblisch" einbringen und dennoch in Art und Inhalt immer wieder hinter diesem Anspruch zurückbleiben. Personen wie Olaf Latzel haben dazu beigetragen, dass „evangelikal" in der kirchlichen und säkularen Welt zu oft nur noch als sektiererischer Irrweg wahrgenommen wird. So ist die Arbeit Tausender Menschen, die mit einem pietistischen oder evangelikalen Glaubensprofil einladend und liebevoll, barmherzig und pluralitätsfähig unterwegs sind, nachhaltig diskreditiert.

Weiterer Szenenwechsel:

Noch wesentlich häufiger hat das Wort „evangelikal" in den vergangenen Monaten in unzähligen Zeitungsartikeln und Fernsehsendungen rund um den Globus Verwendung gefunden. Wieder ist der Zusammenhang kein positiver und zudem weithin nicht religiöser Natur. Ich spreche von einem relevanten Teil der Unterstützer*innen des populistischen brasilianischen Präsidenten Jair Bolsonaro oder, wesentlich folgenreicher, des ehemaligen amerikanischen Präsidenten Donald Trump. Bei Letzterem war immer wieder davon die Rede, dass über 80 % der „weißen(!) Evangelikalen" ihn unterstützten und wählten.[8] Besonders seine Ernennung konservativer Richter, von denen sich seine Anhänger eine deutlich restriktivere Abtreibungspolitik erhofften, aber auch seine harte Haltung gegenüber islamischen Staaten und seine Unterstützung Israels sollen ihm diese hohen Zustimmungswerte eingebracht haben.[9] Einige soziologische Untersuchungen jüngerer Vergangenheit legen aber nahe, dass es weniger um diese häufig propagierten Einzelpunkte ging, sondern vielmehr um seine Gegnerschaft zu den Demokraten, zum „politischen Establishment" und seiner Förderung einer „weißen amerikanischen Alltagskultur" gegenüber multikulturellen, diversen und fluiden Gesellschaftsformen.[10]

Wenn das wahr ist, dann verbindet sich hier eine Glaubensprägung teils (!) mit einem „christlichen Nationalismus", der in den Vereinigten Staaten zunehmend politischen Einfluss gewann und dem es nie gelungen ist, sich von undemokratischen und populistischen Auswüchsen abzugrenzen, wie der Sturm auf das Kapitol in Washington am 6. Januar 2021 in dramatischer Weise zeigte. Wenn Q-Anon-Anhänger Gebetsgemeinschaften im Sitzungssaal des Senats abhalten, nachdem die amerikanische Demokratie und jegliche christliche Verhaltensregeln mit Füßen getreten wurden, dann ist etwas ganz gewaltig schiefgelaufen.

War die Bezeichnung „evangelikal" in unserem Gesellschaftsraum schon länger problematisch, so hat sie durch diese Ereignisse zusätzlich erheblich Schaden genommen. Wer zulässt, dass ein populistischer, lügnerischer und zutiefst narzisstischer Selbstdarsteller zur politischen Leitfigur einer evangelikalen Bewegung wird, wer erträgt oder sogar gutheißt, dass Franklin Graham, der Sohn des Mitbegründers eines modernen Evangelikalismus, bis heute zu den eifrigsten Unterstützern eben dieses Expräsidenten zählt, der braucht sich nicht zu wundern, wenn die große Mehrzahl der Menschen in unseren Breitengraden mit *so* einer Form von christlichem Glauben nichts, aber auch gar nichts am Hut haben wollen.

Da hilft es auch nicht, dass sich der Evangelikalismus in Deutschland weit unpolitischer darstellt als in den USA. Schon jetzt beteuern Vertreter bekenntniskonservativer Bewegungen in unserem Land, dass „das alles" mit Evangelikalismus aber auch gar nichts zu tun habe – und verkennen damit die nachweisbare Realität, dass evangelikale Persönlichkeiten oder Organisationen in den USA über die vergangenen Jahrzehnte einen Marsch durch die politischen Institutionen, die Schulen, die Regionalparlamente angetreten haben, der seinesgleichen sucht.[11] In Deutschland ist es Liane Bednarz, die gründlich und differenziert nachweist, dass es auch in Deutschland eine christliche Rechte gibt, die, teils evangelikal unterstützt, unserer pluralen Gesellschaft mit einer fundamentalen Ablehnung gegenübersteht.[12] Nicht zu leugnen ist auch die Affinität viel zu vieler evangelikaler Christenmenschen zur AfD[13], zu Pegida und etwa zum „Querdenkermilieu" in der Coronakrise. Prozentual mögen diese im Vergleich mit anderen gesellschaftlichen „Playern" gar nicht überproportional in den aufgezählten Parteien oder Protestbewegungen vorkommen – das Zahlenmaterial ist hier nur wenig belastbar[14] –, aber jegliche

Verquickung in dieser Richtung empfinde ich als zutiefst besorgniserregend.

Ausdrücklich will ich betonen, dass diese Meinungen und deren Protagonisten in der Deutschen Evangelischen Allianz als Dachorganisation vieler Evangelikaler insbesondere in der jüngsten Zeit, so gut wie keine Unterstützung oder Rückhalt finden – ganz im Gegenteil. Das ist gut so, und doch ändert es nichts daran, dass „Evangelikale" in diesem Zusammenhang mit Argwohn betrachtet werden.[15]

Ich vermisse insbesondere bei den Bekenntniskonservativen unter den Evangelikalen ein tiefes Erschrecken über die nationalistischen, undemokratischen und Religion und Politik populistisch vermischenden Irrwege eines Teils des Evangelikalismus insgesamt, aber auch in unserem Land. Und nach dem Erschrecken eine ernsthafte, selbstkritische Aufarbeitung.

Wieder und wieder wird stattdessen gerne darauf hingewiesen, dass evangelikale Christen weltweit auf dem Vormarsch seien und auch große, wachsende Gemeinden in unserem Land überproportional häufig dieser Prägung angehören. Den Wahrheitsgehalt dieser Behauptung einmal dahingestellt – will man sich wirklich mit allem gemein machen, was sich so weltweit „evangelikal" nennt und wächst? Wenn ich auf manche Auswüchse in Südamerika oder Afrika schaue, dann kann doch niemand diese Form des Wohlstandsevangeliums, auch im eigenen Lager vielfach kritisiert, gutheißen. Und wenn in Deutschland pietistisch-evangelikales Christsein so attraktiv ist, warum wächst dann die absolute Zahl in unserem Land nicht? Was bleibt übrig, wenn der „Verschiebebahnhof" von „gestern hipper Gemeinde A" zu „heute hipper Gemeinde B" beendet ist?

Viele der evangelikalen Christ*innen, insbesondere bei den Bekenntniskonservativen, werfen den großen Kirchen vor, das Evangelium „verwässert" und dem Zeitgeist angepasst zu haben. Hier zeigt sich, wie perfekt die Selbstimmunisierung gegen Kritik oder geistliche Infragestellungen läuft: Wer die Bibel anders liest oder versteht, wer sich für gesellschaftliche oder politische Zusammenhänge interessiert und diese für die Verkündigung des Evangeliums fruchtbar machen möchte, wer sich etwa für „Frieden, Gerechtigkeit und Bewahrung der Schöpfung" (allesamt zutiefst jüdisch-christlich fundierte Anliegen) einsetzt, sucht die „Freundschaft der Welt" und die Anerkennung von Menschen, hat sich dem Zeitgeist angepasst. Und deshalb gibt es dann auch Kirchenaustritte oder sinkende Mitgliederzahlen. Wenn aber bekenntniskonservative Gemeinden ebenso wenig wachsen oder sogar eklatant an Zuspruch verlieren, so wie ich es in den vergangenen Jahrzehnten immer wieder erlebt habe, dann ist das auf einmal eine Folge des „Glaubensgehorsams" und ein Hinweis auf die „treue, kleine Jesusherde in säkularisierter Zeit". Es kann passieren, was will – „die anderen" liegen falsch und „ich und der Herr Jesus" machen so weiter wie bisher.

Erneuter Szenenwechsel:

Es gibt sie – immer wieder. Die Bücher, in denen mehr oder weniger bekannte Evangelikale ihren Ausstieg aus dieser Bewegung verkünden.[16] Mich bewegt das sehr, denn die bekannten Autoren stehen dabei ja für Hunderte und Tausende von Menschen, die unbekannt, leise, anonym, aber ebenso enttäuscht und verletzt diesen Weg in den vergangenen Jahren und Jahrzehnten auch gegangen sind.[17] Mit einigen von ihnen war und bin ich im Gespräch, und was ich dabei hören musste, lässt mich jedes Mal neu erschrecken.[18] Nicht umsonst habe ich in den Jahren meines Dienstes als Vorsitzender der Deutschen Evangelischen Allianz eine Clearingstelle gegen geistlichen Missbrauch initiiert. Das geschah nicht nur aufgrund von Vorwürfen von außen, sondern auch aus dem Wissen um massive Angriffe gegenüber „Abweichlern" in unseren Gemeinden und Organisationen. Dominante Gemeindepastor*innen, übergriffige Leiter*innen, sexualethische Konflikte, Intoleranz und jegliche Pluralitätsverweigerung stehen dabei fast immer auf der Leidensagenda. Machtkonflikte und Sippenwirtschaft spielen ebenfalls eine herausragende Rolle.

Ich meine, dass diese „persönliche Abbruchsquote" in der evangelikalen Welt beängstigend hoch ist, ebenso wie die Spaltungsquote von Gemeinden und Kreisen. **Es ist offensichtlich, dass ein Glaubenssystem, je verbindlicher und geschlossener es gelebt wird, ganz schnell zerstörerisch werden kann, wenn Pluralität und Transparenz nicht ebenso gefördert werden.**

Was mich dabei ganz besonders ärgert ist, dass diese Entwicklungen – und ich könnte die Beispielliste fast unendlich fortsetzen – eine Bewegung INSGESAMT diskreditieren, obwohl es unbestritten ganz viele offene und gesunde pietistische oder evangelikale Gemeinden und Organisationen gibt. In der Außenwahrnehmung ist nicht genügend Raum für die notwendige Differenzierung der pietistischen und evangelikalen Bewegung, und den Verantwortlichen für diese Fehlentwicklungen liegt natürlich nicht daran, ihre Positionierungen als „bekenntniskonservativ" oder „konservativ evangelikal" zu bezeichnen: Auch wenn man in den strittigen Themenfeldern nicht so „tickt" wie alle anderen, sollen alle wissen, dass die anderen so sein sollten, wie man selbst ist.

Vielleicht ist anhand dieser Beispiele auch für Sie deutlich geworden, was ich meine: **Die evangelikale Bewegung steht an einem Scheideweg, auch in unserem Land, und wer möchte, dass das Gute dieses Glaubensprofils in unserer Zeit und Gesellschaft fruchtbar wird, sollte mit dazu beitragen, dass Sackgassen vermieden und neue Wege gesucht werden.**

Genau das will ich auf den folgenden Seiten machen – mit meinem gewiss sehr subjektiven Blick auf innerevangelikale, christliche, gesellschaftliche und politische Ereignisse.

Ich bin überzeugt davon, dass die pietistische und evangelikale Bewegung nur dann aus diesen heutigen Sackgassen herauskommt, wenn sich hermeneutisch, im Ansatz des Bibelverständnisses, etwas ändert und deshalb glaubwürdige Pluralität gerade auch in ethischen und gesellschaftspolitischen Fragen einkehrt.

Übrigens bin ich mir bewusst, dass bekenntniskonservative Vertreter*innen ganz aktuell ebenfalls von einer „Identitätskrise der Evangelikalen" sprechen. [19] Aber deren Diagnose und Handlungsvorschläge widersprechen den meinigen diametral. Als Leser*innen will ich Ihnen die Entscheidung überlassen, welchen Weg Sie für hilfreich und verheißungsvoll erachten.

3.

WELCHES EVANGELISCH DARF ES DENN SEIN?

Okay, zugegeben. Dieses Kapitel ist eher „schwere Kost". Aber es bietet die notwendigen Grundinformationen, um meinen Einspruch gegenüber bestimmten Entwicklungen im pietistischen und evangelikalen Bereich der evangelischen Welt besser zu verstehen. Kapitel, die mit derlei Sätzen beginnen, rollen dann meist die ihnen zugrundeliegende Thematik seit „Adam und Eva" auf. Das möchte ich bewusst vermeiden und stattdessen Geschichtliches und Persönliches miteinander verbinden.

Es gibt keine Form evangelischen Glaubens, die sich *nicht* auf die Reformation bezieht, ja beziehen muss – und das mit Recht. Mit seiner Rechtfertigungslehre und der ihr zugrundeliegenden christozentrischen Sicht hat Martin Luther für alle evangelischen Glaubensprofile einen bleibenden Bezugspunkt geschaffen. Und die „ecclesia semper reformanda" (die immerfort zu erneuernde Kirche) allen nachfolgenden Generationen ins Stammbuch geschrieben. Jede Reform verflacht – es ist unumgänglich, dass Reformen für sich neue Formen schaffen, damit werden sie aber selbst nach einer Weile auch wieder Teil der „Institution" oder des „Establishments".

Der Pietismus des 17. und 18. Jahrhunderts gilt als die größte evangelische Reformbewegung nach der Reformation und ist ohne seinen Widerspruch gegen eine lutherische Orthodoxie im Grunde nicht zu verstehen. Es ging den Pietisten um eine Wiederentdeckung zentraler Anliegen der Reformation, etwa der Betonung der grundlegenden Wichtigkeit der Bibel, des Priestertums aller Glaubenden und einer nachhaltigen Verortung des Glaubens im Leben des Einzelnen. Der Blick auf das Individuum gab dem Pietismus frühaufklärerische Züge; aus der Aufklärung entwickelten sich dann aber auch relevante gegnerische Positionen. Der Pietismus ist vielgestaltig – der reformierte Pietismus hat andere Ausprägungen als der lutherische, der meist eher im Mittelpunkt der Betrachtungen steht. Und die Ansätze eines Philipp Jakob Spener, eines August Hermann Francke, eines Nikolaus Graf von Zinzendorf und eines Johann Albrecht Bengel haben ihr je eigenes Profil und ihre je eigenen Schwerpunkte. Aber klar ist, dass es dem Pietismus besonders um eine Erneuerung der evangelischen Kirche und um das geistliche Leben des Einzelnen ging.

In seinen Ursprüngen war der Pietismus also eher eine Lebensbewegung als eine Lehrbewegung. Mit seiner Betonung von Bibel, Gebet, Gemeinschaft, Mission und Diakonie veränderte er die damalige Kirche an vielen Orten. Bei August Hermann Francke kann man aber auch die Bedeutung der Bildungsarbeit sehen, so wie bei Johann Albrecht Bengel die Notwendigkeit einer fundierten Bibelhermeneutik und Theologie. Es ist DIESER Pietismus, der mir vor Augen steht, wenn ich mich als Pietist bezeichne. Vielgestaltig, offensiv, missionarisch und lebensprägend.

Die Zeit geht weiter und der sogenannte „Barockpietismus" kam, insbesondere in der Auseinandersetzung mit der Aufklärung, in schwieriges Fahrwasser. Was mich als Kirchengeschichtler immer gelassen bleiben lässt, ist die Erkenntnis, dass Gott seiner Kirche immer wieder neue Aufbrüche schenkt. Und da hinein möchte ich nun, um die ermüdende Geschichtsschilderung etwas aufzufrischen, auch einige biografische Linien einzeichnen.

Aufgewachsen bin ich in einer sehr lebendigen Symbiose von evangelischer Kirchengemeinde und Landeskirchlicher Gemeinschaft. Die protestantische Lutherkirchengemeinde und die Evangelische Stadtmission in Pirmasens waren gleichermaßen meine geistliche Heimat. Für viele Jahre hat sich das, auch aufgrund der konstruktiven Haltung und Geistesverwandtschaft von Pfarrer und Stadtmissionar, auch vollkommen unproblematisch gestaltet. Im Grunde musste ich erst meinen heimischen Hafen verlassen, um zu lernen, dass dies nicht überall so harmonisch funktioniert.

Damit dieser biografische Hintergrund verständlicher wird, füge ich einige erläuternde Sätze zur evangelischen Gemeinschaftsbewegung ein: Diese versteht sich als Kind der Reformation und des Pietismus. Hinzu kamen Einflüsse der Erweckungsbewegungen im Deutschland des 18. und 19. Jahrhunderts sowie sehr wirksame Impulse aus den angelsächsischen Ländern, etwa aus der Heiligungsbewegung in England. Gerne können sich die Gelehrten darüber streiten, ob die heutige Gemeinschaftsbewegung wirklich als legitimes Kind des Pietismus betrachtet werden kann, an der Basis ist diese Frage längst entschieden. Die klassischen Pietisten finden sich heute in landeskirchlichen Gemeinden, besonders in Württemberg, aber auch in anderen Erweckungsgebieten des 19. Jahrhunderts ebenso wie in den Gemeinschaften des Evangelischen Gnadauer Gemeinschaftsverbandes und auch in einigen wenigen eher freikirchlichen Kreisen.

Hat die Gemeinschaftsbewegung die Weite und die Konzentration des Pietismus wirklich bewahrt? 2009, kurz nach meinem Dienstantritt als Präses des Evangelischen Gnadauer Gemeinschaftsverbandes, veranstaltete die Evangelische Hochschule Tabor in Marburg ein theologisches Symposium mit dem Titel „Was ist neu am Pietismus?". Der Kirchengeschichtler an der EH Tabor, Frank Lüdke, veranschaulichte die Entwicklung vom Pietismus zur Gemeinschaftsbewegung mit dem Bild eines Apfelkuchens: der feste Teigboden sei der Pietismus, die Erweckungsbewegungen des 19. Jahrhunderts hätten die Apfelstücke geliefert und die Heiligungsbewegung gegen Ende des 19. Jahrhunderts die Streuselstücke – fertig sei nun der Apfelkuchen des „Neupietismus".[20] Peter Zimmerling, praktischer Theologe an der Universität Leipzig und als weiterer Referent vor Ort, fragte in der Aussprache zu Lüdkes Vortrag ganz demonstrativ, ob dieses Bild denn der Wirklichkeit entspreche. Nach seiner Wahrnehmung war der Pietismus in seiner reichen Vielgestaltigkeit der ganze Apfelkuchen, die nachfolgende Erweckungsbewegung habe davon die Streusel und die Heiligungsbewegung schlussendlich noch die Äpfel weggenommen. Deshalb handele es sich heute nur noch um einen trockenen und begrenzt attraktiven Teigboden. Peter Zimmerling hatte die Lacher auf seiner Seite, aber mir zumindest blieb das Lachen auch im Halse stecken. Wie schätzen Sie denn die Entwicklung vom Pietismus zur Gemeinschaftsbewegung ein?

Aus meiner Sicht hat Peter Zimmerling Recht. Der Gemeinschaftsbewegung ist es nur zum Teil gelungen, an das reiche Erbe des Pietismus anzuknüpfen. Sehr verkürzt zusammengefasst muss gerade das Erbe des darbystischen[21] Flügels der Heiligungsbewegung in seiner Wirkung auf die Gemeinschaftsbewegung kritisch betrachtet werden. Auf diesem Weg kamen Züge der Gesetzlichkeit, des „frommen Pulsfühlens" in die Gemeinschaftsbewegung, die ihr eher geschadet haben. Es ist symptomatisch, dass die damals noch junge Bewegung schon seit den 1920er-Jahren die Frage plagte, ob denn „ihre Zeit vorbei sei". Die großen Erweckungsbewegungen flauten ab, das Wachstum ging vielerorts zurück. Hinzu kamen Auseinandersetzungen mit den evangelischen Landeskirchen, die völlig unvorbereitet darauf waren, mit einer selbstständig auftretenden „Reform- und Laienbewegung" in ihrer Mitte umzugehen.

Die Fragen nach Daseinsberechtigung und Perspektive der Gemeinschaftsbewegung sind seitdem nicht mehr erloschen. Die Jahrzehnte, die vergingen, bis das Verhältnis zu den Landeskirchen langsam auf einer Basis des Vertrauens und mit verbindlichen Vereinbarungen gestaltet werden konnte, waren für eine Wachstumsperspektive ebenso kontraproduktiv wie die geschilderte Abschottungstendenz als Erbe einer einseitig verstandenen Heiligungsbewegung. In diesen Jahrzehnten bis etwa zur Jahrtausendwende verloren die Gemeinschaften Zehntausende ihrer Mitglieder, sehr viele an die Freien Evangelischen Gemeinden, die auf diese Weise einen erklecklichen Teil ihres Wachstums auch dem innerkirchlichen Pietismus „verdanken". Dort war „die Kirchenfrage" geklärt, die so viele Menschen in den zum Gnadauer Verband gehörenden Verbänden und Werken umtrieb, und die Theologie war ziemlich ähnlich. Für die Gemeinschaftsbewegung trat an die Stelle einer längst verlorenen Wachstumsvision die prägende Erfahrung eines flächendeckenden, andauernden Schrumpfens. Zugleich gab es natürlich gute, wachsende Arbeiten an vielen Orten, wurden Gemeindeverständnisse weiterentwickelt, die

Ausbildungsstätten teils zu Hochschulen ausgebaut. Im Abbruch gab es immer wieder auch Umbruch und Aufbruch.

In dieser Gemengelage begann ich 2009 meine Arbeit beim Evangelischen Gnadauer Gemeinschaftsverband. Die Leitung eines Dachverbandes mit etwa 90 eigenständigen Mitgliedsverbänden und -werken hat nur sehr begrenzte Möglichkeiten, auf die Arbeit an der Basis Einfluss zu nehmen. Mit vielen Gleichgesinnten in der Gnadauer Arbeit wollte ich an das reiche Erbe des Pietismus wieder anknüpfen – oder, um im Bild zu bleiben: immer wieder neu Streusel auf den trockenen Teigbogen und die Apfelstücke legen.

Im Gnadauer Arbeitskreis für Gemeindeaufbau begann eine Entwicklung, die zu einem Gesamtkonzept, „Neues wagen" genannt, führte. In dem Maße, wie die eigene Nabelschau zurücktrat und „die Nächsten", die Menschen vor Ort, in den Fokus traten, veränderte sich die Stimmungslage. Nicht überall, aber doch vielerorts. Und: **Es zeigte sich, dass ein christuszentrierter Pietismus, der Frömmigkeit und Gesellschaftsbezug nicht gegeneinander ausspielt, sondern aufeinander bezieht, wirklich Zukunftsperspektive hat.**

Inzwischen füllen viele Gemeinschaftschristen die Trias aus „leidenschaftlich glauben", „engagiert leben" und „innovativ gestalten" mit Leben. Wenn im Fokus nicht mehr die „böse Welt und Kirche", sondern die von Gott geliebten und versöhnten Menschen stehen, dann verändert sich etwas. An Haltung und Mentalität. Und dann lassen sich Menschen einladen, die eben ihr Leben, ihre sexuelle Prägung, ihre Familiensituation, ihre politischen Überzeugungen mitbringen und gern in der Gemeinschaftsbewegung glauben und leben wollen – wenn man sie denn lässt.

Ein solch lebendiges Glaubensprofil meine ich, wenn ich heute von der innerkirchlichen Gemeinschaftsbewegung als pietistischer Bewegung spreche.

Aber selbstverständlich hat der Pietismus auch Freikirchen mitgeprägt: etwa die methodistische Kirche, die dann wiederum auf die Gemeinschaftsbewegung einwirkte, die große pfingstkirchliche und charismatische Bewegung oder auch die Freien Evangelischen Gemeinden, ohne dass die Mitglieder dieser Kirchen sich deshalb als Pietisten verstehen würden. Die meisten inhaltlichen Schwerpunkte des Pietismus gelten heute auch als Kennzeichen der sogenannten evangelikalen Bewegung: eine starke Betonung der Beziehung zu Jesus Christus, die Betonung der Autorität und Zuverlässigkeit der Heiligen Schrift, die Wichtigkeit von Bekehrung und Wiedergeburt, das Hervorheben des Priestertums aller Glaubenden (erkennbar an einem hohen und fast selbstverständlichen ehrenamtlichen Einsatz), die Leidenschaft, dass das Leben dann auch wirklich durch den christlichen Glauben geprägt wird, die unbedingte Aufforderung zu Evangelisation und Mission sowie die Erwartung der Wiederkunft Christi. Natürlich kann man aufgrund dieser inhaltlichen Überschneidungen die pietistische Bewegung heute auch als „evangelikal" bezeichnen[22], aber diese „Schubladisierung" verhindert, dass das Spezifische des Pietismus, etwa seine konstitutiv reformatorische Verortung oder seine weitreichende landeskirchliche Beheimatung, noch richtig zum Tragen kommen.

In der öffentlichen Wahrnehmung ist es jedenfalls heute so, dass pietistisch geprägte Gläubige in großer Zahl zum Kern der sogenannten Evangelikalen gezählt werden. Zugleich ist die evangelikale Bewegung deutlich größer und schließt auch viele Gläubige in Freikirchen und unabhängigen Gruppierungen mit ein, die teils kaum pietistische Wurzeln haben.

Ich möchte die Bezeichnung „pietistisch" gerne vor den Polarisierungen bewahren, die sich fast automatisch bei dem Wort „evangelikal" einstellen. Ich kann hier nicht nachzeichnen, wie aus der ursprünglich bedeutungsgleichen Übersetzung von „evangelisch" ins Englische „evangelical" in den vergangenen Jahrzehnten die Bezeichnung für eine bestimmte, inhaltlich näher definierte Profilierung evangelischen Glaubens werden konnte. Heute ist es jedenfalls so. Und während für die einen „evangelikal" ein böses Schimpfwort darstellt, ist es für die anderen eine stolze Selbstbezeichnung.

Anfang 2012 wurde ich zum ehrenamtlichen Vorsitzenden der „Deutschen Evangelischen Allianz" (EAD) gewählt, also des Dachverbandes der „Evangelikalen" schlechthin. So unwahrscheinlich es ist, dass ein Vegetarier als Vorsitzender der Fleischerinnung lange tragbar wäre, so wenig verständlich wäre es gewesen, hätte ich mich als Vorsitzender der EAD von dem Begriff „evangelikal" distanziert. Aber ich betone gern, dass mir dieser Ausdruck nicht in meine geistliche Wiege gelegt wurde.

Ganz und gar nicht zufällig zog ich deshalb nach meinem Dienstbeginn als Allianzvorsitzender programmatisch mit dem Vortrag „Deutsche EVANGELISCHE Allianz. So evangelisch wie möglich, so evangelikal wie nötig" durch die Lande. Ich betonte darin das Gemeinsame von evangelisch und evangelikal. Was ich dabei erlebt habe, hat mich nur noch gewisser darin werden lassen, dass wir es nicht bei den alten Grabenkämpfen belassen sollten. Und ich bin dankbar, dass Ratsvorsitzende der EKD wie Wolfgang Huber oder Heinrich Bedford-Strohm, aber auch Allianzvorsitzende wie Peter

Strauch, Jürgen Werth und Ekkehart Vetter sich ebenfalls in diesem Sinne eingesetzt haben oder noch einsetzen.

Aus einem „Diener", der, seiner eigenen Biografie geschuldet, auf beiden Seiten, evangelisch und pietistisch/evangelikal „hinkte", ist deshalb im Laufe der Jahre ein nach wie vor überzeugter Brückenbauer geworden. Denn neben meinen schon beschriebenen Aufgaben in der „evangelikalen" und „pietistischen Welt" war ich immer ein (zeitweilig freigestellter) Pfarrer der pfälzischen Landeskirche. Nach neun Jahren als Geistlicher der Johanneskirchengemeinde in meiner Heimatstadt Pirmasens wurde ich dort 2005 Dekan des Kirchenbezirks. Schon vorher war ich Mitglied der pfälzischen Landessynode und deren Finanzausschuss, später auch stellvertretendes Mitglied der pfälzischen Kirchenregierung. Deshalb ist es auch ganz und gar nicht zufällig, dass mein Weg mich nun wieder in meine pfälzische Heimatkirche zurückführt. Nur aufgrund einer für meine Frau und mich unüberhörbaren geistlichen Berufung verließen wir 2009 die Pfalz in Richtung Kassel. Beide Seiten – die pietistische und die landeskirchliche – prägen mein ganzes Leben. Und so gehörte ich von 2009 an als „Berufspietist" und „Berufsevangelikaler" etwa auch zum Vertrauensrat der Arbeitsgemeinschaft der missionarischen Dienste in der EKD, zum geschäftsführenden Vorstand von Willow Creek Deutschland und gleichzeitig als berufenes Mitglied zur 12. Synode der EKD. Seit November 2015 bin ich Mitglied im Rat der Evangelischen Kirche in Deutschland, deren 15-köpfigem Leitungsgremium. Ich kann nun mit Fug und Recht behaupten, in beiden Welten beheimatet zu sein.

Dass mir diese doppelte Prägung nicht immer nur Freude bereitet hat, brauche ich vermutlich nicht auszuführen. Da sahen manche Vertreter des einen Lagers mich als Abgeordneten des „Pietkong" am liebsten von hinten, während die anderen mich aufgrund meiner kirchlichen Beheimatung schon mal gerne als „falschen Fuffziger" verdächtigten. Mich muss deswegen niemand bemitleiden; ich erwähne das, damit niemand in Zweifel zieht, dass ich mich in diesem Buch erfahrungsreich zu all diesen Fragen äußern kann.

Wer bis hierher gelesen hat, dem ist aufgefallen, dass ich Sachverhalte pauschalisieren muss. Begriffe wie „volkskirchlich" oder „liberal" dienen als Gegensatz zu „evangelikal" – was ja oft so gar nicht stimmt. Aber auch den Ausdruck „konservativ" gebrauche ich zu sehr mit einer kritischen Konnotation aus meiner christlichen Erfahrungswelt. Damit werde ich weder dem gesellschaftlich-politischen Konservativismus, noch einzelnen, von mir sehr geschätzten, Personen wirklich gerecht. Es sind sehr grobe Schubladisierungen, derer ich mich nur ungern bediene. Dabei geht es um Tendenzen, nicht darum, einzelne Menschen oder gar ganze Kirchen in irgendeiner Weise zu etikettieren.

4.

VON DEN GRENZEN
DES BRÜCKENBAUENS

Ich hoffe, ich konnte deutlich machen, wie wichtig mir (meine) geistliche Beheimatung ist – und zwar in ganz unterschiedlichen Frömmigkeitsprofilen. Ich bin deshalb weit davon entfernt, meine eigene Prägung insgesamt infrage zu stellen. Und zugleich ist es mir sehr ernst damit, dass sich pietistische und evangelikale Christ*innen von einer Engführung befreien, die ich als „ eher fundamentalistisch, biblizistisch oder kulturell unsensibel" bezeichne, denn hier wird es richtig schwierig, gemeinsamen Boden zu finden.

Aber der Reihe nach:

Anfang 2016 sollte ein Buch von mir mit dem Titel „Wenn Christus für uns ist, warum sollten wir gegeneinander sein?" erscheinen. Ich wollte darin im Vorfeld des 500. Jubiläums der Reformation, also einem bedeutenden und einenden Datum für evangelische Christenmenschen, skizzieren, wie es aus meiner Sicht gelingen könnte, als evangelische Christenheit in unserem Land, von liberal bis konservativ evangelikal, doch gemeinsam geistlich motiviert unterwegs zu sein. Wer in der Mengenlehre unterrichtet wurde: Ich glaubte an eine ausreichende gemeinsame Schnittmenge.

Zum damaligen Zeitpunkt besaß ich mit meiner Arbeit im Evangelischen Gnadauer Gemeinschaftsverband und den ehrenamtlichen Tätigkeiten in der Deutschen Evangelischen Allianz und im Rat der Evangelischen Kirche in Deutschland das Vertrauen für Leitungsaufgaben in „beiden Welten" Für mich war das ein „kairos", zumal mir mit diesen Funktionen auch die Arbeitsgemeinschaft mit vielen geistreichen Menschen geschenkt wurde, die mein verbindendes Anliegen teilten. Und war in unserer immer pluraler und zugleich auch säkularer werdenden Welt die Zeit nicht reif für einen derartigen Versuch?

Aber zur Veröffentlichung meines Buches kam es nicht. In der Nacht vor dem Andruck, quasi in letzter Sekunde, zog ich das Manuskript zurück. Warum?

Am 14. Dezember erschien ein Interview mit der Welt[23], das Matthias Kamann anlässlich meiner Wahl in den Rat der EKD mit mir geführt hatte. In diesem Artikel, redaktionell bearbeitet und provokant mit der Schlagzeile „Chef der Evangelikalen will Homo-Verdammung stoppen" aufgemacht, fanden sich letztlich nur wenige von mir autorisierte Zitate. Aber der Duktus war klar: das Verbindende suchen, Fehlentwicklungen auf beiden Seiten benennen und ethische Themen wie Homosexualität nicht als „status confessionis", also als Bekenntnisfrage behandeln, sondern im Miteinander freigeben. Genauso hatte ich mich schon im Februar 2014, also mehr als eineinhalb Jahre zuvor, vor der Mitgliederversammlung des Evangelischen Gnadauer Gemeinschaftsverbandes geäußert.[24] Deshalb war ich schon überrascht, als nun ein Sturm der Entrüstung über mich hereinbrach. Teils entzündete dieser sich an einer aus meiner Sicht unzutreffenden Satzzusammenstellung seitens des Redakteurs, die den Eindruck erweckte, ich würde öffentlich meine eigene Bewegung diskreditieren. Für diesen von mir zwar nicht zu verantwortenden Gesamteindruck habe ich mich Ende Januar 2016 dennoch öffentlich entschuldigt. Aber überwiegend bezog sich die Kritik auf meinen Öffnungsvorschlag in der Haltung der evangelikalen Welt zur Homosexualität. Und da war und ist meinerseits gar nichts zurückzunehmen. Im Gegenteil.

Was manche in der Publizität einer Tageszeitung als „Tabubruch" empfanden, war für mich nur die Wiederholung einer Position, die ich schon länger öffentlich vertrat. Schwer auszuhalten war die damit einsetzende Polarisierung: Zu einem Zeitpunkt, bei dem mein ganzes Denken und Handeln auf das Brückenbauen ausgerichtet war, kurz vor Erscheinen meines Buches, erlebte ich genau das Gegenteil. Ich sage ehrlich: Das beschäftigt mich bis heute.[25]

Aufgrund meiner damaligen Funktionen konnte ich in den Folgemonaten nur zurückhaltend agieren; zu tief waren die Brüche, die sich zwischen Christenmenschen auftaten. Und weil mein Buchmanuskript die strittigen Fragen nicht aussparte, hätte eine Veröffentlichung die Aufregung und die sich abzeichnenden Spaltungen nur noch vergrößert. Ich zog zurück.

Spätestens seit damals ist mir schmerzlich klar, dass die Haltungen in manchen Fragen so stark voneinander abweichen, dass selbst das gemeinsame Bekenntnis zu Christus nicht ausreicht, um ein verbindendes Miteinander zu erreichen. Auch nicht im begrenzteren Spektrum der pietistischen und evangelikalen Welt. Sichtbar wurde das an einer letztlich nur kleinen Gruppe, die sich zum „Netzwerk Bibel und Bekenntnis"[26] zusammenschloss. Für diese Menschen folgt aus dem negativen Urteil, das einige wenige Stellen in der Bibel zu „homosexuellen Handlungen" haben, die Unmöglichkeit, homosexuelle Beziehungen heute anzuerkennen und in der Kirche zu segnen. Und in dieser sexualethischen Frage darf es auch keine unterschiedlichen Überzeugungen unter Christ*innen geben. Für Angehörige dieses Netzwerkes ist diese Frage deshalb eine Gewissensfrage und eine Bekenntnisfrage. Ich mache den Verantwortlichen und Unterstützer*innen daraus keinen Vorwurf. Gewissensbindungen sind ernsthaft, aber das gilt eben auch für die Gewissen der anderen. Wenn aber ein verbindendes Miteinander nicht mehr möglich ist, weil angesichts dieser und anderer Fragen die Intoleranz anderen Standpunkten gegenüber nicht zu leugnen ist, dann ist die christliche Mannschaft leider nicht mehr gemeinsam unterwegs.

Ekkehart Vetter formulierte als Allianzvorsitzender im Frühjahr dieses Jahres in einem Editorial der Zeitschrift *idea*, wie aus seiner Sicht Einheit heute geht:

> *„Lebe deine Prägung und Überzeugung. Aber mach sie nicht zum Maßstab für alle anderen. Rücke sie nicht unangemessen in den Vordergrund.*
>
> *Verweigere nicht Menschen die Gemeinschaft, nur weil sie mit anderen Akzenten glauben.*
>
> *Wünsche anderen Kirchen und Freikirchen zutiefst Gutes und bete für sie.*
>
> *Nimm eine dialogisch-hörende Haltung ein und respektiere die Freiheit der anderen, ohne dabei eigene theologische Grundüberzeugungen aufzugeben.*
>
> *Suche die Begegnung mit anderen. Sie können deinen Glauben bereichern.“* [27]

So betrachtet gibt es leider einen (bekenntniskonservativen) Flügel in der pietistischen und evangelikalen Welt, der nicht mehr „einheitsfähig" ist. Der keine Abweichung von seiner eigenen Sichtweise zulässt. Der kontinuierlich Glaubensgeschwister kritisiert und deshalb jegliches „Brückenbauen" konterkariert.

Brückenbauen gelingt nur, wenn Menschen eine Brücke wirklich wollen, weil sie es für möglich halten, dass auf der anderen Seite Wertvolles und Bereicherndes oder sogar Lebensnotwendiges zu finden ist. Wo Brücken eher suspekt und gefährlich erscheinen, wo man sich am liebsten abgrenzen und den (im Grunde immer nur eigenen) Bekenntnis-„Notstand" ausrufen möchte, macht Brückenbauen keinen Sinn.

Diese Gefahr sehe ich in dem Teil der pietistischen und evangelikalen Welt, der doch allzu gern mit einem Fundamentalismus oder auch Biblizismus liebäugelt. Ganz grob verstehe ich unter „Fundamentalismus" im evangelischen Kontext[28] eine Haltung, die von der absoluten und umfassenden Fehler- und Irrtumslosigkeit der Bibel ausgeht und deshalb deren Aussagen ungebrochen auf die heutige Zeit überträgt. Meist ist damit eine Bindung an konservative Werte und der Wunsch nach Abgrenzung von liberalen Strömungen verbunden.[29]

Ich folge der These, dass der Fundamentalismus in der heutigen Form erst aus der rationalistischen Weltsicht des 19. Jahrhunderts erklärbar ist. Sein Wahrheitsbegriff ist modern, entstammt dem Positivismus, wird aber auf die Bibel übertragen und wendet sich von dort kritisch gegen die Moderne und ihre Entwicklungen. Von Biblizismus rede ich im Folgenden dann, wenn ich damit eine fast exklusive Deutung aktueller Fragen oder Themen durch biblische Texte aufzeigen möchte.[30]

Ich will damit gar nicht bestreiten, dass auch in fundamentalistischen und biblizistischen Strömungen die historische Arbeit an der Bibel angekommen ist und dass dort eine wachsende Sensibilität für die Notwendigkeit zu erkennen ist, diese kontextuell und kulturell differenziert zu lesen und zu beurteilen. Und dennoch ist der Weg von der Bedeutung biblischer Aussagen in ihren Zeiten und Kulturen zu einer Beurteilung heutiger Fragestellungen in unseren Zeiten und Kulturen in diesen Kreisen aus meiner Sicht noch zu direkt und ungebrochen. Das widerspricht dem Selbstverständnis der biblischen Schriften ebenso, wie es die Bedeutung neuzeitlicher wissenschaftlicher Erkenntnisse und anthropologisch völlig veränderter Perspektiven einfach unterschlägt.

Wenn ich öfter von „eher fundamentalistisch oder biblizistisch" spreche, dann will ich damit andeuten, dass mir bewusst ist, dass viele in derartigen Gruppierungen mitwirkende Personen diese Bezeichnungen für sich selbst ablehnen würden. Aber solange Aussagen wie „in der Bibel steht aber..." die notwendigen Klärungsprozesse in theologischen oder ethischen Fragen unzulässig verkürzen, halte ich derartige Schubladisierungen für vertretbar. Die Bezeichnung „bekenntniskonservativ" nähert sich diesem Phänomen dann nicht von der hermeneutischen Seite, also der Art und Weise, wie die Bibel verstanden wird, sondern schaut auf die Konsequenzen, die sich aus diesem Verständnis für Lehre und Leben heute ergeben.

Mir liegt es dabei fern, „konservative" Lehrbildungen grundsätzlich infrage zu stellen. Die gab es immer und wird und muss es auch immer geben. Aber hier geht es um Haltungen, die sich intolerant gegen andere wenden und keine Pluralität zulassen. Ich habe lange überlegt, ob ich, anstatt von „bekenntniskonservativ", besser von „bekenntnisfundamentalistisch" sprechen sollte und habe das letztlich unterlassen, weil der Begriff „bekenntniskonservativ" im evangelischen Bereich im Grunde für genau diese Haltungen schon länger Verwendung findet.

Vielleicht hilft an dieser Stelle einmal ein tieferer Blick in die Soziologie und hier zu Andreas Reckwitz' These von der „Singularisierung unserer Gesellschaft"? Mir ist klar, dass Vertreter*innen einer bekenntniskonservativen Sicht genau diesen Perspektivwechsel vehement ablehnen. Wer überzeugt davon ist, dass „in der Bibel schon alles steht", der benötigt keine „Wissenschaft von den Voraussetzungen, Erscheinungsformen und Entwicklungen gesellschaftlichen Lebens". Das lenkt nur ab und verunklart die Übertragung biblischer Textaussagen auf die heutige Zeit. Dann wird gerne behauptet, die Soziologie sei ja heute keine Hilfswissenschaft mehr, sondern dominiere die Theologie. Wenn aber die Erforschung menschlichen Zusammenlebens auf diese Weise aus dem evangelischen Diskurs ausgeschlossen werden soll, zeigt sich erneut die fundamentalistische Herangehensweise. Um dem entgegenzutreten, muss dieser soziologische Blick auf den Fundamentalismus nun kommen, trotz der sprachlichen Herausforderungen, mit denen uns Andreas Reckwitz den Fundamentalismus als ein Phänomen kultureller Abschottung beschreibt:

Hier handelt es sich um eine Singularisierung von *„kulturellen Kollektiven als einzigartige und nichtaustauschbare mit ihrer besonderen Geschichte, teilweise auch mit einer besonderen Ethik und einem besonderen Raum, den sie besetzen".*[31] Den Reiz, den es ausmacht, sich in der Unübersichtlichkeit der Spätmoderne in derartigen „kulturellen Gemeinschaften" einzugliedern, erklärt Reckwitz damit, dass die Arbeit an der eigenen Einzigartigkeit durch den

Kodex der Religionsgemeinschaft ersetzt wird: „*Damit verliert das Individuum einerseits Möglichkeiten der autonomen Besonderung, gewinnt aber andererseits die Gewissheit auf Anerkennung innerhalb der Gemeinschaft. Da diese nicht marktförmig organisiert ist, bleibt das Individuum von Kämpfen um Sichtbarkeit, persönlichen Wert, Leistung und Erfolg entlastet*".[32]

So wie Reckwitz den Außen- und Innenbezug dieser kulturellen Gemeinschaften aufzeigt, sehe ich gewisse Gruppen aus dem pietistischen und evangelikalen Spektrum geradezu vor mir:

„*Die kulturellen Gemeinschaften haben damit immer einen doppelten Bezug: Sie kultivieren auf der einen Seite ein bestimmtes inneres soziales Leben und Selbstbild, und zwar sowohl über soziale Praktiken des Gemeinschaftslebens und ihre Inszenierung als auch über Diskurse, in denen die Gemeinschaft in ihren Eigenschaften thematisiert wird. Für die gemeinschaftliche Praxis ist dabei eine eindeutig geregelte Mitgliedschaft nötig: Man ist entweder drinnen oder draußen – tertium non datur. Generell tendieren die Gemeinschaften zu einer Homogenisierung, und die Homogenität hat hier immer eine kulturelle und eine soziale Seite, das heißt: Sie betrifft die Praktiken und Diskurse, die frei von Widersprüchen und Ambivalenzen auf einheitliche Weise reguliert sein sollen, sowie die Relation zwischen den Individuen, die alle in gleicher Weise (oder entlang fester Hierarchien) den gemeinschaftlichen Direktiven folgen.*

Zugleich markieren kulturelle Gemeinschaften immer eine Differenz nach außen, sie nehmen die anderen oder Fremden jenseits der Grenze des Eigenen in den Blick. Bezüglich ihres Verhältnisses zur Außenwelt existiert ein breites Spektrum; es reicht von jenen Communities, die sich auf die Kultivierung der Binnenwelt konzentrieren und nur eine schwache Abgrenzung mitlaufen lassen (so der Fall bei manchen Regionalbewegungen oder sprachlichen Minderheiten), bis hin zu jenen, die eine starke Abwertung des Fremden außerhalb der »eigenen« Kultur kultivieren, mit zum Teil aggressiven Freund-Feind-Unterscheidungen. Die Innen-Außen-Differenz kultureller Gemeinschaften ist verknüpft mit einem Antagonismus zwischen dem Wertvollen und dem Wertlosen: Die Außenwelt erscheint aus der jeweiligen Binnensicht der Gemeinschaften bestenfalls wertmäßig neutral, häufig aber von negativem Wert und teilweise als zu bekämpfender Gegner."[33]

Mir ist natürlich bewusst, dass eine solche soziologische Herleitung und Beschreibung des Phänomens diejenigen am allerwenigsten beeindruckt, die sich angesprochen fühlen sollten. Reckwitz kann aber sehr nüchtern aufzeigen, warum für eine derartige Glaubensgemeinschaft die Distanz zur Gegenwartskultur so identitätsstiftend ist, während mir, geradezu gegensätzlich, an einem bejahenden Dialog im Prozess einer Inkulturierung gelegen ist. Deutlicher könnten die Diskrepanzen zwischen beiden Ansätzen kaum markierbar sein:

„Fundamentalistische Gemeinschaften leben von einem grundsätzlichen Anspruch auf religiöse Authentizität: Die Fundamentalien des Glaubens erscheinen gegeben und außerhalb der Debatte. Es wird eine historische Kontinuität zwischen dem religiösen Gründungsereignis sowie den Gründungsschriften und der religiösen Praxis in der Gegenwart vorausgesetzt. Von allen Formen des spätmodernen Kulturessenzialismus arbeiten die religiösen Fundamentalismen mit der schärfsten Abgrenzung zwischen einer ethisch wertvollen Binnenwelt und einer ethisch verworfenen Außenwelt. Sie sind – in der Begrifflichkeit Max Webers – weltverneinende Erlösungsreligionen par excellence: Die moderne Alltagswelt, ihre Ökonomie, ihr Privatleben, ihre Politik, gilt nicht bloß als profan (und damit zumindest tolerabel), sondern als

prinzipiell moralisch verwerflich und überwindungsbedürftig; sie ist
Gegenstand einer maximalen Entwertung.

In den fundamentalistischen Communities ordnen sich die Ebenen
des subjektiven Erlebens des Religiösen und die narrativ-hermeneuti-
sche Bedeutung der Religionserzählung regelmäßig der ethisch-morali-
schen Ausrichtung der Religion unter: Ein strikter ethischer Kodex wird
vorgegeben, hinter den jeder Selbstverwirklichungswunsch des Indivi-
duums zurücktreten muss. Die religiösen Fundamentalismen können
sich dabei entweder nach Art von Subkulturen in eine separate Gegen-
kultur zurückziehen oder mit politischem, teilweise aggressivem Inte-
resse nach außen zu wirken versuchen. Die Fundamentalisten lassen
sich so als Gegenbewegungen nicht nur zur durchrationalisierten Kul-
tur der (organisierten) Moderne, sondern mehr noch als Gegenbewe-
gung zur Hyperkultur der Spätmoderne selbst deuten: sei es als Mittel
derjenigen sozialen Gruppen, die innerhalb der postindustriellen Kul-
tur in die kulturelle oder soziale Defensive geraten oder marginalisiert
sind (alte Mittelklasse, migrantische Unterklasse), sei es als kritische
Antwort auf die Enttäuschungserfahrungen, die der singularistische
Lebensstil und seine Relativierung ethischer Maximen produziert.“

Mit der Priorität einer ethisch-moralischen Ausrichtung beschreibt Andreas Reckwitz genau das, was bei Themen wie Abtreibung, Bildungsplänen, Genderfragen oder Homosexualität
identitätsstiftend für die jeweiligen „Communities" wirkt. Interessanterweise treten beim „Netzwerk Bibel und Bekenntnis" in
seiner letzten Verlautbarung, dem sogenannten „Kasseler Memo-
randum", die ethischen Fragen inzwischen in den Hintergrund.
Sie werden nicht mehr direkt benannt, sondern hinter den schon
öfter beschriebenen Füllbegriffen wie „biblisch begründeter Konsens", die „biblische Botschaft wird dem Zeitgeist angepasst" oder

„Autorität der Bibel als Wort Gottes" verborgen.[34] Das, was dann inhaltlich übrig bleibt, ist so allgemein formuliert, dass es von vielen pietistischen und evangelikalen Gruppierungen mitgetragen werden könnte.

Die durch von Reckwitz vorgestellte Geschlossenheit der „Community", das klare „Drinnen und Draußen" wird geradezu lehrbuchartig dort deutlich, wo man die eigene Gruppe als „Fremdlinge in der Zerstreuung", in einer Diasporasituation, beschreibt, die allen Ernstes von der immer stärker werdenden säkularen Gesellschaft, der „sich an den Zeitgeist anschmiegenden volkskirchlichen Landschaft" und der „Auseinandersetzung innerhalb der evangelikalen Bewegung" bestimmt wird.[35] Man beachte den einseitig antimodernistischen Zug, wenn von den „dramatischen geschichtlichen Prozessen der letzten 250 Jahre" gesprochen wird.

Es ist kein Zufall, dass eine wenigstens ambivalente Schilderung der Veränderungen durch die und seit der Aufklärung hier völlig unterbleibt. Schon hier liegt der Wurzelgrund für die aus meiner Sicht eklatante Unfähigkeit, auf die Herausforderungen der (Post-)Moderne angemessen zu reagieren. Außerdem wird die christliche Gemeinschaft nicht als Ressource zum Umgang mit den Herausforderungen der Säkularisierung verstanden, sondern teils als ursächlich für die eigene Diasporasituation bezeichnet. Mehr „drinnen und draußen", mehr Bankrotterklärung zum Thema Einheit, die nur noch mit „Gleichgesinnten" gesucht wird und – darf ich es einmal ungeschönt direkt sagen – mehr Selbstüberhöhung und Selbstmitleid gehen aus meiner Sicht kaum noch.

Damit das völlig klar ist: Ich respektiere, dass es Teile der evangelischen Christenheit gibt, die sich fundamentalistisch, biblizistisch oder bekenntniskonservativ verorten. Ich weiß natürlich, dass dieser „Flügel" auch Wurzeln im Pietismus hat und zur evangelikalen Bewegung gehört. Und es gibt viele Vertreter (leider ja kaum Frauen), die ich persönlich schätze. Ich denke an viele Dozenten an der Freien Theologischen Hochschule in Gießen, die sachlich und kenntnisreich für ihre Position argumentieren. So soll es sein. Und doch habe ich große Zweifel, ob ein derartiges Profil über den eigenen Echoraum hinaus heute für das pietistische und evangelikale Miteinander fruchtbar sein kann – oder für die Außendarstellung.

Diese Zweifel werden durch einen Blick auf die Bekenntnisgruppierungen untermauert, die sich teils bundesweit, teils auch regional seit der zweiten Hälfte des 20. Jahrhunderts organisiert haben. Was damals als konservativer Aufbruch gegen die Theologie Rudolf Bultmanns, die historisch-kritische Bibelauslegung oder die Politisierung der Kirchen auf den Kirchentagen begann, ist im Laufe der Jahrzehnte vielerorts zu einem überalterten, völlig unevangelischen Verständnis eines Wächteramtes über den Glauben Dritter verkommen. Die Kombination aus konservativen Überzeugungen und dem Errichten einer „Bekenntnisfront" gegenüber aktuellen Entwicklungen birgt in sich die immer neue Gefahr der Gesetzlichkeit. Und wir müssen zur Kenntnis nehmen, dass „neben und hinter" den bisher genannten Vertreter*innen eines derartigen Glaubensprofils sich vieles bis ins Extrem radikalisiert hat. Exklusive intolerante Bibelauslegung trägt die Gefahr der Sektiererei in sich – und zwar in einem hohen Maß. Und ich bin inzwischen nicht mehr der Meinung, dass an dieser Stelle eine substanzielle Verständigung möglich ist.

Wer sich die Zersplitterung und Aufspaltung der christlichen Glaubensgemeinschaft weltweit anschaut, der könnte sich freuen und weinen zugleich. Sich freuen, weil die hier zutage tretende Vielfalt der Glaubensprägungen ein beredtes Argument dafür ist, dass sich Glauben immer in konkreten Kulturen und Zeiten ereignet. Und weinen, weil diese Vielfalt leider auch Ausdruck von Abgrenzungen und Spaltungen ist. Der Neutestamentler Ernst Käsemann formulierte schon 1951, dass der neutestamentliche Kanon nicht die Einheit der Kirche, sondern die Verschiedenheit der Konfessionen begründet, weil die jeweilige Konzentration auf unterschiedliche biblische Aussagen eben auch zu unterschiedlichen Glaubensprofilen führt. Alle Versuche, dazwischen dann einige Bänder zu knüpfen, werden zunehmend problematisch. Davon kann ich mehrstrophige Lieder singen – aber ich will es mal mit zwei weiteren Beispielen bewenden lassen.

- Die Bewegung „Zeit zum Aufstehen" wurde im Laufe des Jahres 2013 in meinem Büro in der Zentrale des Evangelischen Gnadauer Gemeinschaftsverbandes in Kassel „geboren". Pfarrer Henning Dobers, der Vorsitzende der Geistlichen Gemeindeerneuerung in Deutschland, und ich fassten damals den Entschluss, einen Kreis von Multiplikatoren aus der eher konservativen kirchlichen Welt zusammenzurufen, um gemeinsame evangelische Grundanliegen zu formulieren. Schon die 12 Initiatoren wiesen ganz unterschiedliche pietistische, evangelikale und auch (bekenntnis-)konservative Profile auf. Aber es gelang ein gemeinsamer Schulterschluss und die Formulierung von sieben Leitsätzen zu Christus, Schöpfung, Bibel, Versöhnung, Ehe, Mission und Wiederkunft Jesu. Diese kamen, und das sollte den Unterschied zu bisherigen Sammlungsversuchen aufzeigen, ohne Verwerfungen oder Verurteilungen anderer Positionen aus. Die Leitsätze sollten verbinden und nicht ausschließen. Mehr als 400 Multiplikatoren schlossen sich den vertraulich verbreiteten Leitsätzen schon vor der Veröffentlichung an, und die Möglichkeit, im Anschluss auf einer eigens dafür erstellten Webseite diesem Aufruf beizutreten, wurde von fast 20.000 Menschen wahrgenommen. Eine beachtliche Zahl, gewiss – und viel mehr, als später nachfolgende Aufrufe aus einem bekenntniskonservativen Lager, welcher Couleur auch immer, je erreichen konnten. Und dennoch so wenig im Vergleich zu den immer wieder genannten 1,2 Millionen, die der Evangelischen Allianz nahestehen sollen, und so wenig im Vergleich zur evangelischen Christenheit insgesamt in unserem Land.

In den Landeskirchen wurde der Aufruf überwiegend als „Aufruf zum Aufstand" still oder irritiert übergangen, in der pietistisch-evangelikalen Welt fühlten sich freikirchliche Vertreter*innen teils mit Recht nicht angesprochen und der bekenntniskonservativen Mannschaft fehlten eben allen Ernstes die Verwerfungen. Der Ruf zum Aufstehen verhallte – trotz aller guten Ansätze.

- In die Kategorie „als stimulierendes Band zwischen diversen Profilen gescheitert" gehört für mich auch „dynamissio. Der missionarische Gemeindekongress für das 21. Jahrhundert". Seit dem Lausanner Kongress für Weltevangelisation 2010 in Kapstadt hatten sich die deutschen Vertreter*innen mit der Frage befasst, wie die Ergebnisse dieses Kongresses in Deutschland multipliziert werden könnten. Im Reformationsjahr 2017 sollte es so weit sein – ein Kongress unter breiter pietistischer, evangelikaler und landeskirchlicher Trägerschaft, konzentriert auf das Gemeinsame in Evangelisation und Mission. Wir waren uns sicher, dass die vielen beteiligten Freikirchen, Gemeinschaften und landeskirchlichen Multiplikator*innen das Velodrom in Berlin im Handumdrehen mit 5.000 oder 6.000 Teilnehmenden füllen würden. Der von der EKD substanziell mitfinanzierte Kongress wurde aber letztlich nur von wohlwollend 1.200 Teilnehmenden miterlebt. Für die Verantwortlichen eine riesengroße Enttäuschung und wahrscheinlich auch schon eine Folge, der seit Anfang 2016 sich verstärkenden Polarsierungen in der pietistischen und evangelikalen Welt. Wahrscheinlich war es uns auch nicht gelungen, die Besonderheit dieses Kongresses in unsere eigenen Kirchen und Gemeinschaften zu transportieren, und vielleicht waren auch zu wenige bereit, für diesen gemeinsamen Kongress so viel Unterstützung und Herzblut zu geben wie für die Veranstaltungen der eigenen Gruppe oder Denomination. Aber aus meiner Sicht sind wir damals auch an uns selbst gescheitert und eine fantastische Chance zum Brückenbauen, weit über das pietistisch-evangelikale Spektrum hinaus, war vertan. Inhaltlich war der Kongress klasse, als großes Mannschaftssignal und in seinen Folgewirkungen verpuffte er aber geradezu.

Spätestes 2017 hatte ich kapiert, dass das nichts mehr werden würde mit den großen, verbindenden Mannschaftsauftritten – zu plural, zu individualistisch, zu heterogen präsentierte sich der angesprochene Teil der evangelischen Welt. Die Erfahrungen der EKD im Jahr des Reformationsjubiläums bestätigten diesen Eindruck für andere evangelische Profile. Es hat sich etwas geändert, denn als kulturell von unserer eigenen Zeit Geprägte partizipieren wir am Individualismus unserer Tage. Und wenn irgendwann die Corona-Pandemie nicht mehr den Alltag bestimmen wird, dann ist es doch die offene und auch bange Frage, inwieweit sich bei Großereignissen in der christlichen Welt an frühere Zahlen wird anknüpfen lassen. Digitale Angebote weisen beeindruckende Teilnehmendenzahlen auf, und doch können sie für die christliche Zukunft nicht alles sein. Doch vielleicht ist die geglaubte EINE Herde wohl wirklich besser dran, wenn sie sich vielfältig und bunt verteilt, anstatt sich zahlenwirksam unter einer ja doch immer nur eingrenzenden „Flagge" zu versammeln.

Die Hoffnung, dass das Brückenbauen gelingt, dass eine kleiner werdende Christenheit in einer säkularisierten Umgebung zusammenrückt, dass wir uns „unseren Glauben glauben" und miteinander das Evangelium bezeugen, werde ich aber weiter in mir tragen – und dabei mithelfen, wo immer ich kann.

Und damit will ich mich nun an die einzelnen Sachfragen trauen und aufzeigen, wie eine offene pietistische oder evangelikale Position die bisherigen Sackgassen vermeiden kann. Wir beginnen mit der Hermeneutik, dem Verständnis der Bibel, weil sich daran zu Recht ganz viel entscheidet.

5.

STREIT UM DIE BIBEL

Ihr sucht in der Schrift, denn ihr meint, ihr habt
das ewige Leben darin; und sie ist's, die von mir zeugt.

Johannes 5,39

Und er fing an bei Mose und allen Propheten und legte ihnen
aus, was in der ganzen Schrift von ihm gesagt war. ... Und
es geschah, als er mit ihnen zu Tisch saß, nahm er das Brot,
dankte, brach's und gab's ihnen. Da wurden ihre Augen geöffnet
und sie erkannten ihn. Und er verschwand vor ihnen. Und sie
sprachen untereinander: Brannte nicht unser Herz in uns, als er
mit uns redete auf dem Wege und uns die Schrift öffnete?

Lukas 24,27. 30–32

Für mich schildern die Lukas-Verse eine der besonders bewegenden Begegnungen der Evangelien. Frustrierte, müde Jünger auf dem Weg nach Hause. Rückzug könnte man das nennen. Von hochfliegenden Plänen und Hoffnungen zur schmerzhaften Realität. Jesus geht Menschen nach, die auf dem Rückzug sind, enttäuschten

Menschen. Er mischt sich ein in ihr Gespräch und holt sie ab in ihren Fragen. Jesus spricht hier deutliche Worte: Klarheit über ihn gewinnen Menschen nicht in der Natur oder in sich selbst, sondern aus der Heiligen Schrift. Christuserkenntnis und Schriftverständnis sind unmittelbar miteinander verbunden. Aber dazu genügte den Jüngern nicht der niedergeschriebene Wortlaut – Jesus musste die Schrift erst für sie „öffnen", damit sie sie verstanden. Wunderbar, wie in diesem Text dieses Verstehen mit dem Brennen des Herzens verbunden wird.

Das ist evangelische Schriftauslegung – ein Wunder, ein Geschenk. Und bewegend, wie das Öffnen der Augen sich verbindet mit dem Brechen des Brotes und dem Dankgebet: Jesus erkennen wir in seiner unauflöslichen Verbindung mit seinem himmlischen Vater, aus der sein Leib für uns gebrochen wird. Christuserkenntnis zeigt sich in der Hingabe des Sohnes und durch das tiefe Verstehen der Schrift. Im Grunde beschreibt Lukas hier ein zutiefst sakramentales Geschehen. Das Innerste ist angerührt. Und verwandelte Jünger treten den Rückzug vom Rückzug an.

Und damit sind wir mittendrin in der Frage, wie die Bibel verstanden und ausgelegt werden soll. Ich will im Folgenden weder die hermeneutische Diskussion der Kirchengeschichte oder der Gegenwart zusammenfassen – die Literatur dazu ist fast uferlos –, noch ist hier der Ort, um meine eigene Position detailliert auszuführen. Das habe ich an anderer Stelle immer wieder getan.[36] Aber die für mich heute wichtigen Akzente will ich benennen.

Ich werde nie vergessen, mit welch anteilnehmender Liebe viele meiner Glaubensgeschwister in der Stadtmission in Pirmasens meinen Weg ins universitäre Theologiestudium begleitet haben. Was wurde da gebetet, dass „der Junge seinen Glauben nicht verliert". Und jedes Wiedersehen war auch so ein kleines Abtasten, wo denn „der Michael" jetzt so steht. Nein, ich habe meinen Glauben nicht verloren, aber natürlich hat sich mein Glaube in meiner Studienzeit verändert. Richtig hilfreich für mich war dabei zweierlei: mein Vorstudium im Geistlichen Rüstzentrum in Krelingen sowie die mich durch das ganze Studium tragenden Studiengemeinschaften.

Nein, nicht alles in Krelingen war im Rückblick hilfreich, aber wir konnten dort, neben einem hervorragenden Studium der alten Sprachen, von Anfang an geistliches Leben und theologisches Forschen miteinander verbinden. Ich habe schon damals verstanden, dass ich es in der Theologie mit hoffentlich wohlbegründeten Meinungen zu tun habe, dass es eindeutige Schulen bestimmter Überzeugungen gibt und dass es gerade in der Theologie Sinn macht, über den deutschen Kontext hinaus etwa auch den angelsächsischen Raum wahrzunehmen. Manches, was hier bei uns im Brustton tiefster Überzeugung vorgetragen wird, relativiert sich dann von selbst.

Nach Krelingen lebte ich mein gesamtes Theologiestudium lang in Wohngemeinschaften mit Krelinger Mitstudenten: Heidelberg, Erlangen, Tübingen und wieder Heidelberg – ich war nie allein auf mich gestellt. Nur mein halbjähriges Studien- und Gemeindepraktikum in den USA absolvierte ich ohne meine damaligen Freunde. Wenn ich heute zurückschaue, dann haben wir etwa zehn Studierende uns allesamt sehr, sehr unterschiedlich entwickelt. Im Sinne der Schubladisierungen in diesem Buch wären wir heute in etwa gleicher Zahl in liberaler und evangelikaler Welt zu finden. Aber was uns durch das intensive Studium trug, war auch das gemeinsame Durchdringen von theologischen und geistlichen

Fragen. Dass ich meine Liebe zur Bibel (ja, meine Liebe zum Wort Gottes) bis heute nicht verloren habe, liegt auch in dieser gemeinsamen Erfahrung der Studienzeit begründet.

Aus unterschiedlichen Hintergründen die Bibel gemeinsam lesen und studieren, das ist hilfreich gegen Fehlentwicklungen. In der pietistischen und evangelikalen Welt besteht die Gefahr, das Verhältnis zwischen Offenbarung und Geschichte, zwischen Menschenwort und Gotteswort zu einseitig zu betrachten. Es ist gewiss so, dass in mancher liberalen Tradition biblische Aussagen recht schnell als „zeitbedingt" abgetan werden oder im Umgang mit der Bibel zu wenig ersichtlich wird, was dieses Buch eigentlich von anderen literarischen Erzeugnissen unterscheidet. Aber mich schmerzt es mindestens ebenso, wenn Christ*innen meinen, komplexen Situationen mit einem aus dem Zusammenhang gerissenen Bibelzitat gerecht werden zu können, oder wenn der Bibel ein göttlicher Rang zugewiesen wird, der ihr nicht gebührt.

Denn es ist doch offensichtlich: Die Bibel ist nicht Gegenstand des Apostolischen Glaubensbekenntnisses wie auch sonst keines altkirchlichen Bekenntnisses. Warum wohl nicht? Sie ist Ur-Kunde von Gottes Handeln in dieser Welt, aber nicht Gott selbst. Sie ist nicht „vom Himmel gefallen" und beansprucht – bis auf wenige Stellen – nicht, durch göttliches Diktat entstanden zu sein. Für mich gibt es keinen Zweifel daran, dass Gott uns ein solches Buch, quasi einen christlichen Koran, hätte schenken können. Stattdessen ist die Bibel eine Art Bibliothek mit Schriften, die über einen langen Zeitraum von ganz unterschiedlichen Verfassern erstellt wurden. Alle Schriftstücke unserer heutigen Bibel hatten erste Adressaten, sind also an bestimmte Personen zu bestimmten Zeiten an bestimmten Orten gerichtet. Es wird uns nirgendwo berichtet, dass die Autoren über übernatürliche Kräfte oder aus sich heraus (!) über Wissen verfügten, das den jeweiligen historischen Kenntnisstand überstieg. Wir kennen und anerkennen also die durch und durch menschliche – aber gottgewollte und -gewirkte – Entstehungsgeschichte der Ur-Kunde unseres Glaubens, und deshalb bejahen wir die historische Arbeit mit und an der Bibel.

Bibel gibt es nicht ohne Auslegung – es genügt nicht, biblische Worte einfach ihrem Zusammenhang zu entnehmen, sondern gerade in ihrem Zusammenhang und ihrem geschichtlichen und kulturellen Kontext sind sie zu verstehen. Und genau das lässt sich an der Emmausgeschichte aufzeigen: Eine Auslegung der Schrift ist unabdingbar notwendig zu ihrem Verständnis. Und es ist auch nicht zu beanstanden, wenn die historische Auseinandersetzung ein „kritisches Arbeiten", also ein „unterscheidendes" und die Texte wie auch sich selbst infrage stellendes Arbeiten ist.

Was ich aber wahrnehme, ist, dass diese Selbstverständlichkeiten hinter der Bibel als Wort Gottes viel zu oft völlig verschwinden, jedenfalls in einem gewissen pietistischen oder evangelikalen Kontext. In einem hermeneutischen Zirkel werden biblische Sätze dazu missbraucht, genau die von ihnen behauptete Unfehlbarkeit und Ewigkeit biblischer Erkenntnisse selbst zu beweisen, ohne dass genau hingesehen und unterschieden wird.[37] Es tut dem Wort Gottes Gewalt an, wenn deren erste Adressat*innen nicht ernst genommen, wenn deren kulturelle Gegebenheiten nicht beachtet werden, sondern vorschnell so getan wird, als sei der vorliegende Text ungebrochen das Wort Gottes für mich in meiner Zeit. Ja, jedes biblische Wort kann mir zur Anrede des lebendigen Gottes werden, aber nicht an den ersten Adressaten vorbei, sondern quasi durch diese hindurch.

Wer wie ich eher aus einer zu Biblizismus und Fundamentalismus neigenden Frömmigkeitsrichtung kommt, der braucht theologisch kompetente Gegenüber, die mithelfen, dass zu dem kindlich-vertrauensvollen Lesen der Bibel, das ich nie verloren habe, auch eine wissenschaftlich-reflektierte Hermeneutik tritt. An dieser Stelle habe ich viel von dem intensiven Dialog zwischen Gerhard Maier und Peter Stuhlmacher gelernt.[38] Stuhlmachers Grundpositionierung einer „Hermeneutik des Einverständnisses" halte ich bis heute für hilfreich:

„Diese Hermeneutik schließt ein, dass wir von der Bibel als Lern- und Lebensbuch der Kirche ausgehen, dass wir uns in reflektierter Weise der historisch-kritischen Auslegungsmethode bedienen und dass wir uns der Lebenssituation bewusst sind, aus der wir heraus zur Exegese aufbrechen und in die unsere Schriftinterpretation zielt. Die Bibel ist mehr als eine historische Quellensammlung; sie ist der Kanon, den sich die Kirche aus Gehorsam gegenüber dem Evangelium gegeben hat und aus dem heraus sie bis heute die Stimme Gottes und seines Christus vernimmt. Die gesamtkirchliche und individuelle Glaubenserfahrung, dass sich Gott in eigener Autorität durch das biblische Zeugnis vernehmen lässt, gibt der Bibel ihre aller wissenschaftlichen Exegese vorausliegende und sie transzendierende kirchliche Autorität. Biblische Schriftauslegung hat der Bibel in diesem ihrem Wahrheitsvorsprung zu dienen ..."[39]

Warum lesen wir die Bibel? Weil wir glauben, dass wir in ihr einen menschlich vermittelten Zugang zu Gottes Geschichte mit den Menschen erhalten und weil wir aus diesem Buch Ermutigung, Korrektur und Wegweisung erfahren. Zugleich lese ich die Bibel vor allem wegen Jesus Christus. Niemand sonst fasziniert mich so wie dieser Wanderprediger aus Nazareth. Bevor ich richtig sprechen oder laufen konnte, hat meine Familie mir von ihm erzählt. Ich bin hineingewachsen in die biblischen Geschichten und bis heute auch irgendwie da drin geblieben. Anders, reifer, verändert, und doch noch immer vertrauensvoll und staunend. Und ich glaube, dass dieser Jesus ganz zu uns Menschen gehört und ganz zu Gott. Ich glaube an ihn als Menschensohn und Gottessohn. Durch ihn bin ich mit Gott versöhnt. Mein Interesse an Gott und seinem Handeln ist untrennbar mit Jesus Christus verbunden. Er ist die Mitte der Schrift „ad personam", er ist das Evangelium.

Und von diesem Christus fällt mein Blick auf den Reichtum der ganzen Bibel. Ich staune über die Besonderheit der urgeschichtlichen Erzählungen, lobe und preise Gott als Schöpfer aller Menschen, bin gepackt von der Bundestreue Gottes gegenüber seinem erwählten Volk Israel, nehme wahr, wie etwa innerbiblisch die Einschätzung des Königsamtes für das Volk Israel variieren kann, leide mit Hiob, bin ergriffen von der oftmals auch sozial und politisch motivierten Botschaft der Propheten, singe und bete die Psalmen in Klage und Freude, werde jedes Mal neu beschenkt durch die Jesusschilderungen aus den unterschiedlichen Blickwinkeln der vier(!) Evangelien, erlebe das Entstehen und Wachsen einer christlichen Gemeinde und Kirche und das Ringen mit unterschiedlichen Herausforderungen je nach kulturellen Gegebenheiten und wage einen Zukunftsblick, der mein Verstehen weit übersteigt und mich vor allem tröstet, weil Gott alle Tränen abwischen und alles neu machen wird. Dann einmal.

Wenn es um ethische Themen geht, berge ich mich in das unüberbietbare und endgültige Versöhnungshandeln Gottes in Jesus Christus, ich nehme Maß und richte mich aus an den Zehn Geboten und der Bergpredigt als Ordnung des anbrechenden Gottesreiches – so kostbar, so unersetzlich, so reich, so klärend, so ausrichtend ist die Bibel für mich und viele andere Menschen, ohne dass wir in die Falle einer fundamentalistischen Engführung hineingeraten müssten. Ich bin froh und dankbar, dass mir dieser Reichtum des Wortes Gottes neu erfahrbar geworden ist, seit ich nicht mehr mit biblizistischen Handschellen, geknebelt und eingeengt, herumlaufen muss. Ich lerne aus der weiten Welt der Theologie, sehe auch die Irrwege, aber bin so dankbar für vieles, was betend gedacht und denkend gebetet wurde – durch Generationen hindurch. Was bin ich erleichtert, dass meine Füße ohne evangelikale Indexliste auf weitem Raum stehen. Dass ich von Erasmus und Schleiermacher, von Hegel und Troeltsch, von Bultmann und Sölle lernen darf – alles prüfen und das Gute behalten. Und dass all dieses Lernen mich immer wieder an Christus und auch an die Bibel verweist.

Geschieht diese Erkenntnis durch das Buch an sich? Nein, wir wissen aus teils schmerzlicher Erfahrung, dass sich die besondere Bedeutung der Bibel längst nicht jedem Menschen erschließt. Oft ist dazu – so wie in dem oben beschriebenen Bibeltext – ein Öffnen der Schrift durch Gottes Geist nötig. Immer wieder geschieht aber auch das Wunder, dass Menschen ausschließlich durch das Lesen der Bibel zu Christ*innen werden. Wir können das nicht „machen", sondern nur staunend feststellen.

Und ebenso klar ist, dass wir aus guten Gründen nicht nur von der Bibel als Wort Gottes reden. Aus dem bisher Gesagten ergibt sich, dass Jesus selbst zuallererst das menschgewordene Wort Gottes ist. Und wir kennen neben dem niedergeschriebenen Wort Gottes in der Bibel auch das verkündigte Wort Gottes. Paulus selbst spricht vom Evangelium (Röm. 1,17) von Jesus Christus als Zentrum und Kern dieser Verkündigung, der Predigt, der im Neuen Testament eine sehr hohe Bedeutung zugewiesen wird (Röm. 10,17). In der Emmausgeschichte finden wir alle drei Gestalten des Wortes Gottes miteinander vereint.

Zugleich wird uns die Offenbarung Gottes in Jesus Christus nirgendwo sonst so klar wie durch die Bibel. An ihr richtet sich aus und entscheidet sich, was Christen glauben und wie sie leben. Die Bibel hat eine aufklärende und korrigierende Funktion gegenüber allen anderen Erkenntnissen des Glaubens.

Vielleicht habe ich bis hierher ein überwiegend konsensfähiges Schriftverständnis beschrieben. Manchmal werden diese zentralen Übereinstimmungen aufgrund der strittigen Fragen nicht mehr gesehen oder nicht ernsthaft in die eigene Hermeneutik einbezogen.

Dann lassen Sie uns von hier aus doch auf die wesentlichen Unterschiede zu sprechen kommen: Sind wir uns bewusst, dass „Zeit" und damit auch „Geschichte", „Sprache", „Zeitgenossenschaft" und „Kultur" Gaben Gottes sind? Es ehrt den Schöpfer und Erlöser dieser Welt nicht, wenn wir die unterschiedlichen Kulturen der biblischen Geschichte nicht ernst nehmen oder wenn wir unsere eigene Kultur nicht beachten. Es ist doch unabweisbar, dass sich menschliche Erkenntnisse im Lauf der Geschichte immer wieder geändert haben, ebenso die Art unseres Zusammenlebens. Es wäre deshalb falsch, in der Bibel beschriebene kulturelle Gegebenheiten zu verabsolutieren. Wir kennen heute zum Beispiel keine sogenannte „Leviratsehe" mehr, wie in der Bibel die Heirat einer kinderlosen Witwe mit dem Bruder ihres verstorbenen Mannes beschrieben wird. Und wir leben, Gott sei Dank, nicht mehr in einer patriarchalen Zeit. Schon hier beginnen die Probleme, denn natürlich gibt es christliche Fundamentalisten, die das Geschlechter- und Eheverständnis einer vergangenen Epoche einfach auf unsere heutige Zeit übertragen wollen. Sie sehen das als „Gehorsam gegenüber der Schrift". Aber für mich ist es blanker Ungehorsam gegenüber der Bibel, in der sich doch Gott in die Zeiten hinein offenbart. Oder: Es ist eindeutig so, dass das in der Bibel entfaltete Menschenbild die Versklavung von Menschen nicht gutheißen kann; dennoch finden wir in der Bibel keine Ablehnung der Sklaverei. Auch die biblischen Autoren waren zeitgebunden und kulturell geprägt, und es bedarf deshalb einer geordneten theologischen Arbeit, um zu angemessenen Ergebnissen zu gelangen.[40]

Der Tübinger Theologe Hans-Joachim Eckstein hat vor Jahren die meines Erachtens hilfreiche dreifache Unterscheidung von „biblisch" eingeführt[41]: „Biblisch" ist etwas, wenn es in der Bibel steht (biblisch 1), aber auch wenn es sich um ein am Ganzen der Schrift und an Christus als Mitte der Schrift gewonnenes Bekenntnis, eine Lehraussage oder eine ethische Norm handelt (biblisch 2). Aber das genügt eben noch nicht. Es geht auch um unsere Orientierung heute: Was hat die Bibel uns heute zu sagen? Das ist von den beiden anderen Aussageebenen zu unterscheiden (biblisch 3), und hier gibt es schon „bibelintern", etwa bei der Frage des Essens von Götzenopferfleisch, unterschiedliche Beurteilungen. Aus biblisch 1 und 2 folgt nicht automatisch biblisch 3.

Es ist eine Krankheit, gerade in der pietistischen und evangelikalen Welt, dass zu viele Menschen bei zu vielen Themen permanent das Wort „biblisch" zur Legitimation der eigenen Position im Mund führen, ohne darüber Rechenschaft abzulegen, was sie eigentlich meinen. Es genügt nicht, „biblisch" zu sagen oder sich mit der aufgeschlagenen Bibel in der Hand fotografieren zu lassen, um sich wirklich sachgemäß und allgemeinverbindlich zu dem geäußert zu haben, was nun wirklich „biblisch" ist. Diejenigen, die am häufigsten und lautesten „biblisch" rufen, geben noch lange nicht eine verantwortliche biblische Position für unsere heutige Zeit wieder. Es ist kein Zeichen christlichen Gehorsams oder biblischer Wahrhaftigkeit, in der Bibel geschilderte ethische Normen direkt und unreflektiert auf die heutige Zeit zu übertragen. Es spricht auch nicht für kulturelle Sensibilität, wie sie mir auf jeder Seite der Bibel entgegenkommt, wenn bei neuen geistlichen oder theologischen Erkenntnissen darauf verwiesen wird, dass hier jetzt ein 2.000-jähriger Konsens aufgekündigt werde. War es etwa falsch, sich im 19. Jahrhundert eindeutig von der Sklaverei zu distanzieren? Wäre es biblisch angemessener, wenn Frauen heute noch nicht wählen dürften und die Unterschrift ihres Ehemannes bräuchten, bevor sie eine Arbeitsstelle antreten könnten?

Wer die Tradition auf diese Weise für sich reklamiert, leugnet die Möglichkeit, dass Gottes Geist in der Bindung an die Heilige Schrift und in Achtung vor den Bekenntnissen seine Kirche auch heute noch auf neue Wege führt. Und gerade weil Glaube sich kulturverbunden entwickelt, in Zustimmung und Widerspruch zur Umwelt, ist es nicht überraschend, dass eine bestimmte Erkenntnis nicht in allen Kulturen einer Generation gleichermaßen entwickelt wird. Orthodoxes Christentum unterscheidet sich erheblich vom evangelischen Glaubensverständnis und auch evangelikal geprägte Christ*innen in Afrika oder Asien sind anders geprägt als Menschen dieser Prägung in Europa. Die christliche und kirchliche Tradition ist wie die Auslegungsgemeinschaft mit anderen Christ*innen ein wertvolles und hohes Gut, aber sie kann den eigenen Auslegungsprozess von biblisch 1 und 2 zu biblisch 3 nicht

ersetzen und auch nicht abkürzen. Und der Ausdruck „bibeltreu"
sagt noch gar nichts darüber, ob jemand wirklich der biblischen Intention gemäß mit den Texten umgeht. Im Gegenteil. Sehr häufig
habe ich Menschen kennengelernt, bei denen die Selbstbezeichnung „bibeltreu" darauf hinwies, dass sie zwar zur Zeit und Unzeit
Bibelverse zitieren können, deshalb aber noch lange nicht in der
Lage und willens waren, den komplexen Übersetzungsprozess in
die heutige Zeit und für die heutigen Menschen wirklich liebevoll
und kompetent zu gestalten.

**Schluss mit der Sackgasse, die das eigene Bibelverständ-
nis zum allein wahren und richtigen erheben will!**

Lucas Cranach der Ältere hat 1547 das Bild „Martin Luther als
Prediger" gemalt. Bezeichnenderweise hat Luther auf diesem Bild
die linke Hand auf der aufgeschlagenen Bibel, aber er weist mit
der rechten Hand auf eine Darstellung des gekreuzigten Christus,
und er schaut direkt in die Augen seiner Zuhörer. SO vollzieht sich
evangelische Schriftauslegung – im geistlichen Miteinander von
Bibel, Christus und Gegenwart. Es ist geradezu ein Kennzeichen
von biblisch gegründeter Gewissenhaftigkeit, den historischen
Kontext der Bibel ebenso ernst zu nehmen wie unsere heutige
Zeit, um dann zu fragen, wie biblisch 1 und biblisch 2 heute angemessen gelebt und umgesetzt werden können (biblisch 3). Genau darum wird es in den ethischen Kapiteln dieses Buches gehen.

Sollen bekenntniskonservative Glaubensgeschwister doch aus
biblisch 1 und 2 ihre Schlussfolgerungen auf biblisch 3 vorneh-
men – das ist ihr gutes Recht. Aber ich möchte denen Mut zuspre-
chen, die schon länger spüren, dass Christuszentriertheit, Wert-
schätzung der Heiligen Schrift, Gebet, Freude am Glauben und an
der Nachfolge nicht davon abhängig sind, ob man mit konservati-

ven Vertreter*innen des eigenen Glaubensprofils übereinstimmt. Es ist religionssoziologisch belegt, dass es in jeder Religion und Glaubensrichtung fundamentalistische und bekenntniskonservative Gruppierungen gibt – das wird sich nie ändern. Aber lasst uns aufhören, deren Erkenntnisse als etwas anderes zu betrachten, als sie sind: eine völlig subjektive Auslegung von biblisch 1–3. Geprägt aus der Erkenntnis, Kultur und Milieus ihrer Vertreter*innen, ihren Gewissheiten und Ängsten. Sie stehen weder für den Pietismus noch für die evangelikale Welt und dürfen gern alle anders Geprägten als „abgefallen" oder „irrend" bezeichnen – das ändert nichts an der durchschaubaren Begrenztheit ihres Anliegens und ihres Ansatzes.[42]

Es stört mich zunehmend, wie „Gespenster" und „Zerrbilder" historisch-kritischer Universitätstheologie, oftmals ohne jegliche eigene Kenntnis der Sachverhalte, einfach behauptet und tausendfach wiederholt werden. Ja, es gab in der Vergangenheit schlimme Irrwege und liberale Sackgassen und es gibt auch heute Ansätze, die so tief in einem kritischen Rationalismus verankert sind, dass sie nach meiner Einschätzung der Besonderheit der Bibel nicht gerecht werden. Und viel zu häufig spiegeln dabei die jeweiligen Arbeitsergebnisse die persönlichen Ansichten der Forschenden wider. Und ja, noch immer können Theologiestudierende nach ihrem Studium nichts Existenzielles mehr zum Wortes Gottes sagen, haben keinen persönlichen Bezug mehr zur Bibel. Das Brennen des Herzens ist ihnen im Studium abhandengekommen. Es ist in Ordnung und wünschenswert, wenn sich Glaube durch ein Theologiestudium verändert. Der Abbruch von Glaubensgebäuden, die der komplexen Wirklichkeit nicht standhalten, ist vonnöten, aber wenn auf den Trümmern nichts Neues entsteht, ist auch niemandem geholfen.

Ich sehe aber auch, wie wenig zielführend es ist, wenn die menschliche und geschichtliche Gestalt der biblischen Schriften mit allen damit verbundenen Implikationen heruntergespielt wird oder jedenfalls in der tatsächlichen Anwendung der Bibel keine Rolle spielt. Ich nehme wahr, wie Menschen dann sich selbst und anderen mit vermeintlichen Glaubenswahrheiten das Leben schwer machen und wie die biblische Botschaft unter Ignoranz und Gesetzlichkeit zerbricht.

Man kann der christlichen Sache eben nicht nur durch eine allzu rationalistische Auslegung schaden, man kann dies ebenso durch eine allzu wissenschaftsfeindliche Auslegung tun.

Und deshalb gibt es nicht nur Trümmergeschichten aus dem Theologiestudium, sondern ebenso niederschmetternde Geschichten von Glaubensverlust aufgrund von Gesetzlichkeit und blindem Fanatismus. Wir müssen weiter um die rechte Auslegung der Heiligen Schrift ringen und wohl auch streiten, aber ich möchte das in einer Art und Weise tun, die uns dabei als Christen*innen beieinanderbleiben lässt.

6.

„DU BIST CHRISTUS": VOM URTEILEN ÜBER DEN GLAUBEN

Er sprach zu ihnen: Wer sagt denn ihr, dass ich sei? Da antwortete Simon Petrus und sprach: Du bist Christus, des lebendigen Gottes Sohn! Und Jesus antwortete und sprach zu ihm: Selig bist du, Simon, Jonas Sohn; denn Fleisch und Blut haben dir das nicht offenbart, sondern mein Vater im Himmel.

Matthäus 16,15–17

Eine Kernstelle der Evangelien. Es lässt sich nicht leugnen, dass der ganz und gar nicht maulfaule Petrus hier so richtig ins Schwarze getroffen hat. So sehr, dass Jesus in diesem Bekenntnis das Wirken seines himmlischen Vaters erkennt. Der Apostel Paulus kann in diesem Sinne sagen, dass niemand Jesus den „Herrn" nennen kann, außer durch den Heiligen Geist (1. Kor. 12,3).

Wenn das Christusbekenntnis eine Gabe des Heiligen Geistes ist und daraus die Zugehörigkeit zum Leib Christi erwächst, dann steht es uns nicht zu, diese von einem bestimmten Glaubensprofil abhängig zu machen. Wir sind nicht die Richter der Menschen, wir sehen nicht die Herzen, wir sind überhaupt nicht befugt, uns hier an die Stelle Gottes zu setzen.

Es ist keine Frage, dass uns die Heilige Schrift immer wieder auch zur Überprüfung der Lehre in unseren Gemeinden ermutigt, aber das ist etwas gänzlich anderes als ein grundlegendes Urteil über den (Heiligen) Geistes-Zustand eines Dritten. Und wenn jemand anderes, dessen Lehrmeinung ich nicht teile, dennoch in Verbindung mit Gottes Geist steht, dann sollte mich das von einer klaren Auseinandersetzung in Lehrfragen nicht abhalten, aber *ohne*, dass ich deswegen über den geistlichen Stand meines Gegenübers ein Urteil abgebe.

Hier sehe ich den ärgsten Schaden innerhalb eines Teils der pietistischen und evangelikalen Bewegung: in einer richtenden Haltung, die – nicht überall, aber doch vernehmlich – den geistlichen Stand anderer Gläubiger be- oder gar verurteilt. Manch einem wird sogar abgesprochen, dass er überhaupt Christ ist.

Natürlich lässt es sich nicht vermeiden, dass wir uns eine Meinung von unserem Gegenüber bilden. Aber zwischen einer ersten Einschätzung oder einer Auseinandersetzung über Sachfragen und einem grundsätzlichen Urteil über den geistlichen Stand eines anderen Menschen bestehen für mich große Unterschiede.

In meiner Dienstzeit in der pfälzischen Landeskirche wurde in vielen Gremien erbittert gestritten. Es gab Auseinandersetzungen um Sach- und Personalfragen und so manches war unter der Gürtellinie. Aber *nie*, kein einziges Mal in 14 Jahren, erlaubte sich irgendjemand ein Urteil über meinen geistlichen Stand. Es gab Zweifel an meinem geistigen Wohlergehen (daran zweifle ich ja auch manches Mal selbst), aber *nie* bin ich in meiner geistlichen Integrität angegriffen worden. Und ich kann aus den letzten Jahren nur zutiefst dankbar von den häufig intensiven und kontroversen Diskussionen im Rat der EKD berichten: ernsthaft, hochengagiert, sachgerecht und geistlich motiviert. Kein einziges Mal, auch nicht im Reden über Dritte, habe ich Verurteilungen wahrgenommen. Und ich erinnere mich insgesamt nur an ein Telefonat, in dem ich in all den Jahren von einem liberalen Christenmenschen des Unglaubens bezichtigt wurde.

Im Kontrast dazu steht, was ich an manchen Orten und zu manchen Fragen seit 2009 in der pietistisch-evangelikalen Welt erlebte. Über das Ausmaß bin ich heute noch überrascht. Damit beziehe ich mich nicht auf die Diskussionen im Vorstand des Evangelischen Gnadauer Gemeinschaftsverbandes oder der Deutschen Evangelischen Allianz. Was ich meine, sind die vielen Formen der persönlichen Kontaktnahme, des Briefverkehrs oder auch der Telefonate. Ohne zu übertreiben kann ich sagen, dass ich – ja nachdem, ob und wie ich mich mal wieder zu einer umstrittenen Frage öffentlich geäußert hatte – wöchentlich in meiner geistlichen Integrität angegriffen wurde: „blinder Blindenführer", „Wer so redet, kann kein Christ sein", „Antichrist", „Verführer der Gemeinde Jesu", „Irrlehrer" – das ist nur ein Teil des verbalen Unrats, der sich über mich ergossen hat und ergießt. Teilweise kommen solche Beschimpfungen von Menschen, die meine Äußerungen gar nicht selbst gelesen haben. Ihnen genügen häufig die Überschriften nicht freigeschalteter Artikel des Magazins *idea*, um sich in die Wächterrolle zu begeben.

Ich will aber ergänzen, dass ich in den vergangenen Jahren auch viel liebevolle geistliche Unterstützung erfahren habe. Von Menschen aller Profile evangelischen Glaubens, aber auch richtig intensiv von pietistischen und evangelikalen Geschwistern. Teils ohne dass diese meine Überzeugungen teilten. Und es bewegte mich ungemein, wenn mir Menschen, die ich oft gar nicht näher kannte, zusätzlich versicherten, dass sie täglich für mich beten – das war und ist ein großes Geschenk.

Aber die andere Seite gibt es eben auch: Menschen, die beteten, dass ich entweder bald abgesetzt werde oder sterbe – und mir das sogar mitteilten, namentlich oder anonym. Mein „Giftschrank" mit Dokumenten aus dieser Zeit, teils auch von Menschen, die bis heute verantwortliche Positionen in der evangelikalen Welt einnehmen, hat eine recht formidable Größe.[43]

Zum ungerechtfertigten Urteilen über den Glaubensstand eines anderen gehört für mich auch, dass ich seit Anfang 2016, als ich mich vorsichtig öffnend zum Umgang mit homosexuellen Menschen geäußert hatte, wiederholt von Veranstaltungen ausgeladen wurde. Obwohl ich gar nicht als Sachverständiger zum Thema „Homosexualität" eingeladen war, sondern zu ganz anderen Themen, genügte eine abweichende Meinung in dieser ethisch umstrittenen Frage, um mir das geistliche Wort nicht mehr zuzutrauen oder mir die Gemeinschaft zu verweigern. Wenn das bei einer Organisation ohne feste Verbindung zu Gnadau oder der Allianz geschah, konnte ich es noch verstehen. Aber dass auch ein Zusammenschluss wie die Evangelische Allianz in Bremen oder die zum Herzen Gnadaus gehörende und ansonsten äußerst konstruktiv mit mir zusammenarbeitende Liebenzeller Mission der Überzeugung war, mich ihren Festgästen zu Pfingsten 2017 nicht mehr „zumuten" zu können, hat mich damals schon erschüttert. Wirklich erschüttert. Denn was für eine geistliche Sicht hat man den eigenen Mitgliedern Woche für Woche vermittelt, wenn ein Dissens in einer ethischen Sachfrage alles, aber auch alles an Geschwisterschaft infrage stellt?

Hinter vorgehaltener Hand konnte man dann auch noch hören, dass meine Anwesenheit das Spendenverhalten negativ beeinflussen könnte. Ich habe damals nur den Kopf darüber geschüttelt, dass bei Werken, die sich einer christlichen Handlungsweise verpflichtet sehen, der „schnöde Mammon" wichtiger ist als die Überzeugung, dass das Reich Gottes nicht an der eigenen Kragenweite endet. Muss ich noch erwähnen, dass mein wiederholtes Angebot, sich über die bestehenden Differenzen in einem Fachgespräch auszutauschen, so gut wie nie wahrgenommen wurde?

Wir leben in einer polarisierenden Zeit und ich sehe die Verantwortung für dieses zusätzlich Spaltungen befördernde Verhalten auch bei zu vielen Männern (es sind interessanterweise keine Frauen dabei) die, obwohl längst im Ruhestand, auf einmal den Auftrag entdecken, DIE Kirche auf den rechten Weg zurückzuführen, DIE Frommen vor Schaden zu bewahren oder DEN armen, verunsicherten Gemeinden gegen vermeintliche Irrlehren zur Hilfe kommen zu sollen. [44] Ich habe großen Respekt vor älteren Menschen, mir ist völlig klar, dass die geistliche Verantwortung nicht mit dem Eintritt in den Ruhestand endet und mir liegt jegliche Form von Altersdiskriminierung fern. Aber warum, so frage ich, sind es gerade in der evangelikalen Welt, die „alten, wütenden oder besorgten Männer", die nun, obwohl sie ein ganzes Arbeitsleben Zeit zum Prägen und Leiten hatten, Polarisierungen vorantreiben und Geschwister gegeneinander aufbringen? Mir leuchtet sofort ein, dass der immer noch weit verbreitete patriarchale Habitus in der pietistisch-evangelikalen Welt hier eine Rolle spielt. Ein Argument mehr, um derartige Kulturformen endlich aus dem Allerheiligsten evangelikaler Traditionsbildung zu vertreiben.

Mein Leben ist reich an zurechtweisenden, warnenden Worten älterer Geschwister. Persönlich vorgetragen oder schriftlich. Verbunden mit Gebet und bleibender Gemeinschaft. Das schätze ich sehr und dafür bin ich dankbar. Aber die Inflation an Bekenntnisbewegungen, Hilfsbünden und Netzwerken, an offenen Briefen und Unterschriftsaufrufen ist ja kaum noch auszuhalten. Alle sind ungemein wichtig, verhindern Schlimmeres, stehen den vermeintlich Hilfsbedürftigen bei – und enden doch (bisher) in bedeutungsloser Gesetzlichkeit.

Und selbstverständlich gruppieren sich dann um die älteren Semester auch jüngere Menschen. Fundamentalismus, Biblizismus, Bekenntniskonservativismus gibt es in allen Generationen, wenn auch aus meiner Sicht ungleich verteilt. Diese Gruppen unterliegen zudem unglaublichen Projektionen durch ihre Mitglieder und man könnte mit den Verantwortlichen fast schon wieder Mitleid bekommen, wenn man sich vorstellt, was da alles an Wünschen laut wird, gegen was man ja auch noch alles sein könnte (Frauen, Pfingstler, Katholiken, Charismatiker, Seenotrettung, „Altparteien"), jedes Mal vorgetragen mit der tiefen Überzeugung, dass der Herr Jesus höchstselbst bei diesen Themen auf die Barrikaden gehen würde...

Woher kommt das nur? Könnte es sein, dass solchen Menschen eine tiefe geistliche Erfahrung fehlt? Die Erfahrung des Nichtwissens, der Ungewissheit, des Zweifels, der Gebrochenheit, letztlich eine Kreuzeserfahrung, die meine Perspektive ändert und mich öffnet für die Angefochtenheit und Gebrochenheit meiner selbst inmitten meiner Mitmenschen? Tomáš Halík sagt es auf seine unverwechselbare Weise:

„Ich befürchte, dass ein Glaube, der nicht die Nacht des Kreuzes durchschritten hat und nicht ins Herz getroffen wurde, nicht diese

Macht hat. Ein Glaube, der nie blind wurde, der die Dunkelheit nicht erlebte, kann kaum denen helfen, die nicht sahen und die nicht sehen. Die Religion der »Sehenden«, die pharisäische, sündhaft selbstsichere, unverwundete Religion gibt statt des Brotes einen Stein, statt des Glaubens eine Ideologie, statt des Zeugnisses eine Theorie, statt der Hilfe eine Belehrung, statt der Barmherzigkeit der Liebe nur Befehle und Verbote. »Das Nicht-Sehen«, das ehrlich und demütig eingestandene Nicht-Sehen, eröffnet erst dem Glauben den Raum. Dem Glauben ist aufgegeben, in diesem Nicht-Sehen zu verharren. Er muss bis zum Ende darauf achten, dass der Raum des »Nicht-Sichtbaren« leer, jedoch gleichzeitig offenbleibt – wie der Tabernakel des Karsamstags in der Stunde der Verehrung der Wunden des Leibes und des Herzens Christi. Zu dieser wahrhaftig nicht einfachen Aufgabe braucht der Glaube auch die Hoffnung und die Liebe.«[45]

Eine weitere, etwas profanere Spurensuche nach den Ursachen führt mich zu einem Zitat, das vielleicht auch der eine oder die andere meiner Leser*innen noch kennt: „Wer sich so anzieht, kann kein Christ sein." An diesem Satz, den ich in meinen Jugendtagen immer wieder gehört habe, ist einfach alles falsch. Aber ich merke schmerzlich, wie mich dieses Beurteilen von Menschen, bei dem der eigene Geschmack zum Maßstab für andere und deren Heil und Unheil gemacht wird, eben doch geprägt hat.

Glaube ist aber keine Frage des Kleidungsstils und noch nicht einmal lehrmäßiger Übereinstimmung. Nach meinem einjährigen theologischen Grundstudium im Geistlichen Rüstzentrum in Krelingen wechselte ich an die Universität. Nachdem wir bis dahin sehr viel Kritisches *über* die Universitätstheologie gehört hatten, ging es nun zur Praxis. Und ja, da waren einige Assistenten und Professoren, die alles in Zweifel zogen, was ich bisher geglaubt hatte. Mein geistliches Urteil stand schnell fest: Das konnten keine Christen sein.

Als ich zur Besprechung einer Seminararbeit einen Termin bei einem dieser Professoren hatte – einem Schüler des wohl umstrittensten Neutestamentlers der Neuzeit, Rudolf Bultmann –, wurde auf mein Klopfen an der Bürotür nicht reagiert. Ich wartete, aber als länger nichts geschah und ich dennoch Stimmen im Raum hörte, öffnete ich behutsam die Tür. Was ich sah, hätte ich in den kühnsten Träumen nicht für möglich gehalten: Dieser Professor, der Dinge lehrte, die ich für vollkommen unangebracht und glaubensgefährdend hielt, kniete mit einem Studenten in seinem kleinen Büro auf dem Boden – und betete. Ich konnte es nicht fassen. Als ich später vollkommen entgeistert diesem Professor den Satz entgegenschleuderte: „Herr Professor, Sie beten?!", erntete ich nur ein schmunzelndes: „Klar, was haben Sie denn gedacht?".

Schon damals wurde mir klar, dass ich das geistliche Leben eines Menschen und seine Beziehung zu Jesus nicht daran festmachen kann, ob mein Gegenüber in Sachfragen meine Überzeugung teilt. Ohne Zweifel sind wir verantwortlich für das, was wir lehren, ohne Zweifel ist nicht alles gleichermaßen richtig, ohne Zweifel will ich diese wichtigen Fragen nicht bagatellisieren, aber genauso klar sage ich, dass uns ein Urteil über den geistlichen Stand eines anderen Menschen einfach nicht zusteht. Das ist geistlicher Hochmut und in meinen Augen ein heikles Gefährdungsfeld für die evangelikale Welt.

Endgültig „geheilt" von derartig vorschnellen Urteilen wurde ich, als wenige Jahre später in einem Theologiestudierendenkreis in Erlangen ein offensichtlich vollkommen überforderter Referent

nach einem langen Vortrag über Jochen Klepper zu der Schluss-
aussage kam, dass Jochen Klepper kein Christ gewesen sein könne,
weil er sich das Leben genommen habe. So etwas tue ein Christ nie
und nimmer. Getreu dem Motto, dass nicht sein kann, was nicht
sein darf, wurde hier mit wenigen Worten brutal über das Leben
eines Menschen und geistlichen Bruders gerichtet. Ich konnte und
kann es nicht fassen!

Bis heute muss ich immer wieder erleben, dass fromme Menschen Kirchenmitglieder als „bloße Namenschristen" bezeichnen
oder dass der Glaubensstand von Geistlichen mal schnell pauschal
auf „ungläubig" gesetzt wird. Oder dass ich aufgefordert werde,
bei einem Gottesdienst in einer örtlichen Kirche besonders evan-
gelistisch zu predigen, denn „die würden das Evangelium ja sonst
nie hören".

Wieso geschieht so etwas immer wieder? Die Gefahr des geistlichen Hochmutes liegt doch auf der Hand. Warum schrillen keine
„geistlichen Alarmglocken", dass sich hier Menschen über andere
erheben und sich an der Botschaft des Evangeliums versündigen
(Mt. 7,1)?

Wohlgemerkt rede ich hier über einen primär „pietistischen
oder evangelikalen Schwachpunkt". Woher kommt es, dass die
Frommen vielerorts als die gelten, die sich für „etwas Besseres halten"? Ist das nur „Gewäsch der Sünder" oder liegt es an der Haltung, mit der „die Frommen" viel zu oft anderen Menschen gegen-
übertreten?

Warum nennt man die Pietisten in manchen Regionen „Mucker"
oder „Pietkong"? Wieso wundert es uns, dass landeskirchliche Gemeinschaften in Orten, in denen sich die Mitglieder zu schade
waren, am vermeintlich „sündigen Dorftreiben" bei Kirmes oder

Straßenfesten teilzunehmen, auf ihre Einladungen zu Evangelisationen oder Gottesdiensten so gut wie keine Resonanz finden? In der Gemeinschaftsbewegung jedenfalls hat ein ungesunder Perfektionismus, verbunden mit einem Rückzug aus „der Welt", leider mit dazu beigetragen, dass das eigene gläubige ICH in den Mittelpunkt trat, dass der eigene fromme Puls immer wieder gefühlt wurde und die Nähe zu ganz normalen Menschen in ganz normalen Lebensumständen dahinter zurückgeblieben ist. Vieles hat sich seitdem geändert – aber in der inneren Haltung ist eine Umkehr von diesen Sichtweisen, ein Abschiednehmen vom Richtgeist mancherorts noch immer eine Herausforderung.

Geradezu bezeichnend ist für mich zu diesem Punkt auch die Entwicklung des evangelikalen Nachrichtenmagazins *idea*. Ursprünglich als „Informationsdienst der Evangelischen Allianz" = idea gegründet, hat man schnell eingesehen, dass ein derartiges Nachrichtenmagazin unabhängig betrieben werden muss, und das ist *idea* bis heute. Viele Nachrichten, auch Grundsatzartikel, in *idea* sind hilfreich und lesenswert. Die Zeitschrift berichtet über einen Teil der evangelischen Welt, über den seitens der kirchlichen Presse sonst kaum geschrieben würde, und der Artikelabgleich mit den Autoren oder Beteiligten zu einem Thema ist wirklich fair. Wenn man von den durch *idea* bestimmten Überschriften absieht.

Ich habe viele Jahre für *idea* geschrieben und lange geglaubt, dass eine Veränderung an den kritischen Punkten möglich ist. Aber das ist inzwischen vorbei. *idea* bedient sehr bewusst den konservativen Teil der Evangelikalen und hat sich im Laufe der Jahre eine zum Teil (!) höchst problematische Stammklientel „herangezogen". Das Prinzip ist ganz einfach: Berichte breit, um unverdächtig zu sein. Nimm jede auch nur einigermaßen druckwürdige Kritik an der evangelischen Kirche auf, aber platziere dazwischen auch neutrale oder positive Meldungen, damit dir niemand etwas vorwerfen kann. Vor allem achte darauf, dass die identifizierten Aufreger-Themen – aus Sicht der Konservativen schwierige Äußerungen von Kirchenvertreter*innen – Abtreibung – Homosexualität – Gender – Geflüchtete – Israel, in möglichst jeder Ausgabe vorkommen.

Als man auf der Website von *idea* noch Meldungen kommentieren konnte, habe ich mich Woche für Woche in Grund und Boden geschämt dafür, was hier Christenmenschen (ein Urteil steht mir ja nicht zu) an widerwärtigem, unsachlichem, kenntnislosen und arrogantem Geschwätz über Dritte, bevorzugt Kirchenvertreter*innen, ausgeschüttet haben. Als die damalige Landesbischöfin Margot Käßmann sich kritisch zur Jungfrauengeburt äußerte oder Kardinal Marx und Landesbischof Bedford-Strohm beim Besuch auf dem Tempelberg in Jerusalem auf das Tragen ihrer Amtskreuze verzichteten, kannte die Häme und die Bösartigkeit kaum noch Grenzen. Aber auch Themen wie Seenotrettung oder eben Gender oder Homosexualität waren ganz beliebte „Schlachtfelder". *idea* hat dann irgendwann die Kommentarfunktion abgeschaltet, nun wird nur noch in den sozialen Medien kommentiert (bösartige und unsachliche Kommentare gibt es da natürlich auch von liberaler Seite). Diese Erfahrung hat sich tief bei mir eingegraben. Natürlich sind die Verantwortlichen bei beleidigenden Äußerungen eingeschritten (meist jedenfalls) und doch kann ich hinter all dem nichts anderes als ein Prinzip entdecken.

idea trägt aus meiner Sicht ganz erhebliche Schuld an der Polarisierung der evangelikalen Christenheit in diesem Land und treibt diese Entwicklung wissentlich und willentlich voran. Nach 37 Jahren wöchentlicher Lektüre habe ich deshalb für mich entschieden:

nicht mehr abonnieren, nicht mehr lesen. Immer mehr Menschen aus der pietistisch-evangelikalen Welt haben inzwischen diese „Masche" durchschaut und sind angewidert von dieser Art der Meinungsmache, mit der sich leider öfter auch eine Steigbügelhalterei für politisch zumindest rechtskonservative Ansichten verbindet, sodass der Einfluss der Zeitschrift in der pietistisch-evangelikalen Welt laufend abnimmt.

Nachdem die EKD-Synode *idea* die jährliche finanzielle Unterstützung gestrichen hatte, war nochmals großer „Zahl – und Unterstützungstag" aller Entrüsteten. Ich habe diese synodale Entscheidung damals nicht betrieben, aber wahrlich auch nicht verhindern wollen – zumal das Geld nun über einen evangelisch-evangelikalen Unterstützungsfonds vielen Initiativen und Werken zugutekommt.

Damit das klar ist: Ich plädiere leidenschaftlich dafür, dass wir um Lehr- und Sachfragen ringen, aber auch dafür, dass wir uns jedes Urteils über „Christsein oder nicht" von anderen Menschen und jeglicher gezielten Polarisierung enthalten.

Es würde das Miteinander unterschiedlicher Glaubensprägungen erheblich fördern, wenn wir uns selbst fragen würden, was es uns zu sagen hat, wenn einer, der *auch* den Geist Gottes in seinem Leben wirken lässt, eben zu ganz anderen Ergebnissen und Haltungen kommt.

Ich bemühe mich um diese Haltung immer wieder neu – das fällt mir manchmal nicht leicht und ich scheitere auch immer wieder. Aber die Alternative dazu ist, dass sich ungeistliche Muster ganz tief in ein vermeintlich frommes Leben eingraben.

Ich lerne aus dem Neuen Testament, dass Menschen, die der Geist Gottes treibt, Gottes Kinder (Röm. 8,14) und Glieder an

Christi Leib sind (1. Kor. 12,12 ff). Wir brauchen einander und gerade unsere Unterschiedlichkeit führt dazu, dass wir einander dienen können. „Wenn der ganze Leib Auge wäre, wo bliebe das Gehör?" (1. Kor. 12,17a). Gemeinschaft im Namen Jesu bedeutet auch Dienstgemeinschaft. Zugleich weiß ich, dass auch Paulus selbst Zusammenarbeit wegen lehrmäßiger Differenzen beendet hat (Apg. 15,36 ff.). Wenn ich das Bild vom Mannschaftssport gebrauchen darf, dann sind wir Christen eine Dienstgemeinschaft, in der jede und jeder sich mit ihren/seinen Begabungen einbringen darf und soll. Wir sollten die Mannschaft so groß machen wie nur möglich. Das ist auch der tiefe Sinn einer „Arbeitsgemeinschaft christlicher Kirchen" oder der „Evangelischen Allianz", die hoffentlich ihre ökumenische Zusammenarbeit weiter vertiefen wird, um unsere katholischen und orthodoxen Geschwister nicht auszuschließen. Wer allerdings ernsthaft denkt, dass jegliche Zusammenarbeit mit Menschen, die in manchen Sachfragen anderer Meinung sind, ein Problem ist (vergleiche 2. Kor. 6,14), hat noch einen erheblichen Lernweg vor sich. Und wer deshalb Andersglaubende aus der Mannschaft werfen will, muss nach meiner Überzeugung eher selbst draußen bleiben.

Spätestens meine Studienzeit hat mich gelehrt, dass es viele, viele aufrechte Christenmenschen gibt, die sich nie und nimmer vorstellen könnten, „evangelikal" zu glauben und zu leben – und die ebenso zu Christus gehören. Wehe uns Pietisten oder Evangelikalen, wenn wir andere Glaubensformen als defizitär einstufen, nur weil sie unserem eigenen Verständnis nicht entsprechen. Selbstverständlich gibt es auch kritikwürdige Formen des Christseins, ohne Frage. Aber es entspricht absolut nicht dem Geist Christi, dies primär bei „den anderen" zu suchen: *Mein* Christsein ist defizitär – ich bin so oft kein Licht, ich versage, ich sündige. Jede Gemeinde, in der ich Mitglied werde, ist defizitär, schon weil ich ihr angehöre. Und ganz ehrlich: Ich will auch gar nicht in einer Gemeinde glauben und leben, in der diese Erkenntnis nicht immer wieder schmerzlich im Mittelpunkt stünde. Nicht so, dass das Defizitäre glorifiziert würde, aber so, dass wir uns alle gleichermaßen als begnadigte Sünder durch Jesu Liebe verändern lassen.

Auch wenn ich dieses Urteilen über den Glaubensstand anderer Christen aus der volkskirchlich-liberalen Welt kaum kenne, so gibt es natürlich auch umgekehrt zutiefst verletzende und auch stigmatisierende Äußerungen über Evangelikale. Und in einer Zeit, in der auch öffentlich-rechtliche Medienanstalten oftmals sehr tendenziös und unsauber recherchiert zu tatsächlichen und manchmal auch nur vermeintlichen Sensationsberichten greifen, ist die gesellschaftliche Luft für evangelikale Christen dünner geworden.

Mir ging es in diesem Kapitel nicht darum, mit dem Finger auf andere zu zeigen. Ich beginne bei mir selbst. Ich will auch meinen bekenntniskonservativen Geschwistern gegenüber hör- und lernbereit bleiben – aber ich dulde keine Urteile über den Glauben anderer Menschen und keine Verabsolutierung der eigenen Bekenntnis- und Lehrbildung. Und ich widerstehe allen, die durch die Art und Weise ihrer Berichterstattung oder ihrer Gruppenbildung auf die vermeintlichen Defizite anderer zielen. Aus einer solchen Haltung ist noch nie etwas Segensreiches entstanden.

7.

„MEIN KLEINES EVANGELIUM": WIE VIELFÄLTIG IST UNSER GLAUBE?

Aber es kommt die Zeit und ist schon jetzt, in der die wahren Anbeter den Vater anbeten werden im Geist und in der Wahrheit; denn auch der Vater will solche Anbeter haben. Gott ist Geist, und die ihn anbeten, die müssen ihn im Geist und in der Wahrheit anbeten. Spricht die Frau zu ihm: Ich weiß, dass der Messias kommt, der da Christus heißt. Wenn dieser kommt, wird er uns alles verkündigen. Jesus spricht zu ihr: Ich bin's, der mit dir redet. Unterdessen kamen seine Jünger, und sie wunderten sich, dass er mit einer Frau redete; doch sagte niemand: Was fragst du? oder: Was redest du mit ihr?

Da ließ die Frau ihren Krug stehen und ging in die Stadt und spricht zu den Leuten. Kommt und seht einen Menschen, der mir alles gesagt hat, was ich getan habe, ob er nicht der Christus sei. Da gingen sie aus der Stadt heraus und kamen zu ihm. ... Es glaubten aber an ihn viele der Samariter aus dieser Stadt, um der Rede der Frau willen, die bezeugte: Er hat mir alles gesagt,

was ich getan habe. Als nun die Samariter zu ihm kamen, baten
sie ihn, bei ihnen zu bleiben; und er blieb zwei Tage da. Und noch
viel mehr glaubten um seines Wortes willen und sprachen zu der
Frau: Von nun an glauben wir nicht mehr um deiner Rede willen;
denn wir haben selber gehört und erkannt: Dieser ist wahrlich
der Welt Heiland.

Johannes 4,23–30;39–42

Immer wieder fasziniert mich die Klarheit in dieser Begegnung
zwischen Jesus und der Frau aus Samaria. An wenigen Tagen im
Sommer erleben wir auch in unseren Breitengraden, was Mittags-
hitze bedeuten kann. Eine Frau, die die größte Hitze nicht scheut,
nur um niemanden zu treffen, nur um dem Gespött und Gerede
zu entgehen, begegnet einem müden Jesus. Und Jesus lässt sich
weder von Geschlecht noch Herkunft noch Religion der Frau abhalten. Er beginnt ein Gespräch, das über menschliche Grundbe-
dürfnisse und theologische Spezialfragen schließlich genau bei der
konkreten Lebenssituation seines Gegenübers landet. Und auf einmal wird diese Frau zur Zeugin, zum Hinweis auf Jesus: „Kommt,
seht!" Sie erzählt ihr eigenes kleines Evangelium, ihre Geschichte,
die sie von nun an mit diesem Jesus verbindet. Es ist ihr eigener
Blickwinkel, ihre Biografie, die sie dabei bestimmt. Es geht nicht
um eine lückenlose Auflistung von bestimmten Heilstatsachen,
nein, sie erfährt den Retter ganz existenziell und so spricht sie
auch über ihn. Anrührend eben, glaubhaft und persönlich. Dieses Zeugnis verknüpft sie mit Jesus und den Menschen, die ihre
Nächsten sind, und es entsteht eine Bewegung zu Jesus hin, an
deren Ende viele nicht mehr nur dem Hörensagen dieser Frau

vertrauen, sondern selbst ihr Christusbekenntnis ablegen – mit ihren eigenen Worten und mit ihrer eigenen Geschichte.

Es war im Frühjahr 1994, ziemlich zu Beginn meines Vikariates in der pfälzischen Landeskirche. Wir wurden damals im Prediger- seminar aufgefordert, unser eigenes „kleines Evangelium" zu for- mulieren. Der Kursleiter wollte uns dazu motivieren, ernsthaft da- rüber nachzudenken, was uns denn an dem „großen Evangelium", also an der Heilsbotschaft des christlichen Glaubens, nun ganz persönlich besonders bewegt. Was davon sank bei jedem von uns am tiefsten ein, was bewegte uns am meisten?

Ich war für diese Übung nicht besonders aufgeschlossen. Ich empfand sie als überflüssig, denn es gab ja schon genügend Glau- bensbekenntnisse, die ich durchaus überzeugt mitsprechen konnte: mein kleines Evangelium und das große Evangelium, natürlich war das für mich eins. Aber dann hörte ich meinen Kurskolleginnen und Kurskollegen zu und wurde zutiefst beschämt. Da hatten sich Menschen wirklich die Mühe gemacht, ihre „Lieblingsfarben" im Regenbogen der Treue Gottes zu beschreiben – ganz unterschied- liche Erlebnisse, Erfahrungen und Bilder entstanden vor meinen Augen und das Evangelium wurde für mich in dieser Woche viel rei- cher und lebendiger durch die Offenheit, die Erfahrungen und die Lebendigkeit der anderen.

Nicht wahr, wir stehen in der Gefahr, das Evangelium vor allem als *Sach*botschaft zu verstehen – wenn bestimmte Inhalte vollstän- dig sind, dann *haben* wir *das* Evangelium. Aber so hat Gott uns nicht geschaffen und so kommt das Evangelium auch nicht bei uns an. Der Satz, „dein himmlischer Vater liebt dich", kann, je nach den Erfahrungen mit dem irdischen Vater, ganz unterschiedliche Asso- ziationen und Reaktionen hervorrufen.

Das Evangelium will nicht nur als Information bei uns abgelegt werden, sondern es will uns verändern, unser Leben auf ein neues Fundament stellen, uns in die Gemeinschaft mit unserem Schöpfer bringen – es ist also zutiefst existenziell, es zielt auf mein Herz, meine Persönlichkeit. Es geht nicht darum, dass wir das Evangelium haben, sondern dass das Evangelium uns hat.

Als Menschen, als Geschöpfe Gottes haben wir alle höchst unterschiedliche Geschichten. Das Evangelium trifft uns nicht als unbeschriebenes Blatt, sondern verändert unsere Geschichte, unsere Biografie. Schon die Evangelien selbst sind ein Beweis dafür, wie unterschiedlich wir – bei gleicher Grundsubstanz – Dinge hören und wahrnehmen. Je höher wir die Bibel schätzen, desto mehr müsste es uns zu denken geben, dass wir *vier* Evangelien in ihr finden, mit einer großen gemeinsamen Mitte, Gott sei Dank, aber auch mit deutlichen und nicht nur nebensächlichen Unterschieden. Ganze Generationen von Theolog*innen haben sich deshalb um sogenannte Evangelienharmonien bemüht, also darum, die Schilderungen der vier Evangelien in einen passenden zeitlichen und inhaltlichen Zusammenhang zu bringen – mit manchmal durchaus zweifelhaftem Erfolg.

Hinzu kommt, dass ein höchst individuelles Verständnis des Evangeliums ohne den Heiligen Geist gar nicht möglich wäre. Gottes Heiliger Geist schließt uns das Evangelium auf und „verspricht" es mit unserem Leben, unserer Biografie. Es ist höchst spannend zu sehen, dass der Geist Gottes durch die Geschichte der Kirche hindurch verschiedene Menschen ganz unterschiedliche Töne dieser „Evangeliumsmelodie" hat hören lassen. Petrus, der in seinem Fischerboot nach einem wundersamen Fischzug nur noch beschämt zu Boden sinkt (Lk. 5,1 ff.) oder Saulus, der eben noch erhobenen Hauptes Christen zur Rechenschaft ziehen wollte und sich nun vor diesem Jesus selbst in den Staub wirft (Apg. 9,1 ff.). Beide werden nach ihrer Bekehrung nicht zu gleichgeschalteten Marionetten, sondern bleiben unterschiedliche Persönlichkeiten, mit unterschiedlichen Ansichten und Schwerpunkten. Kaiser Konstantin, Augustinus, Thomas von Aquin, Franz von Assisi, Martin Luther, Dietrich Bonhoeffer, aber auch Hildegard von Bingen oder Teresa von Àvila hatten ganz unterschiedliche Zugänge zur Botschaft des Evangeliums. Der Geist Gottes vereinheitlichte ihre Gedanken, ihr Fühlen und Handeln nicht, sondern ließ sie die Melodie des Glaubens in ihrer eigenen Tonlage und ihrer eigenen Stimmführung singen.

Der Geist Gottes anonymisiert nicht: Es ist schon spannend, dass von den ersten Seiten der Heiligen Schrift an Namen eine besondere Rolle spielen – Namen, nicht Nummern. Namen drücken Individualität aus, vermitteln Intimität, Bekanntheit. Sie begleiten uns durch die ganze Bibel bis ans Ende der Offenbarung, in der die Namen im Buch des Lebens wichtig werden (Offb. 20,12 ff.).

Ich habe im Laufe meines Lebens diese unterschiedlichen „Evangeliumstöne" sehr, sehr schätzen gelernt. Das wurde mir nicht in die Wiege gelegt, denn in meiner eigenen geistlichen Heimat, der evangelischen Stadtmission in Pirmasens, ging es doch eher um Gleichklang. Es war wichtig, das Evangelium „rein" zu lernen und darin zu bleiben. Eine durchaus biblisch begründete Haltung (2. Tim. 3,14 ff.), die aber nicht die höchst individuelle Verbindung von Person und Evangelium infrage stellt, sondern das Übereinstimmen mit der Grundmelodie des Evangeliums sichern sollte. In meiner Tradition der Gemeinschaftsbewegung verunsichern Unterschiede eher – sie werden häufig als Infragestellung der eigenen Position, als unerwünschte Abweichung verstanden. **Ich habe lange Zeit gebraucht, bis ich die zwischen Christ*innen erkennbaren Unterschiede nicht mehr als Bedrohung, sondern als Bereicherung verstehen konnte.**

Noch schwerer fiel es mir, die Wahrnehmung von Unterschieden nicht immer gleich mit Bewertungen zu verbinden („gefährlich", „unbiblisch", „hilfreich", „nahe an der Irrlehre", „falsch"). Es dauerte deshalb auch einige Jahre, bis ich verstand, warum die Festschrift zum 80. Geburtstag eines meiner theologischen Lehrer, Pfarrer Heinrich Kemner (der Gründer des Geistlichen Rüstzentrums in Krelingen), den bezeichnenden Titel „Die Frühlingswiese Gottes" trug. Da hatte einer schon viel, viel früher die Erkenntnis errungen, dass das Evangelium keine Monokultur ein und derselben Blume erzeugt, sondern bunte Vielfalt.

Wissenschaftstheoretisch bedeutet das seit Thomas S. Kuhn, dass es keine Erkenntnis gibt, in der das erkennende Subjekt nicht mit enthalten wäre. Wir „haben" eben das Evangelium nicht „an sich", sondern erfahren es immer nur durch Herz, Mund und Brille derer, die es uns gelehrt haben. Der Heilige Geist reinigt und klärt dieses Verständnis, aber er ebnet die Unterschiede nicht ein. Nur so ist wohl zu verstehen, dass so viele Menschen, die *eine* Bibel lesen, in denen der *eine* Geist Gottes wohnt und die dem *einen* Herrn dienen wollen, dennoch zu so unterschiedlichen Erkenntnissen gelangen. Die Vielzahl der Konfessionen und Denominationen wäre anders gar nicht zu erklären. Ich will nicht leugnen, dass diese Vielfalt auch als Geschichte der gegenseitigen Verurteilung und Abgrenzung, als Versagen an Jesu dringlichster Bitte um Einmütigkeit seiner „Herde" (Joh. 17,20 ff.) zu verstehen ist, aber damit wäre eben längst noch nicht alles gesagt. Das Evangelium ist eine so kraftvolle und vielseitige Botschaft, so komplex, dass einerseits selbst Karl Barths Kirchliche Dogmatik sie nicht völlig durchdrang, so eingängig, dass andererseits auch geistig behinderte Menschen die Liebe Gottes erfassen. Die Behauptung, *die* Wahrheit des Evangeliums sei ausschließlich und umfassend mit meiner eigenen Erkenntnis identisch, wäre daher einfach nur vermessen.

Ich habe Jahre gebraucht, um für diese mich tief prägende biblische Wahrheit das angemessene Bild zu finden. Der Kolosserbrief spricht davon, dass „in Christus alle Schätze der Weisheit und der Erkenntnis verborgen" liegen (2,3). Ich sehe uns arme und begrenzte Menschen zu Christus, zu dieser Fülle kommen. Da liegen all diese Schätze und nun nehmen wir, was uns unsere „Prägemenschen" zeigen, was wir selbst greifen und so viel wir eben tragen können. Wir bekommen gar nicht genug von all diesem Reichtum und wenn unsere Kapazität erschöpft ist, dann tragen wir das Aufgesammelte dankbar und fröhlich nach Hause. „Mein Schatz!" rufen wir und zeigen es all den anderen, die ebenfalls aus dieser Fülle geschöpft haben. Und dann entdecken wir vieles, was wir gemeinsam haben, freuen uns an edlen Erkenntnissen und Weisheiten und vergessen irgendwann, dass niemand diesen Schatz völlig ausschöpft. Wir begegnen Menschen, die ebenfalls Teile von diesem Schatz genommen haben, aber das, was sie da stolz und dankbar vor sich hertragen, sieht so ganz anders aus als „mein Schatz". „Nein, das ist kein Schatz", rufen wir, „das ist nicht von Christus", nur weil es nicht so aussieht wie unsere Juwelen der Erkenntnisse. Und wir machen Christus klein ... so klein ... und damit so schwach.

Ich will nicht behaupten, dass alles „andere in Form oder In-halt", alles Anstößige und Fremde von Christus ist, aber ich will vehement bestreiten, dass es das nicht sein könnte. Ich denke an die tiefgreifenden Unterschiede zwischen griechisch-ortho-doxen und evangelischen Christ*innen. Wer schon einmal eine griechisch-orthodoxe Messe mitgefeiert hat, weiß um die Unter-schiede der Gesänge und Liturgie zu unserer Gottesdienstkultur, fremd und doch wunderschön und faszinierend. Viel bekannter sind uns die Unterschiede zwischen evangelischen und römisch-katholischen Christ*innen.

Ich komme aus einer Prägung, in der alles, was nicht so aussah wie das Eigene, fast unmöglich ein Teil des Christus-schatzes sein konnte. „Mein Schatz!" und „Unser Schatz!" – das gab Vergewisserung und Geborgenheit. Deshalb war das Infragestellen liebgewonnener Gewohnheiten auch so uner-wünscht und wurde umgehend sanktioniert.

Es stellte die Grundübereinstimmung der gesamten Gruppe infrage. Und ich erinnere mich an zermürbende Diskussionen, ob jemand Katholik und dennoch „wirklich Christ*in" sein konnte. Für manche im pietistisch-evangelikalen Spektrum bis heute eine ganz wesentliche Frage, die aber für mich nur völlige Selbstüber-schätzung, Angst vor dem Fremden und Christusvergewaltigung bedeutet. Denn so ist christlicher Glaube nicht, nie und nimmer. Wie reich bin ich geworden, seit ich nicht nur das Eigene sehe, sondern mir auch das Fremde erklären und erläutern lasse. **Wie unendlich dankbar bin ich dafür, dass der Christusschatz nicht in meine begrenzten Arme und Sinne passen muss. Ich schätze das Eigene, aber ich liebe auch jede Erfahrung, die mir zeigt, dass da noch viel mehr ist.**

Es ist schon erstaunlich, wie viel Widerspruch ich immer wieder ernte, wenn ich darauf bestehe, dass zwischen Jesus, der sich selbst als die Wahrheit offenbarte, und unserer eigenen Wahrheitserkenntnis immer noch ein gravierender Unterschied besteht. Das soll nicht heißen, dass unser jeweiliges Verständnis, das aus unserem Verstehen der biblischen Quellen, aus unseren Begegnungen und Lebenserfahrungen gewonnen wird, nicht wertvoll wäre. Ich vertraue darauf, dass der Geist Gottes mich auch in meinem Verstehen leitet. Aber dann muss ich diesen Erkenntnisprozess eben auch anderen zugestehen, die dabei dennoch zu unterschiedlichen Ergebnissen gelangt sein können.

Können wir hier noch einmal kurz innehalten? Es ist eminent wichtig, dass wir die Begrenztheit unserer eigenen Erkenntnis – und damit auch unsere Ergänzungsbedürftigkeit durch Andersdenkende und Andersglaubende – wirklich (!) ernstnehmen. **Wer nur noch theoretisch zwischen *der* Wahrheit und seiner eigenen Wahrheit unterscheidet, der braucht natürlich auch keine Frühlingswiese. Alles, was anders ist, ist letztlich Unkraut und „kann weg".** Wenn wir aber begreifen, dass wir in unserer eigenen Erkenntnis begrenzt sind, dann wird die Geschichte, die meine geistliche Schwester oder mein Bruder mit dem Herrn hat, dem auch ich nachfolge, auf einmal wesentlich für mich. Sie ist und bleibt die Geschichte einer anderen Person, aber sie weitet meinen Horizont. Sie ist ein wertvoller Teil der Mannschaftsgeschichte, die uns allesamt miteinander verbindet.

Dabei finde ich es einigermaßen merkwürdig, dass genau diejenigen, die sehr schnell und vorlaut andere Positionen als „unbiblisch" bezeichnen, sich im Grunde selbst ad absurdum führen.

Können wir ernsthaft die *Fülle* der biblischen Botschaft erfassen – ohne jegliche Abweichungen? Und wie ist es mit dem deutlichen Hinweis Jesu, dass wir uns mit dem dicken Balken vor unserem eigenen Auge befassen sollten, anstatt mit dem kleinen Splitter im Auge des anderen (Mt. 7,1 ff.)? Es kann sehr schnell ins eigene Auge gehen, wenn wir uns als Richter über andere aufspielen. Für mich persönlich spielt dabei aber auch noch 1. Korinther 13 eine herausragende Rolle. In dieser Passage wird häufig völlig übersehen, dass Paulus, nachdem er den „Weg der Liebe" als den noch besseren vorgestellt hat, davon spricht, dass unser Wissen und unsere Erkenntnis „Stückwerk" sind (1. Kor. 13,8 ff.). Trümmerbrocken, nicht mehr als das ist unser Wissen, und Paulus setzt noch dazu, dass wir in diesem Leben nur schemenhaft, schattenhaft sehen können, so undeutlich wie in einem matten Stück Metall. Immer, wenn jemand mit großer Überzeugung weiß, was „biblisch" und was „unbiblisch" ist, wer „die Wahrheit hat" und wer nicht, dann frage ich mich, ob der Respekt vor der Größe der biblischen Offenbarung und eine Erkenntnis der eigenen Begrenztheit verloren gegangen ist.

Wenn ich im Rahmen der Gemeinschaftsbewegung und der Evangelischen Allianz mit diesem Thema unterwegs war, provozierten meine Ausführungen die Frage nach der Grenze. Ja, was ist denn bereichernd und was verführend? Was sind denn Blumen und wo beginnt das Unkraut? Ich verstehe diese Fragen, auch wenn es mich Mal ums Mal enttäuscht, dass wir mehr an den Grenzen interessiert sind als am Reichtum, weniger an der Wiese und mehr am Unkraut. Aber Vielfalt kann eben Angst machen. Das offenbart aber auch, dass viele vermeintliche „Heilsgewissheiten" – gänzlich unevangelisch – nicht darauf beruhen, dass Gott mich hält, sondern leider wohl eher darauf, dass die anderen auch glauben, was ich glaube. Dabei wird uns Heilsgewissheit doch im Tiefsten durch Gottes Geist zuteil.

Um der Frage nach der Grenze nicht auszuweichen: Der Gott, der den Einzelnen beim Namen nennt, erwählt sich zugleich auf wundersame Weise ein ganzes Volk und offenbart ihm seinen Willen. Im Neuen Testament tritt zur bleibenden Erwählung des Volkes Israel die Gemeinde hinzu, von Paulus als vielgliedriger Leib beschrieben (1. Kor. 12). Die biblische Botschaft ist vom Dekalog über die Psalmen und prophetischen Bücher, die Evangelien, die Bergpredigt bis zu den paulinischen Briefen und zur Offenbarung voll von tiefgreifenden Erkenntnissen. Wenn ich von der Bedeutsamkeit der eigenen Geschichte und meiner eigenen Erkenntnis durch den Geist Gottes spreche, dann ist das kein postmoderner Individualismus. Die Christenheit hat etwa 2.000 Jahre an „Erkenntnis des Willens Gottes" hinter sich. In den ersten Jahrhunderten hat sich – auch unter der Leitung von Gottes Geist – ein bis heute tragfähiger Bekenntnisstand herausgebildet. Zum Beispiel die Bekenntnisse von Nicäa 381 und Chalcedon 451. Oder die seit Jahrhunderten überlieferten Gebete und Lieder des Glaubens.

Seit dieser Zeit sind immer wieder Klärungen und Erkenntnisfortschritte geschenkt worden – immer sehr umkämpft, denn: **Das, was heute die Kirchen reformiert, begann gestern meist mit dem Vorwurf der Irrlehre. Nein, gerade weil die Grundsubstanz christlichen Glaubens, wie sie sich etwa in den altkirchlichen Bekenntnissen findet, uns vorgegeben ist, weil Gott in seinem Geist über seiner Gemeinde wacht, gerade deshalb kann ich die Vielfalt annehmen und mich selbst als einen Teil davon verstehen.**

Tomáš Halík spricht in diesem Zusammenhang auch von einer „eschatologischen Geduld", die es braucht, um mit dem Geheimnis um die Tiefen der Wahrheit zu leben: *„Der christliche Glaube mahnt die Sehnsucht nach der Erkenntnis des Absoluten zur eschatologischen Geduld, zur Demut der Pilger: Der Apostel lehrt, dass alles, was wir auf dieser Erde über Gott wissen können, über den Horizont der Horizonte, über den gesamten sinnstiftenden Kontext, nur ein Rätsel ist, nur eine Widerspiegelung in einem blinden Spiegel, nur ein Gleichnis. Glauben, dem Glauben eine Chance zu geben, bedeutet nicht, sich von der Vernunft zu befreien, sondern lediglich vom Hochmut der Vernunft. Dem Glauben Raum zu geben, setzt voraus, dass wir uns von der Illusion befreien, dass wir die Tiefe der Wahrheit mit unserem Wissen voll ergreifen und sie in unseren Besitz und in unsere Regie überführen können. Wer auch immer für sich oder seine Gruppe das Monopol auf die Wahrheit beansprucht, verrät schon mit diesem Anspruch, dass er außerhalb der Wahrheit steht. Weder mit der Vernunft noch mit dem Glauben können wir die Wahrheit in ihrer Fülle erobern und beherrschen. Der Glaube offenbart die Wahrheit des Lebens: Das Leben ist ein unerschöpfliches Geheimnis, das Hoheitsgebiet Gottes, das wir nicht »privatisieren« können. Der Glaube lehrt uns, mit diesem Geheimnis zu leben, und die Last der Fragen zu ertragen, deren vollständige Beantwortung unsere Kompetenz übersteigt."*[46]

Spannend wird es, wenn wir uns diesem Thema der unterschiedlichen Erkenntnisse auch noch einmal im Blick auf die unterschiedlichen Systeme von Kirche in Deutschland widmen. Die biblische Basis, wie auch die Bindung an Vernunft und Gewissen, sind ganz wesentliche Maßstäbe unserer evangelischen Kirchen. Dabei ist schon bemerkenswert, dass etwa Martin Luther bei der Gestaltung der evangelischen Kirche der Gewissensbindung und den Schriftüberzeugungen

„der anderen" eine wesentlich geringere Bedeutung beimaß als seiner eigenen: Die Invokavitpredigten Luthers vom März 1522, seine kompromisslose Haltung im Abendmahlsstreit mit den Reformierten, seine große Besorgnis, ob Melanchthon die „evangelische Sache" auf dem Reichstag in Augsburg auch recht vertreten würde, seine bedeutsame Rolle in der Entwicklung der kursächsischen Visitationsordnung – all das zeigt, dass Luther eindeutig ein Kind seiner Zeit geblieben ist. Es bedurfte eines sehr komplexen Prozesses über die fürchterlichen Konfessionskriege, dem auch darin begründeten Siegeszug der Aufklärung und den nun in vielen Regionen einsetzenden Unionsgesprächen, der Säkularisation und der Aufhebung des landesherrlichen Kirchenregimentes, um nur einige markante Stationen zu nennen, damit es zur heutigen Gestalt unserer Volkskirchen kommen konnte.

Pluralität, verstanden als gleichberechtigte Geltung unterschiedlicher Überzeugungen in einem vorgegebenen Rahmen, wurde so eines der Kennzeichen der evangelischen Kirche. Natürlich auch dadurch gefördert, dass man sich in der Reformation sehr bewusst vom zentralistischen, hierarchischen Amtsverständnis der katholischen Kirche distanziert und die Freiheit des Christenmenschen in den Mittelpunkt gestellt hatte. Das evangelische Modell war zwar in der Praxis oftmals nicht weniger hierarchisch, hatte aber in der reformatorischen Grunderkenntnis des „Priestertums aller Glaubenden" eine korrigierende Dominante und verstand Lehraufsicht nicht zentralistisch.

Gerade von evangelikaler Seite muss sich die evangelische Volkskirche immer wieder den Vorwurf des „anything goes", des grenzenlosen Pluralismus gefallen lassen. Ich bemühe mich nach wie vor, zwischen *Pluralität* als gewollter Vielfalt in einem vorgegebenen Rahmen und *Pluralismus* als ideologisch motivierter

Gleichrangigkeit aller noch so unterschiedlichen und sich widersprechenden Vorstellungen zu unterscheiden. In diesem Sinne ist die evangelische Volkskirche heute plural und nicht pluralistisch, da sie sehr wohl über einen Kriterienrahmen verfügt, der gegebenenfalls auch zur Anwendung kommt: Sowohl ein Gerd Lüdemann als auch ein Jürgen Fliege mussten feststellen, dass die evangelischen Kirchen Grenzen ihrer Pluralität kennen. Auch viele Erklärungen und Texte der EKD markieren eindeutig Grenzen – in interreligiösen, ökumenischen oder ethischen Fragen. Auch diese Grenzziehungen mögen nicht allen Menschen in der pietistischen und evangelikalen Bewegung gefallen, aber sie sind eindeutig Ausdruck eines Profils und nicht der Beliebigkeit.

Es kann hilfreich sein, wenn wir uns diesem Problem auch einmal kurz von der systemtheoretischen Seite nähern. Wenn ein System in einem gesellschaftlichen Kontext so dominant ist, wie das für die beiden Großkirchen in Deutschland immer noch gilt, *und* wenn dieses System aufgrund seiner Pluralität zugleich in der Lage ist, viele unterschiedliche Aussagen zu integrieren, dann ist verständlich, dass die sich davon distanzierenden religiösen Systeme – die anderen, viel kleineren Kirchen – ihr Profil gewiss nicht dadurch schärfen können, dass sie sich noch pluraler darstellen. Überleben und Wachsen durch eingeschränkte Pluralität – so könnte man die Situation der kleineren Glaubensgemeinschaften neben den „Groß-Kirchen" in unserem Land beschreiben.

Trotzdem ist auffällig, dass auch in den anderen evangelischen Organisationen die Pluralität im Laufe der Zeit immer mehr zunimmt und dass dies jeweils zu erheblichen internen Konflikten führt. Immer wieder bilden sich kleinere, selbstständige Einheiten, die die vermeintlich verloren gegangene Eindeutigkeit wiederherstellen wollen, nur um nach einiger Zeit selbst wieder „rechts überholt" zu werden.[47] **Wer sich die Spaltungshäufigkeit in den kleineren, einheitlicheren Systemen anschaut, wird feststellen, dass diese in dem Maße zunimmt, wie die Eindeutigkeit der Lehre festgeschrieben werden soll.** Es gibt immer Einzelne, die eine lehrmäßige Weiterentwicklung dann als Anpassung an den mysteriösen „Zeitgeist" verurteilen.

So lehnen zum Beispiel manche Freikirchen und Gemeinschaftsverbände den Leitungs- und Verkündigungsdienst von Frauen ab. Die Haltungen der römisch-katholischen und orthodoxen Kirchen in dieser Frage tun ein Übriges, um sich entweder für eine eher konservative oder eine eher liberale Sichtweise zu entscheiden. Dabei ist beachtlich, dass alle diese Sichtweisen sich dem jeweiligen Lesen und Verstehen der Heiligen Schrift verdanken wollen und dass sich, je nachdem wie die Entscheidungen gefallen sind, neue „Subsysteme" verselbstständigen oder sogar vollkommen abspalten. Es überraschte mich daher nicht wirklich, dass die interne Kritik an mir als Allianzvorsitzendem, der den Rahmen dieses Systems für einige unzulässig erweiterte, sehr harsch ausfiel, weil dieses System von vornherein einen Teil (!) seiner Existenzberechtigung aus den inhaltlichen Unterschieden zur evangelischen Volkskirche schöpft. Als ich vor Jahren einmal öffentlich darauf hinwies, dass alle zehn Gebote gleichermaßen Geltung haben und dass damit eine Fokussierung der evangelikalen Bewegung auf die sexualethischen Themen dem biblischen Anspruch nicht genügen kann, erntete ich einen Sturm der Entrüstung. Hatte ich etwas Falsches behauptet? Ganz gewiss nicht. Aber ich hatte einen „identity marker", die identitätsfördernde Hervorhebung sexualethischer

Fragen für die evangelikale Bewegung und damit die Abgrenzung von „der EKD" infrage gestellt.[48]

Eine weitere Beobachtung schließt sich an: Es ist nicht von der Hand zu weisen, dass die Mitglieder kleinerer Systeme manchmal stärker auf die Unterscheidung vom „großen Hauptsystem" fixiert sind als auf ihre eigene Weiterentwicklung. Aber auf Dauer ist das schädlich. Im Sinne meines grundsätzlichen Ansatzes: Wenn die Fixierung auf die vermeintlichen Fehler der Institution Volkskirche den eigenen Blick auf Christus, den Herrn der Kirche, immer mehr verstellt, wenn ich nur noch in der Kritik und in der Distanzierung lebe und nicht mehr in der Annahme und der eigenen Position, dann ist es nicht verwunderlich, dass mit der Zeit auch die eigene Ausrichtung und die eigene Theologie Schlagseite bekommt. Man wähnt sich „richtig", aber merkt gar nicht, wie fremdbestimmt und eben nicht christusorientiert die eigene Position letztlich geworden ist. In einigen Teilen der evangelikalen Welt ist genau das mein Eindruck: „Kirchliche Einseitigkeiten" wurden mit eigenen Einseitigkeiten „polarisiert". Was auf Dauer dabei auf der Strecke bleibt, war und ist die grundlegende Orientierung an Christus und an seinem Evangelium. Sind wir uns der Gefahr bewusst, dass für uns alle gelten kann, dass „nicht die in das Himmelreich kommen, die ‚Herr, Herr' sagen, sondern die den Willen des Vaters im Himmel tun?" (Mt. 7,21) Oder betrifft diese Gefahr immer nur „die anderen"? So weit, so unangenehm, aber auch so verständlich, hoffe ich.

Wenn wir nun aber – und das ist ja im oben ausgeführten Sinne evangelisch unumgänglich – in die Bibel schauen, wenn wir fragen, was denn nun „biblisch" im Sinne von „biblisch 2" oder gar „biblisch 3" ist, dann stellen wir fest, dass auch hier die Meinungen weit auseinandergehen. Unbestreitbar ist nur, dass es schon in der oftmals so idealisierend-überhöhten urchristlichen Zeit die unterschiedlichsten Meinungen gab. Es gab Streit, Spaltungen und manches Mal mühsam über Kompromisse hergestellte Verständigung. In vielen heute diskutierten Fragen ist mit dem Hinweis, doch nach der biblischen Position zu fragen, deshalb noch gar nichts gewonnen. Außer vielleicht der Erkenntnis, dass man dem Ratgeber eine gewisse Naivität unterstellen muss: Dahinter steht oft die Überzeugung, dass die Bibel in dieser oder jener Frage ja „klar" sei, was übersetzt nichts anderes bedeutet, als dass die eigene Erkenntnis als die biblisch fundierte zu betrachten sei. Enthalten ist oft auch der indirekte Vorwurf, dass das jeweilige Gegenüber seine Überzeugung nicht durch das Studium der Heiligen Schrift gewonnen haben könne. Welch ein Irrtum.

Die Geschichte der Christenheit ist eben, wie in Kapitel 5 schon ausgeführt, auch eine Geschichte der unterschiedlichen Auslegungen der Heiligen Schrift und erst im Nachhinein lässt sich manchmal feststellen, welche Auslegung sich nun als tragfähig erwiesen hat und welche nicht: Rassendiskriminierung etwa wurde im Lauf der Geschichte immer wieder schöpfungstheologisch begründet, zum Beispiel um Sklaverei oder die Apartheid zu rechtfertigen; Antisemitismus mit dem Hinweis auf die Juden als Christusmörder und dem Ersetzen des Volkes Israel durch die christliche Kirche erklärt. Sind wir uns bewusst, wie fürchterlich falsch wir mit einer „biblischen" Auslegung liegen können und dass dies manchmal Generationen später erst so deutlich wird, dass ein neues Verständnis sich Bahn brechen kann?

Oder denken wir an das unterschiedliche Verständnis der Taufe, des Abendmahls, der Prädestinationslehre, der Rolle der Obrigkeit, der Rolle der Frau und damit auch der des Mannes, der

Ehe, des Umgangs mit Scheidung, der sogenannten charismatischen Gaben – also Prophetie, Zungenrede und Heilungsgabe –, der Homosexualität... ich könnte die Aufzählung der Themen, bei denen Christenmenschen, aufgrund ihres Verständnisses der Bibel zu vollkommen unterschiedlichen Positionen kommen, noch lange fortsetzen. In diesem Sinne ist es auch verständlich, dass sich evangelische „Systeme" herausbilden, die aufgrund ihrer Positionierung in bestimmten Fragen Zustimmung oder Ablehnung erfahren. Veränderungsprozesse in diesen oftmals als identitätsstiftend empfundenen Fragen sind aufreibend und kontrovers und verlaufen selten ohne Distanzierungen und Spaltungen. Genau das habe auch ich am eigenen Leib erfahren und kann es deshalb auch für mich heilsam einordnen.

Hoffentlich ist deutlich geworden, dass der Pluralismusvorwurf an die evangelischen Landeskirchen nicht so berechtigt ist, wie er scheint. Oder wäre Uniformität das erstrebenswerte Ziel? Wirklich?

Es geht also gar nicht um Pluralität, sondern darum, in welchem Rahmen sich Pluralität ereignet. Es geht darum, dass dieser Rahmen, also die Eckpunkte des Glaubens und des Lebens, die auch begrenzend wirken, gut begründet sein muss und sich auch durchaus im Laufe der Zeit verändern kann. Es ist gar nicht tragisch, dass unterschiedliche Systeme über unterschiedliche Rahmen verfügen. Entscheidend ist, wie sie mit dieser Unterschiedlichkeit umgehen.

So verstehe ich den biblischen Aufruf zur Einheit, zum Spielen in einer Mannschaft. Es ist kein Aufruf zur Einförmigkeit, sondern dazu, von dem gemeinsamen Christusbekenntnis her die Unterschiedlichkeit mindestens auszuhalten, ja sie vielleicht sogar dankbar wertzuschätzen. Ich selbst kann beispielsweise Pazifist sein, aber ich muss Menschen, die aus ihrem Verständnis des christlichen Glaubens heraus den Dienst mit der Waffe im rechtsstaatlichen Rahmen befürworten, deshalb nicht als Mörder bezeichnen oder ihnen ihr Christsein absprechen. Und umgekehrt sind Pazifisten keine „weltfremden Schwärmer".

Für den Umgang mit Pluralität ist es deshalb wichtig, dass immer wieder reflektiert wird, in welchem Rahmen sich diese Pluralität eigentlich ereignet. Es ist wichtig, dass das Gemeinsame so prägend bleibt, dass es in der Lage ist, die Unterschiedlichkeiten zu tragen.

Die Gemeinschaftsbewegung etwa, die von außen oft so monolithisch erscheint, ist in Wirklichkeit ziemlich plural. Es gibt erhebliche Unterschiede zwischen den rund 90 Mitgliedsverbänden und Mitgliedswerken des Gnadauer Gemeinschaftsverbandes, manchmal bis heute noch ableitbar aus der unterschiedlichen „Ursprungs-DNA", aus der sie entstanden sind. Aber bisher ist es gelungen, das Verbindende so in den Mittelpunkt zu stellen, dass – neben der jeweils eigenen Identität – auch eine „Gnadauer Identität" lebendig geblieben ist.

Auch die Evangelische Allianz, die ja keine Mitgliedschaften kennt und aufgrund ihrer persönlichen Anbindungen nochmals gesondert zu betrachten ist, darf sich verändern, muss es sogar. Aber sie darf dies nur so behutsam tun, dass der prägende Rahmen ihrer eigenen Pluralität dabei immer wieder sichtbar wird. Hier könnte aber ein Blick in die Geschichte helfen: Als die Allianz sich 1846 in London gründete, gehörte ein Wort, das viele „Allianzleute" heute eher mit Skepsis oder sogar Ablehnung betrachten, zum Grundbestand: „ökumenisch". Im Fokus stand damals die gesamte Christenheit, übrigens ohne Ausschluss katholischer Christ*innen. Von da aus könnte man ja sogar auf die Idee kommen, dass die zunehmende evangelische Engführung der Allianzarbeit in vielen Ländern, auch in Deutschland, selbst eine „zeitgeistige" Entwicklung darstellt. Und dass aus einer ursprünglichen Weite, aus Einheit in Verschiedenheit (!) immer mehr ein „Bestärkungstreffen Gleichgesinnter" wurde ...

Für diejenigen, die meinen, dass Allianz möglichst genau festschreiben sollte, was alle glauben, ist es ganz schwierig, dass die sogenannte „Basis" der Evangelischen Allianz im Gründungsdokument an prominenter zweiter Stelle den Satz enthielt: „The Right and Duty of Private Judgement in the Interpretation of the Holy Scriptures"[49]. Hätte auch die Allianz in Deutschland diesen Satz vom „Recht und der Pflicht des persönlichen Urteils in der Interpretation der Heiligen Schriften" beibehalten, so hätte sich manches Missverständnis über vermeintliche Sachkonsense vermeiden lassen. Mir ist es eine große Freude, dass Thomas Schirrmacher, der seit 2021 als Generalsekretär der Weltweiten Evangelischen Allianz fungiert, diese der Evangelischen Allianz inhärente Vielfalt und Pluralität wieder stärker betont.[50] Pluralitätsrahmen verändern sich – und sie dürfen und müssen das sogar, wenn man die Gründungsgeschichte der Evangelischen Allianz ernst nimmt.

Den evangelischen Landeskirchen, deren Pluralitätsrahmen viel weiter ist, muss es ein Anliegen bleiben, das gemeinsam Identitätsstiftende so in den Mittelpunkt zu stellen, dass Unterschiede in einzelnen Sachfragen ausgehalten werden können. In unserer heutigen pluralistischen Gesellschaft ist die Versuchung, den unterschiedlichsten Anliegen im Sinne eines religiösen Gemischtwarenladens gerecht zu werden, natürlich sehr groß. Hier sehe ich eine große Herausforderung für alle evangelischen Kirchen, ihre Mitte, ihr Proprium, den Motivationsgrund für Gestalt und Handlungen immer und immer wieder deutlich werden zu lassen.[51] Darüber hinaus sollten die evangelischen Volkskirchen besonders sensibel mit den Themen umgehen, in denen die Grenzen ihrer Pluralität sich mit identitätsstiftenden Elementen anderer, weniger pluraler christlicher Systeme reiben. Ich finde schon, dass sich von dem verpflichtenden Aufruf des Neuen Testamentes, „ein Leib" zu sein, auch eine „Bringschuld" des dominanten evangelischen Systems ableiten lässt, in diesen Themen besonders behutsam zu bleiben. „Helft immer wieder mit, dass die Mannschaft zusammenbleibt, auch wenn ihr allein spielen könntet", so möchte ich es einmal salopp formulieren.

Und umgekehrt kann ich nur davor warnen, eine Abweichung von der eigenen Meinung schon als grenzenlosen Pluralismus zu disqualifizieren. Es ist notwendig, dass die pietistische und evangelikale Welt als eigenes System, bestehend aus unterschiedlichsten Teilsystemen, sehr intensiv über Pluralität und über deren Grenzen nachdenkt. Es ist notwendig, dass wir uns klarmachen, dass die Grenzen unseres eigenen evangelischen Systems nicht gleichgesetzt werden dürfen mit Zugehörigkeit zum Leib Christi. Das wäre sonst nichts anderes als sich selbst verabsolutierende, fundamentalistische Sektiererei. „Passt auf, dass ihr die Mannschaft nicht so verkleinert, dass nur noch ihr selbst übrigbleibt", wäre mein überspitzter Aufruf an diesen evangelischen Mannschaftsteil.

8.

VOM SEHEN (DENKEN) UND GLAUBEN

Thomas aber, der Zwilling genannt wird, einer der Zwölf, war nicht bei ihnen, als Jesus kam. Da sagten die andern Jünger zu ihm: Wir haben den Herrn gesehen. Er aber sprach zu ihnen: Wenn ich nicht in seinen Händen die Nägelmale sehe und meinen Finger in die Nägelmale lege und meine Hand in seine Seite lege, kann ich's nicht glauben.

*Und nach acht Tagen waren seine Jünger abermals drinnen versammelt und Thomas war bei ihnen. Kommt Jesus, als die Türen verschlossen waren, und tritt mitten unter sie und spricht: **Friede sei mit euch!** Danach spricht er zu Thomas: Reiche deinen Finger her und sieh meine Hände, und reiche deine Hand her und lege sie in meine Seite, und sei nicht ungläubig, sondern gläubig!*

*Thomas antwortete und sprach zu ihm: **Mein Herr und mein Gott!** Spricht Jesus zu ihm: Weil du mich gesehen hast, Thomas, darum glaubst du. **Selig sind, die nicht sehen und doch glauben!***

Johannes 20, 24–29

Der arme Thomas! Was hat er im Laufe der vergangenen 2.000 Jahre nicht alles über sich ergehen lassen müssen! Dabei müssen wir ihm sehr dankbar sein, formuliert er doch Fragen und Zweifel, die auch für uns heute sehr gut nachvollziehbar sind. Jesus leibhaftig auferstanden?

Die anschließende Begegnung zwischen Jesus und Thomas zeigt einmal mehr, wie sehr Jesus sich auf die Bedürfnisse seiner jeweiligen Gegenüber einließ. Er erfüllt die Forderung von Thomas, er liefert ihm den Erfahrungsnachweis seiner Identität und Lebendigkeit und führt Thomas doch darüber hinaus. Nicht sehen und doch glauben – das bedeutet doch, dass Jesus dem Glauben einen ebenso selbstständigen Platz im Leben eines Menschen einräumt wie auch dem Sehen. Vernunft und Nachweisbarkeit haben ebenso ihren Platz und ihren Sinn wie der Glaube.

Das Spannungsfeld, das hier sichtbar wird, hat in den vergangenen Jahrhunderten stetig an Bedeutung gewonnen. Es kann nur hilfreich sein, dass wir einerseits die Menschen der Antike in ihrem Verstandesgebrauch wertschätzen und andererseits ebenso ernst nehmen, dass unser Weltbild sich seit der damaligen Zeit entscheidend verändert hat und auch immer weiter verändert.

Wenn ich wieder einmal biografisch beginne, so muss ich bekennen, dass ich zu den frommen Pietisten gehörte, die in ihrer Jugendzeit mit großer Begeisterung zu den Vorträgen des britischen Chemikers Arthur E. Wilder-Smith pilgerten. Der Streit um Schöpfung und/oder Evolution war meine erste intensive Auseinandersetzung mit Möglichkeiten und Grenzen des Verstandes. Ich war begeistert, wenn Wilder-Smith uns vor Augen führte, dass es mathematisch wahrscheinlicher sei, dass aus extremer Höhe abgeworfene Bestandteile einer Boeing 747 am Boden ohne menschliches Zutun ein fertiges, funktionstüchtiges Flugzeug bilden würden, als dass die organischen Grundsubstanzen des Lebens aus sich selbst heraus entstanden sein könnten. Ich ließ mich in der Oberstufe von meinem Biologielehrer, einem aufgeklärten Katholiken, damit aufziehen, dass ich es gewagt hatte, ihn neben der Evolutionstheorie auch um die Darstellung eines kreationistischen Ansatzes zu bitten. Und ich musste ebenso erleben, dass der bis heute im evangelikalen Lager hochgeschätzte Mathematiker Werner Gitt in einer Göttinger Universitätsdiskussion mit dem Nobelpreisträger Manfred Eigen keinen einzigen Fuß auf den Boden bekam. Das lag einerseits an der arroganten und aggressiven Vorgehensweise von Eigen, aber auch daran, dass Gitt aus meiner Sicht schlicht und ergreifend die Argumente fehlten. Damals habe ich verstanden, dass die Wissensgebiete heute so komplex geworden sind, dass man einer spezifischen Diskussion als interessierter Laie kaum noch folgen kann. Ebenso habe ich begriffen, dass auch die so hoch geschätzte Wissenschaft immer in der Gefahr einer Grenzüberschreitung steht, nämlich das für sie Erkennbare zu verabsolutieren.

Was mich damals aber auch umtrieb, war die Teilnahmslosigkeit, mit der manche meiner Mitstudent*innen einfach schluckten, was ihnen denkerisch vorgesetzt wurde. Schon damals wurde mir wichtig, dass ich trotz all meiner Begrenzungen nicht aufhören wollte zu hinterfragen. **„Hinter-fragen" – welch ein schönes deutsches Wort, und es geht dabei ja nicht um Spitzfindigkeiten, sondern um ein tieferes Verstehen. Bis heute halte ich es für einen Irrweg, andere für sich denken zu lassen.** Ja, die jeweiligen Fähigkeiten und auch die Aufgabenstellungen sind ganz unterschiedlich, aber ein verantwortlicher Glaube

116

wird nicht aufhören, die uns von unserem Schöpfer geschenkte verstandesmäßige „Ausrüstung" auch zu nutzen.

Das Ergebnis kann höchst unterschiedlich sein: Mich hat dieser Weg etwa von einem kreationistischen Ansatz immer mehr zu einer Unterscheidung von wissenschaftlichen und theologischen Fragen geführt. Heute bin ich überzeugt davon, dass es nicht angemessen ist, die vielgestaltige Offenbarung der Heiligen Schrift über Gebühr zu vereinfachen. Die biblischen Texte der sogenannten Urgeschichte in Genesis 1–11 geben fortwährend zu erkennen, dass sie nicht als biologische Schöpfungsaufzeichnung verstanden werden wollen. Die wissenschaftlichen Nachweise für die evolutionäre Entwicklung des Lebens sind bestechend. Dabei bin ich aber keineswegs gewillt, den ideologischen Überbau, den einige Wissenschaftler der Evolutionstheorie hinzufügen, mit „einzukaufen". Bis heute gibt es neben kreationistischen Sackgassen auch viel naturwissenschaftliche Hybris. Es ist mitnichten so, dass die Behauptung (!) einer Weltentstehung *ohne* göttliches Wirken weniger Glauben voraussetzt als die christliche Position, Gott als Schöpfer allen Lebens zu bekennen. Gott wird dabei nicht zu einem Nischengott, den wir überall da einsetzen, wo die naturwissenschaftliche Erkenntnis noch weiße Flecken hat. Stattdessen erkennen wir die grundsätzliche Unterschiedenheit theologischer und naturwissenschaftlicher Erkenntnis an. Zugleich glauben wir, dass der schöpferische Gott jüdisch-christlicher Offenbarung bei der Weltentstehung wie auch im Werden jedes einzelnen menschlichen Lebens am Werk war und ist.

Der Verstand ist ein Geschenk Gottes. Die christliche Kirche hat die Wertschätzung des Denkens nicht zu allen Zeiten gleichermaßen festgehalten und doch bauen große und bis heute hilfreiche theologische Modelle auf der verstandesmäßigen Durchdringung von Glaubensfragen auf. **Der in der Bindung an seinen Schöpfer freie Mensch ist dazu berufen, diese Freiheit zu gestalten und nachvollziehbar Rechenschaft über seinen Glauben abzulegen.**

Beides geht nicht ohne die Vernunft. Wenn derselbe Martin Luther, der durch seine Bibelübersetzung die Katechismen, die Bildung und damit auch das verstandesgemäße Handeln eminent beförderte, auch vom Verstand als „Hure" sprach, hat er damit deutlich machen wollen, dass rationale Aussagen abhängig bleiben von ihren jeweiligen Voraussetzungen. Man könnte auch sagen, Luther wandte sich damals gegen eine Maßlosigkeit der Vernunft, gegen deren Verabsolutierung, wie sie auch schon in den Sprüchen beschrieben wird. In Sprüche 3,5 ist davon die Rede, dass der Verstand, das rationale Leistungs- und Erkenntnisvermögen, seine gute Bedeutung hat, auch als Teil des menschlichen Herzens, das ja im hebräischen Kontext die „Lebensmitte" aus Verstand, Willen und Gefühl beschreibt. Aber das Fundament menschlichen Lebens liegt in der Gottesbeziehung, die sich aus einem ganzheitlichen Anvertrauen, dem Glauben, erschließt.

In den vergangenen Jahren hat Richard Dawkins in einer sehr verkürzenden und polemischen Art und Weise versucht, die Unvereinbarkeit von Wissenschaft und Glaube darzustellen.[52] Aber der massive Widerspruch aus ganz unterschiedlichen Richtungen hat gezeigt, dass es auch wissenschaftlichen Ansprüchen genügende Wege gibt, Vernunft und Glaube sinnvoll und angemessen in das eigene Leben zu integrieren. Mir ist es ein Anliegen, derartige Ansätze uneingeschränkt zu unterstützen, denn wenn der Verstand eine gute Gabe Gottes ist, dann kann sein schöpfungsgemäßer Gebrauch uns auch nicht von seinem Schöpfer entfernen.

Es gibt in Teilen des pietistischen und evangelikalen Bereichs eine ausgeprägte Skepsis gegenüber der Vernunft und leider auch eine gewisse Denkfaulheit. Wenn der Apostel Paulus in 1. Korinther 1 davon spricht, dass Gott die Weisheit der Welt zur Torheit gemacht habe (1. Kor. 1,20), dann steht das in einem besonderen Kontext, nämlich der „Botschaft vom Kreuz". Es ist mitnichten eine allgemeine Ablehnung des Weltwissens. Aber so wurde mir das in den vergangenen Jahren wiederholt vorgetragen. Es ist fatal, wenn Gespräche über die biblischen Wundergeschichten auf dem Niveau einer Kinderstunde stattfinden, denn spätestens, wenn man sich selbst existenziellen Fragen stellen muss, trägt das nicht mehr. **„Du musst das einfach glauben" war wohl noch nie eine ausreichende Antwort auf die intellektuellen Zweifel, denen Menschen auf ihrem Lebens- und Glaubensweg begegnen.**[53] Allenfalls provoziert sie Witze, die immer auch einen gewissen Wahrheitskern haben: „Warum sind in Kirchen die Garderoben auch im Sommer vollkommen ausgelastet? – Weil man beim Eintritt in die Kirche seinen Verstand an der Garderobe abgeben muss."

Nein, das muss man nicht und es wäre gut, wenn intellektuelle Glaubens- und Weltverantwortung sowie eine Apologetik im besten Sinne das Leben vieler pietistischer und evangelikaler Gemeinden bereichern dürfte; gern auch in kontroversen Positionen. Wir verfügen über unterschiedliche rationale Fähigkeiten – aber aufgefordert, unser Potenzial zu nutzen, sind wir alle.

Es ist schon wahr, dass die eingangs erwähnte Komplexität der Themenfelder ein Schritthalten mit der Weiterentwicklung in den Wissenschaften sehr erschwert. Da liegt es nahe, das rationalistische Weltbild des 18. Jahrhunderts als Stereotyp auch für den heutigen Forschungsstand vorauszusetzen. Aber die Wissenschaften sind längst weiter. Und mit jeder wissenschaftlichen Erkenntnis verschieben und verändern sich auch die Weltbilder. Relativitätstheorie und Quantentheorie haben ein vorher recht deterministisches Weltbild deutlich erweitert und geöffnet. Seit dem physikalischen Doppelspaltexperiment spricht man in der Quantenmechanik vom Welle-Teilchen-Dualismus, der besagt, dass Objekte der Quantenphysik gleichermaßen Eigenschaften einer klassischen Welle und klassischer Teilchen zeigen. Für herkömmliche Sichtweisen ist das widersprüchlich und dennoch „ist die Natur so". **Es gibt Grenzbereiche, in denen sich widersprechende Aussagen die Wirklichkeit adäquater beschreiben oder abbilden als linear logische.** Damit hat sich auch die naturwissenschaftliche Sicht unserer Welt und ihrer Gesetzmäßigkeiten in Richtung einer „emergenten Sichtweise" verändert. Und so entstehen neue Möglichkeiten für das Gespräch zwischen Naturwissenschaften und Theologie. Die Arbeiten von Karl Heim sind hier ebenso zu nennen wie die seines Nachfolgers Adolf Köberle.

Wie eine auch wissenschaftlichen Ansprüchen genügende Weltverantwortung des Glaubens formal und inhaltlich aussehen kann, das ist in vielen Denkschriften, Orientierungshilfen und Grundlagentexten der EKD und ihrer Gliedkirchen immer wieder zu erkennen. Ich bin dankbar für das hohe und reflektierte Niveau, in dem hier versucht wird, sehr komplexen Fragen im Sinne einer evangelischen Orientierung auf den Grund zu gehen. Dabei geht es gar nicht darum, ob ich allen Aussagen inhaltlich zustimmen kann. Dankbar bin ich für die Argumentationstiefe und die methodische Klarheit, in der hier immer wieder gearbeitet wird. Viele evangelikale Erklärungen, die mit eingeschränkteren inhaltlichen und personellen Ressourcen erstellt werden müssen, können da nicht wirklich mithalten. Vieles ist aussagekräftig und gut, solide gearbeitet, aber längst nicht so umfangreich. An vielen Stellen ist die pietistische und evangelikale Welt dankbar, wenn ein Stück der Weltverantwortung auch von anderen in der christlichen Mannschaft wahrgenommen wird.

Ausgehend von diesen grundsätzlichen Überlegungen will ich noch einige Bemerkungen zur theologischen Arbeit anschließen. Wie sieht denn „Transzendenzoffenheit" im theologischen Forschen aus? Wenn es wahr ist, dass die Ratio nicht als allumfassende Wesensäußerung menschlicher Existenz beschrieben werden kann, wo bleibt denn dann der Platz für das „Überrationale", nicht „Irrationale"? Wie geht denn der Friede Gottes, der „höher ist als alle Vernunft", in unser wissenschaftliches Arbeiten ein? **Keine Frage – die unaufgebbare Grundsubstanz des christlichen Glaubens liegt in der Liebesgeschichte Gottes mit seiner ganzen Schöpfung. Sie liegt darin, dass Gott in Jesus Christus für uns gestorben und auferstanden ist, dass er als Richter und Herr der ganzen Welt wiederkommt. Aber gerade die *Mensch*werdung Gottes, also der Eintritt Gottes in unsere Welt, verpflichtet uns dazu, bei der Betrachtung dieses einmaligen Geschehens die Vernunft nicht auszuschalten.** Andererseits dürfen wir uns aber auch nicht auf eben diese begrenzen.

Die ganze Kirchengeschichte ist ein Ringen um die Frage, ob und wie das Begrenzte das Unbegrenzte aufnehmen kann und wie darüber angemessen zu reden ist. Das Christentum ist eine Offenbarungsreligion und damit für ein rationalistisch verengtes Weltbild ein Ärgernis. Da ist eben mehr zwischen Himmel und Erde, als der Verstand erfassen kann. Aber dieser Offenbarungscharakter ermöglicht dennoch historisch begründete und vernünftige Aussagen über wesentliche Glaubenswahrheiten. Es gibt so viel mehr zu sagen als „Das musst du eben glauben, weil es in der Bibel steht." Dieser schmale Grat zwischen Vernunftverabsolutierung und Vernunftverleugnung muss immer wieder neu gegangen werden:

Dabei ist es für uns als Christ*innen grundlegend, dass Glaube und Vernunft aufeinander bezogen werden, sodass es weder zu einer glaubenslosen Vernunft noch zu einem vernunftlosen Glauben kommt.[54] Natürlich kann dabei die Verhältnisbestimmung von Offenbarung und Vernunft individuell unterschiedlich ausfallen, aber es kann nicht so sein, dass das naturwissenschaftlich Feststellbare sich verabsolutiert.

Naturwissenschaften können zuverlässige Ergebnisse über das für sie Erkennbare liefern. Die Behauptung, damit sei die gesamte Wirklichkeit erfasst, ist aber eine vollkommen unzulässige Grenzüberschreitung. Wenn auch schon fast „verjährt", zeigten sich derartige „Kapriolen" in Jurij Gagarins Feststellung, er sei bei seiner Erdumrundung im Weltraum keinem Gott begegnet, oder der Aussage des Chirurgen Ferdinand Sauerbruch, er habe beim Sezieren nie eine Seele gefunden.

Christlicher Glaube ist auch in dem Sinne vernünftig, dass im Bereich der Theologie methodisch und systematisch, verständlich und nachprüfbar gearbeitet wird. Das kann man auch tun, ohne sich eine überwiegend rationalistische Sicht der Welt zu eigen zu machen. Deren Alltagsbedeutung überschätzen wir manchmal auch gehörig. Wer sich anschaut, wie rational Menschen im Berufsleben unterwegs sind oder im Krankheitsfall auf die neuesten wissenschaftlichen Erkenntnisse zugreifen, aber gleichzeitig zu Horoskopen oder esoterischer Literatur greifen, wird – bei aller Kritik – verstehen, dass sich auch in unserer Gesellschaft die Welt nicht ausschließlich rational erklärt.

Werner Heisenberg hat einmal wunderbar formuliert, dass „der erste Schluck aus dem Becher der Wissenschaft atheistisch macht", um dann fortzufahren: „aber auf dem Grunde des Bechers wartet Gott". Nach meiner persönlichen Erfahrung bewirkt der fruchtbare Dialog mit Vertreter*innen unterschiedlichster wissenschaftlicher Couleur auch eine wachsende Dankbarkeit für die Mehrdimensionalität unseres Glaubens.

Kehren wir noch einmal zu unserem biblischen Eingangstext zurück. Wie erklären wir denn, wissenschaftlich und gläubig zugleich, die Begegnung zwischen Jesus und Thomas? Was bedeutet „nicht sehen und doch glauben"? Was bedeutet es, dass der Auferstandene sich hier körperlich und berührbar Thomas als „Forschungsgegenstand" zur Verfügung stellt?

„Glaube sucht nach Einsicht" – hinter diese Feststellung Anselms von Canterbury dürfen wir nicht zurückgehen, aber wir müssen uns immer wieder fragen, was es bedeutet, dass eben der „Glaube" nach Einsicht sucht.

9.

„DU SOLLST LIEBEN":
LIEBE UND WAHRHEIT

Du sollst den Herrn, deinen Gott, lieben von ganzem Herzen,
von ganzer Seele, von allen Kräften und von ganzem Gemüt,
und deinen Nächsten wie dich selbst.

Lukas 10,26–27

Ist uns eigentlich wirklich noch bewusst, wie einzigartig diese Aussagen sind? Wir leben in einer Zeit, in der „Liebe" ein inflationär genutzter Ausdruck geworden ist und dennoch unverzichtbar bleibt. „Gott ist Liebe", in Martin Luthers Sprache ein „glühender Backofen voller Liebe". Weil wir von Gott geliebte Geschöpfe sind, weil Liebe der tiefste Grund der Schöpfung ist, deshalb ist es absolut angemessen, die Liebe, „agape", als von Gott und nur von ihm geschenkte Liebe, an die allererste Stelle unseres Lebens und unseres Denkens zu setzen. So und nur so hat Jesus die Zehn Gebote zusammengefasst, und für Paulus ist die Liebe das Größte, das, was bleiben wird, was wirklich Ewigkeitswert besitzt (1. Kor. 13,13).

Ganz klar, dass hier die Liebe Gottes zu uns wie auch die Gottes- und Nächstenliebe der Menschen als *Antwort* auf die von Gott empfangene Liebe deutlich zu unterscheiden sind, aber eben nicht zu trennen. Und so richtig es ist, dass Gottes Liebe nicht gegen seine Heiligkeit ausgespielt werden kann oder die Liebe die Wahrheit nicht verdrängen darf, steht doch alles im Dienst und Zeichen dieser Liebe.

In diesem Sinne ist seit vielen Jahren meine brennende Frage, zuerst an mich selbst, aber dann auch an uns alle: *Lieben wir?* Was nicht aus der Liebe kommt, was nicht im Angesicht der Liebe Bestand hat, kommt nicht aus dem Herzen des einzigartigen Gottes, an den wir glauben. Egal wie unser Glaube auch geprägt ist, wir dürfen nicht zulassen, dass die Liebe an den Rand gedrängt wird. Liebe macht den Unterschied – nur die Liebe. Um ehrlich zu sein vermute ich, dass wir zwar theoretisch um diese Bedeutsamkeit der Liebe wissen und sie anerkennen, aber dass dann doch andere Haltungen die Überhand gewinnen.

Bei einem der unzähligen Talkformate im öffentlich-rechtlichen Fernsehen zum Thema „Homosexualität" war vor einigen Jahren auch ein bekannter Vertreter der Deutschen Evangelischen Allianz eingeladen. Keine leichte Aufgabe, wenn man sich für eine konservative Position „öffentlich Prügel" abholen soll. Über den Diskussionsverlauf lässt sich streiten, aber was sich dann ereignete, werde ich nie vergessen und es hat zu meiner radikalen Meinungsänderung in dieser ethischen Frage beigetragen. Der Moderator fragte den Allianzvertreter, was er tun würde, wenn eines seiner eigenen Kinder homosexuell wäre und in einer festen Beziehung leben würde. Alles schrie nach der eigentlich selbstverständlichen und naheliegenden Antwort: „Ich würde mein Kind genauso lieben und annehmen wie bisher". Aber diese Antwort kam nicht – stattdessen die ausweichende Aussage, dass keines seiner Kinder wirklich homosexuell sei ... Was für eine vertane Chance! Ich konnte es nicht fassen – da vertritt man „offiziell" den Gott der Liebe, aber in diesem Moment gilt das Wort von der Liebe nicht ...

Ich habe das immer wieder erlebt. Konservativ geprägte Menschen, die ich zutiefst respektiere, die von Herzen danach trachten, mit Gott zu leben, und dann scheitern sie an so einem Satz der Liebe. Jahre später ist es mir wie Schuppen von den Augen gefallen: Ich dachte immer, dieses „biblische Ding mit Wahrheit und Liebe" sei eine Sache der Abwägung – unsicherer Ausgang, wer jeweils die Oberhand gewinnt.

Aber auch hier hilft ein Blick in die Bibel: Der Zusammenhang von Wahrheit und Liebe taucht im Neuen Testament da auf, wo es darum geht, das Bekenntnis zu Jesus Christus in Wahrheit und Liebe festzuhalten (1. Joh. 4,6; 2. Joh. 3) . Es geht im Kontext keineswegs um eine ethische Frage. Das ist auch deshalb richtungsweisend, weil das hebräische Wort für Wahrheit auch die Bedeutung von „Vertrauen und Treue" hat.

Es geht bei „Wahrheit" NIE nur um die Sache, sondern immer um die Beziehung, um mein Gegenüber. Und deshalb gilt gerade für ethische Fragen: Es GIBT KEINE Wahrheit OHNE Liebe. Keine Erkenntnis, kein Glaube besitzt ohne Liebe einen Wert. Und ich habe in den vergangenen Jahren in der pietistisch-evangelikalen Welt so viel Liebe, überschäumende Liebe, aber auch so viel Lieblosigkeit, vernichtende Lieblosigkeit gesehen und erlebt. Wir haben „das mit der Liebe" so zur Floskel werden lassen und wenn die harte Welt der Gebote, der Wahrheit ins Spiel kommt, haben die Sentimentalitäten ein Ende. Wenn die Heilige

Schrift von der Liebe redet, dann hat das ganz und gar nichts mit Sentimentalität zu tun, sondern damit, ob mein Sein und Tun die Liebe Gottes, Gottes eigenes Wesen widerspiegelt.

Ich denke an die ältere Frau, die mir nach einem Vortrag voller Stolz die evangelistischen Traktate in ihrer Tasche zeigt, die sie verteilt, wo immer sie Menschen trifft. Zusammen mit einem Bonbon. Weder Traktat noch Bonbon sahen für mich besonders einladend aus, aber was mich wirklich völlig sprachlos machte, war ihre Antwort, nachdem ich mich durchgerungen hatte zu sagen: „Klasse, dass sie mithelfen, dass Menschen die Liebe Gottes erfahren!" Sie sagte nämlich: „Ja, aber ich mache das auch, damit diese Gottlosen später mal keine Entschuldigung haben!" Mir blieb echt die Spucke weg – ich weiß heute noch, dass ich einfach nur weitergegangen bin. Ähnliches, wenn auch oft verbrämt, anders ausgedrückt, diplomatischer gesagt, habe ich noch öfter hören müssen. Nein, daraus mache ich keine Regel. Wie ich oben schon sagte, stehen Christenmenschen pietistisch-evangelikaler Prägung in ihrem Liebensquotienten nach meiner Überzeugung anderen Christ*innen in nichts nach. Und doch ist die „schiefe Ebene" eine große Versuchung. Die schiefe Ebene, dass „ich als bekehrter wiedergeborener Christ dir armem Sünder das Evangelium anbiete und du, wenn du es dankbar annimmst, der ewigen Verlorenheit entrinnst". **Wenn man sich selbst als „Begnadigten" innerlich eine Stufe höher stellt als den „Verlorenen", ändert das im Laufe der Zeit die Mentalität, die innere Haltung. Die „Gottlosen" verlieren ihr Gesicht, die Gebete werden allgemeiner, die Aktionen auch, und es bleibt ein floskelhaftes Reden von Evangelisation und Mission. Ohne jede Liebe. Wertlos. Völlig.**

Wenn ich das Evangelium recht verstehe, dann ist die einzige, Menschen zum Guten verändernde Kraft die der Liebe. In allen Begegnungen, die Jesus mit einzelnen Menschen hatte, wird diese Liebe sichtbar. Zachäus, Nikodemus, die Frau am Brunnen, die Salbung durch Maria, ja eben auch die Begegnung mit dem sogenannten „reichen Jüngling" – in all diesen Begegnungen ist die Liebe Gottes erfahrbar. Sie zeigt sich in einem vorbehaltlosen Interesse an dem konkreten Menschen, an seiner Situation und daran, dass Jesu Worte die Menschen dort abholen, wo sie gerade stehen. Sie zeigt sich darin, dass Jesus die Gebote Gottes gewiss nicht außer Kraft setzt, aber barmherzig ist.

Wahre Liebe ist immer gegenwärtig. Sie hat ihre Mitte nicht in dem, was war, oder in dem, was sein könnte, sondern hier und jetzt ist sie da! Für diesen Menschen. Und sie dient! Sie fragt nach den konkreten Bedürfnissen des anderen (!) und nicht danach, was der Fragende für seine eigene „Glaubenshygiene" nun für eine Antwort haben möchte. Manchmal klingt es geradezu unsinnig, wenn Jesus angesichts größter Not, etwa bei dem Gichtkranken (Mk. 2,1 ff.) noch fragt: „Was soll ich dir tun?" Aber es ist so eine wichtige Frage, weil sie die schiefe Ebene geraderückt. Jetzt bin ich nicht mehr der Wissende, sondern der Fragende, der dienend helfen möchte, wenn er darf und kann.

Anfang 2019 erschien Jürgen Mettes Buch „Die Evangelikalen: weder einzig noch artig".[55] Jürgen Mette ist für mich auch einer von denen, die lieben – mit all seinen sympathischen Eigenheiten. Ein schwerer Krankheitsweg hat ihn noch einmal neu sensibilisiert für geistliche und ethische Fragen und er gehört zu denen, die bereit sind, auch lange vertretene Überzeugungen zu ändern, wenn die Liebe es gebietet. Jürgen Mette leidet an manchen Entwicklungen in der evangelikalen Welt und sein Buch sollte dazu beitragen, dass sich manche Sichtweisen ändern. Er hat für seine durchaus spitze Feder viel Lob, manche bösartige Häme, aber auch ernsthafte Kritik erhalten. Jürgen bat mich damals um einen Gastkommentar, genau 2018, als mir so völlig deutlich wurde, dass es an Liebe fehlt. Bei mir zuallererst, aber auch anderswo in der pietistischen und evangelikalen Welt. Ich habe damals einen Beitrag verfasst, „… und hätte der Liebe nicht", der genau auf dieses Manko hinweist. Wir wissen alle, dass man gegen Liebe nicht argumentieren kann, aber hinter diesem Wissen tobt der Meinungskampf – oft völlig lieblos. Und weil ich an dieser Liebe auch für mich selbst, auch in diesem Buch, immer wieder Maß nehmen möchte, wiederhole ich mein Liebesbekenntnis von 2018 hier:

„… UND HÄTTE DER LIEBE NICHT …" (ZU 1. KORINTHER 13)
Darf man das? Eine so vielschichtige, facettenreiche Botschaft wie die der jüdisch-christlichen Überlieferung des Alten und Neuen Testaments mit ein paar lapidaren Wörtchen zusammenfassen? Vor einigen Jahren habe ich mir diese Frage noch ernsthaft gestellt, inzwischen nicht mehr. Meine Antwort, gewachsen aus dem Hören auf eben diese biblische Botschaft und geläutert durch meine Lebenserfahrungen, ist eindeutig: Ja, man darf das nicht nur, man muss es sogar.

Vom Schma Jisrael über das Doppelgebot der Liebe (Mt. 22,27–30) bis zum Herzstück paulinischer (1. Kor.13) und johanneischer Theologie (Joh. 3,16; 1. Joh. 4,7 ff.) zieht sich ein roter Faden durch das Fundament unseres Glaubens: die Liebe.

Genauer: nicht „irgendeine Liebe", wobei ich bei dieser Eingrenzung schon zögere, denn die Liebe, die ich meine, ist der Quell aller Liebe, die sich wirklich so nennen darf. Aber sei's drum. Ich meine die „Agape", die

Liebe, die in Gott selbst ihren Ursprung hat, viel mehr als „emotionaler Firlefanz" – wobei das nicht abwerten soll, was Gott uns in seiner Schöpfung an Emotionen geschenkt hat –, sondern göttlich inspirierte, uneigennützige Liebe. Eine Liebe, die nicht zulässt, Gottes- und Menschenliebe gegeneinander auszuspielen, die von unvoreingenommener Wahrnehmung, von Respekt, von Wert-Schätzung, von bedingungsloser Annahme meines Gegenübers geprägt ist. Aber auch ein Liebe, die sich aus der innigen Gemeinschaft mit Gott, eben gerade nicht im Widerspruch zu Gottes „Seilen der Liebe" (seinen Geboten) setzen lässt, sondern diese Gebote als Ausdruck der Liebe und Zuwendung Gottes ergründen, verstehen und ihnen gehorchen will. Eine Liebe, die unsere eigenen Kräfte und Möglichkeiten übersteigt, die zuerst und zutiefst von Vergebung und Neuanfang geprägt ist, die lernende, empfangende und zugleich sich hingebende und verschwendende bleibt. Eine Liebe ohne Sicherheitsgurt und Versicherungsschutz, eine Liebe im Wagnis, ganz mit den Schwachen, Entrechteten, Unterdrückten, den Suchenden und Fragenden.

Die tiefste Antwort auf die Frage, warum ich trotz der Widersprüchlichkeiten, trotz der himmelschreienden Ungerechtigkeiten, trotz des Elends, der Gewalt und des so großen Leids in unserer Welt und Zeit immer noch Christ bin und bleibe, liegt in dieser Liebe. Ich kenne keine philosophische Höhe und keine nihilistische Tiefe, die mich immer wieder neu so atmen ließe wie die Botschaft der göttlichen Liebe, des Evangeliums aus Altem und Neuem Testament. Diese Liebe ist nicht triumphal angesichts unserer Weltwirklichkeit, sie ist nicht exhibitionistisch, nicht besserwisserisch, eher immer wieder ein neues Aufbegehren, ein Niemals-Aufgeben, ein Säen, ein „Dennoch", ein Hoffen und Vertrauen auf den, der mit seiner Liebe das letzte Wort behalten wird. Und dieses allerletzte und zugleich ewig neue erste Wort wird „Liebe" sein.

Jeden Tag neu will ich deshalb lieben und mich lieben lassen, die Liebe Gottes in den unterschiedlichsten Sprachen wahrnehmen und entdecken, wertschätzen, suchen und finden. Ich habe dabei gelernt, dass sich die Liebe Gottes oft an ganz unerwarteten Plätzen finden lässt – gar nicht zuerst bei mir selbst, bei den Frommen oder denen, die sich dafür halten, sondern bei denen, die Jesus in der Bergpredigt seligpreist, an ganz unerwarteten Orten. Und immer neu entdecke ich auf meinen Wegen ins Ungewisse, dass Gott mit seiner Liebe schon da ist. Die Liebe Gottes in dieser Welt beginnt wahrlich nicht mit mir, meinen Worten, meinen Taten, meinen Begegnungen. Das macht demütig, suchend, fragend und zutiefst dankbar.

Diese Liebe Gottes führt mich in die Gemeinschaft der von Gott Geliebten, also aller Geschöpfe dieser Welt, und in die Gemeinschaft der Glaubenden, die diese Liebe Gottes schon erkannt haben. Dabei erstaunt mich immer wieder, dass eine gewisse Subjektivität bleibt, obwohl wir in dieser Gemeinschaft gleichermaßen auf die Stimme, das Reden Gottes hören und obwohl wir uns gegenseitig prägen und korrigieren. Längst nicht alle meine Mitchristen erleben die Liebe Gottes so, wie ich das tue. Das fordert mich heraus, stellt mich infrage, führt mich ins Gespräch – und lässt mich doch in der von mir erkannten und erlebten Liebe bleiben.

Wahrscheinlich ist es ein Kennzeichen der uns von Gott geschenkten Liebe, dass sie genau diese Spannungen aushält. Den Eindruck gewinnt man nämlich, wenn man sich 2.000 Jahre christlicher Liebesübungen einmal etwas genauer anschaut. Was ist da nicht alles im Namen göttlicher Liebe Heilsames und Lebensstiftendes geschehen, aber auch verbrochen und zerbrochen worden! Ein Blick in die Geschichte macht demütig und verweist noch mehr auf das Grundkriterium der Liebe: der Annahme meines Gegenübers, nicht wie ich ihn sehe oder gerne hätte,

sondern wie er oder sie sich aus der eigenen Geschichte mit dem leben-
digen Gott sehen und verstehen darf.

Skeptisch werde ich da, wo manche meinen, die Grenzen dieser Liebe
genau bestimmen zu können. Unduldsam werde ich, wo im Namen
dieser Liebe Liebloses geschieht, wo Liebe nur verbal behauptet, aber
nicht konkret gelebt wird, wo im Namen dieser Liebe Leben zerstört,
Gemeinschaft gespalten und die Wirklichkeit nur aus der begrenzten
eigenen Perspektive wahrgenommen wird. Sprachlos macht mich, wenn
ein eigenartiger Begriff von „Wahrheit" sich mit der Liebe auf Augen-
höhe messen will, wenn es auf einmal „Christus und die Wahrheit"
heißt, als trüge nicht jedes „und" nach Christus die Werkgerechtigkeit
schon in sich selbst und als sei in dem wunderbaren Namen „Christus"
nicht schon alles enthalten an Liebe UND Wahrheit, was es zum Leben
und im Sterben braucht.

Es inspiriert mich, wenn ich landauf, landab den Geist der göttlichen
Liebe in so vielen Gemeinden und Gemeinschaften erleben darf, wenn
ich so viele Sendboten der Liebe erlebe, die als Brückenbauer*innen und
Wundenheiler*innen unterwegs sind. Es bestärkt mich, wenn ich wahr-
nehme, wie wenig Gehör und Rückhalt Ausgrenzungsversuche im Na-
men des Evangeliums finden und wie reif das Gespür dafür geworden
ist, was wirklich Christus entspricht. Es macht mich zuversichtlich und
froh, wenn ich erlebe, was die Liebe alles erträgt, wie viele Spannungen
sie aushält und wie sie nicht aufhört zu glauben, zu hoffen und zu dul-
den. Ich glaube, dass die Liebe die letzte Erkenntnis noch vor sich hat,
dass sie aus dem Erkanntsein lebt und deshalb das Unscharfe über sich
und diese Welt noch aushalten kann, ja aushalten will – um ihrer selbst,
der Liebe willen.

In dieser Lernbewegung der Liebe werde ich bleiben. Ich will mich
selbst daran messen lassen, ob an mir wenigstens die Sehnsucht nach

dieser Liebe, das immer neue Suchen und Gefundenwerden zu erspüren ist. Und ich bin so dankbar für all die Menschen, die mit mir aus diesem Geist leben – allen Widerständen zum Trotz.[56]

Wenn ich diesen Text als Wegmarke meiner eigenen Entwicklung lese, würde ich heute noch einen Schritt weiter gehen: Ein Zusammenhang, in den ich zunehmend hineinwachse, ist der Bezug zwischen Liebe und Gebet. Ich gebe ehrlich zu, dass für mich in bestimmten Zeiten die Grenze zwischen „Gegnern" und „Feinden" fließend gewesen ist. Was hat mir dann Jesu Wort von der Feindesliebe zu sagen? Natürlich kann ich sagen, dass ich auch meine Feinde liebe, aber tue ich es wirklich? Persönlich bin ich über das Gebet in die Feindesliebe „hineingewachsen". Für Menschen zu beten, die mich angreifen oder verurteilen, ist nicht leicht, aber doch konkreter und leichter, als sie zu lieben. **Meine Erfahrung ist, dass mit der ehrlichen und ernstgemeinten Fürbitte für jemanden auch die Liebe entsteht – keine Sympathie, keine inhaltliche Übereinstimmung, aber eine Relativierung aller Unterschiede durch die versöhnende Liebe Gottes.**

10.

VON MISSION UND NACHFOLGE

Aber die elf Jünger gingen nach Galiläa auf den Berg, wohin Jesus sie beschieden hatte. Und als sie ihn sahen, fielen sie vor ihm nieder; einige aber zweifelten. Und Jesus trat herzu und sprach zu ihnen: Mir ist gegeben alle Gewalt im Himmel und auf Erden. Darum gehet hin und machet zu Jüngern alle Völker: Taufet sie auf den Namen des Vaters und des Sohnes und des Heiligen Geistes und lehret sie halten alles, was ich euch befohlen habe. Und siehe, ich bin bei euch alle Tage bis an der Welt Ende.

Matthäus 28,16–20

Es ist erstaunlich, wie die Jünger am Ende des Matthäusevangeliums beschrieben werden. Sie, die Jesus nun schon einige Zeit kannten, hatten nochmals eine intensive Zeit mit dem Auferstandenen erlebt und dennoch lesen wir von „Zweifeln". Außerdem fehlte einer, aus den zwölf Jüngern waren elf geworden. Die Vollzahl des Volkes Gottes, der zwölf Stämme, die Zahl Zwölf als Zahl der Begegnung zwischen Gott und Welt: verraten und zerbrochen. Es packt mich jedes Mal neu, dass Jesus diese ernüchternde

Situation gar nicht kommentiert. Im Gegenteil, vielleicht ist ja sogar die Schwachheit der Jünger die Voraussetzung für all das, was sich aus dem Missionsauftrag ergeben hat. Jedenfalls umrahmt Jesus seinen Auftrag mit Aussagen über sein eigenes Handeln. Da ist die Rede von seiner absoluten, vom himmlischen Vater verliehenen Souveränität und von seiner uneingeschränkten Präsenz bei seinen Gesandten. Von beidem lebt die Kirche als Leib Christi bis heute. Von seiner Souveränität, die sich – wie zu Jesu Lebzeiten – auch oft unter dem Gegenteil verbirgt und von seiner Gegenwart. Und in dieser Umarmung steht nun die Beauftragung an seine Jünger: „Geht hin" – „Brecht auf, immer und immer wieder! Seid euch nicht selbst genug in eurer Frömmigkeit, sondern ‚sucht die Menschen heim'!"

Für die Jünger bedeutete dies, genau das zu praktizieren, was Jesus mit ihnen eingeübt hatte, als er die 70 in Zweiergruppen aussandte: „Geht hin, sprecht den Menschen den umfassenden, göttlichen Frieden zu und bezeugt das Evangelium."

Es verdient unsere Aufmerksamkeit, dass Jesus als Ziel des Handelns seiner Gesandten vom „Jünger machen" spricht. Die Satzkonstruktion des Griechischen legt dabei nahe, dass „Jünger machen" auf zweierlei Weise geschieht, punktuell und linear zugleich: durch Taufen und durch umfassendes Lehren über das Leben in der Nachfolge.

Ich bin nicht glücklich darüber, dass die neueste Lutherübersetzung nicht mehr vom „Jünger machen" spricht, sondern vom „lehren": „... und lehret alle Völker". Der an dieser Stelle im Griechischen verwendete Imperativ wird sonst selten gebraucht. Luther übersetzte „leret alle volcker" und so stand es auch bis 1912 in der Lutherbibel. Deshalb ist diese andere Übersetzung natürlich möglich, aber die mit dem Imperativ im Griechischen im gleichen Vers verbundenen Partizipien (taufen und lehren) zeigen doch, dass sich Matthäus bei der Verwendung dieses Verbs etwas gedacht hat, das über den Begriff des Lehrens hinausgeht. Zumal, wenn man die beiden anderen Stellen betrachtet, in denen Matthäus dasselbe Verb verwendet (Mt. 13,52 und 27,57). Da beide Versionen gleichermaßen möglich wären, wird für mich hier etwas fassbar, was ich eindeutig als besonderes Profil pietistischer und evangelikaler Frömmigkeit und als Desiderat in Richtung der evangelischen Landeskirchen formulieren würde: Wie halten wir es mit der Mission und wie bedeutsam ist es für uns, dass Glaube ein Leben formt; ganz unterschiedlich, aber eben doch formt?

Vielleicht sind „Mission und Nachfolge" die Themen, mit denen sich die pietistische und evangelikale Bewegung am ehesten in einem konstruktiven Sinne als relevant für Kirchen und Gesellschaft erweisen kann. Und deshalb ist es so eminent wichtig, dass genau bei diesen Fragen Form und Inhalt evangeliums- und zeitgemäß sind. Die Stärken und Schwächen in diesen Themenfeldern möchte ich im Folgenden beleuchten.

Beim Thema *Mission* gibt es zuerst einmal mehr Übereinstimmung in der christlichen Welt, als viele vermuten würden. Wir teilen heute weithin das theologische Verständnis, dass unser eigenes missionarisches Handeln in der „Mission Gottes" begründet, motiviert, inspiriert, eingebettet ist. Gott selbst hat eine Mission, er sucht in einer unvergleichlichen Liebesbewegung die Gemeinschaft mit seinen Menschen. Wir sind uns einig, dass unsere Mission dieser Liebesbewegung entsprechen muss. Das heißt, Mission geschieht liebevoll, sie geschieht in Achtung und Respekt vor der Kultur und den Lebenskontexten der jeweiligen Menschen. Sie geschieht dialogisch, indem sie, so wie Jesus das wieder und wieder getan hat, eine Begegnung auf Augenhöhe mit den Menschen sucht. Und es geht ihr dabei nicht nur darum, einzelne Seelen zu retten, sondern um das Heil und Wohl für die ganze Welt, mit Blickrichtung auf Gottes neue Schöpfung.

Die früheren, tiefen Verwerfungen zwischen liberaler und evangelikaler Welt haben sich in den vergangenen Jahrzehnten zu einem wachsenden Miteinander in diesen Fragen verändert. Spätestens seit der EKD-Synode 1999, während der Eberhard Jüngel Mission und Evangelisation als „Herzschlag" und als „Atem" der Kirche beschrieb, hat ein Umdenken eingesetzt. Wir haben seitdem miteinander und auch voneinander gelernt.

Wir können heute differenziert betrachten, dass die Verquickung der Mission mit Kolonialismus und Rassismus in früheren Zeiten nicht nur dem Begriff, sondern der Sache selbst Schaden zugefügt hat. Wir sehen aber auch, dass längst nicht alle missionarischen Bemühungen in diesem zerstörerischen Geist stattgefunden haben und dass eine pauschale Missionskritik der Wirklichkeit auch nicht gerecht wird. Wir hören zum Beispiel aus vielen afrikanischen und asiatischen Kirchen eine große Dankbarkeit darüber, dass sie das Evangelium durch europäische Missionare hören und empfangen konnten. Es ist den evangelischen Kirchen bewusst, dass „missionarische Kirchenentwicklung" viel zu lange als Stiefkind oder Hobby einiger innerkirchlicher Sonderlinge an die Seite geschoben wurde. Und auf evangelikaler Seite wird eingestanden, dass es auch Formen von menschenverachtender und deshalb dem Evangelium ganz und gar nicht gemäßer Mission gegeben hat. Es gab und gibt aber auch viele menschennahe, ganzheitliche missionarische Konzepte, die dazu beigetragen haben, dass Menschen das Evangelium ganz neu oder anders hören konnten.[57]

Damit ist noch längst nicht „alles gut" in den Fragen um Evangelisation und Mission. Aber die 2019 erfolgte Gründung der „Arbeitsstelle für missionarische Kirchenentwicklung und diakonische Profilbildung" (midi) durch EKD und Diakonie Deutschland, jetzt angesiedelt unter dem Dach des „Evangelischen Werks für Diakonie und Entwicklung" (EWDE), ist ein weiteres gutes Signal.[58] „Menschen erreichen und gewinnen", Kirche neu und anders denken, jenseits der klassischen Generations- und Milieuverengungen, aber auch das Profil der Diakonie als evangelisch-kirchliche Organisation schärfen, das sind wichtige Zukunftsaufgaben im Bereich der EKD.

Die 12. Synode der EKD hat in ihrer letzten Sitzung im November 2020 mit der grundsätzlichen Annahme und Überarbeitung der „12 Leitsätze zur Zukunft einer aufgeschlossenen Kirche" diesen Kurs bestätigt. Der 4. Leitsatz trägt die Überschrift „Mission" und lautet: **„Wir bezeugen Jesus Christus in der Welt. Die evangelische Kirche lädt alle Menschen ein, Gottes Absicht mit seiner Welt (missio dei) zu entdecken und mit Leben zu füllen. Die Identität unserer Gemeinschaft liegt darin, dass wir Gottes Versöhnung in Jesus Christus annehmen, ihm ‚mit Herzen, Mund und Händen' danken und die Schwachen und Bedrückten in den Mittelpunkt stellen. Gott will, dass alle Menschen gerettet werden (1. Tim. 2,4). Die Kräfte und Möglichkeiten der Kirche als einer menschlichen Einrichtung bleiben dabei begrenzt. Aber weil uns die Liebe Gottes drängt, geben wir in Wort und Tat Gottes Liebe weiter, gemeinsam mit der Diakonie und auch mit**

Partnern außerhalb der Kirche. Weil wir seinem Evangelium vertrauen, bezeugen wir seine Gegenwart und laden zum Glauben ein."[59]

Zu diesen grundsätzlichen Weichenstellungen, die auf der Ebene der EKD möglich sind, muss man auch das Wirken der einzelnen Landeskirchen beachten. Ihnen obliegt es in erster Linie, Menschen vor Ort das Evangelium zu bezeugen und sich in diesem Sinne auch als Organisation weiterzuentwickeln. Betrachtet man, was hier in den vergangenen Jahren im Rahmen von „Erprobungsräumen" entstanden ist, häufig inspiriert durch „fresh expressions of church"[60] aus der anglikanischen Kirche, macht das zusätzlich Mut. Mir ist unverständlich, dass das Mäkeln über eine vermeintlich unmissionarische Kirche im bekenntniskonservativen evangelikalen Bereich nicht aufhört. In mir wächst der Verdacht, dass positive Entwicklungen erstens nicht wahrgenommen und zweitens rein am eigenen Missionsverständnis gemessen werden. Dabei kann man nur dankbar sein, dass im kirchlichen Bereich manche Fehlentwicklungen eben nicht wiederholt werden.

Nie werde ich einen Jugendmissionstag im Lebenszentrum Adelshofen in den 80er-Jahren vergessen. Der Redner, dessen Namen ich nicht mehr erinnere, forderte mit viel Wucht und starker Rhetorik den ganzen Einsatz von uns jungen Menschen für die Mission. Uns wurde eingebläut, dass wir die Verantwortung für unsere eigene Generation tragen und dass es deshalb unsere Aufgabe sei, jeden unbekehrten Menschen auf dieser Welt zu erreichen, weil dieser sonst ewig und unwiderruflich verloren ginge. Ich habe mir das damals zu Herzen genommen und bei einem Straßeneinsatz am Nachmittag auf einer Holzkiste mitten in der Fußgängerzone in Heidelberg stehend „das Evangelium verkündigt".

Die Erfahrung war eher deprimierend, aber immerhin, ich hatte es „ihnen" gesagt.

Seit dieser Veranstaltung spürte ich die Last einer unerreichten Generation und die Höllengefahr für Millionen Menschen auf meinen Schultern. Diese Vorstellung hat mich nicht motiviert, sondern eher gelähmt und deprimiert. Ich brauchte Jahre, um mich aus diesem unverantwortlich die Menschen belastenden Missionsverständnis wieder zu befreien. Ganz andere Horizonte taten sich mir auf, als ich verstand, dass nicht ich die Menschen „missioniere", sondern dass Gott selbst mit seiner Liebe jeden Einzelnen sucht und ich mich in dieses Liebeshandeln einklinken darf.

EWIGE VERDAMMNIS?

Seitdem hinterfrage ich auch das Missionsmotiv der „ewigen Verdammnis". Ja, es ist offensichtlich: Im evangelisch-volkskirchlichen Bereich gibt es eine deutlich abnehmende Bereitschaft dazu, eine „ewige Verlorenheit" zu proklamieren. Sehr wohl wird noch an einem richtenden Handeln Gottes festgehalten, das ja auch im Kant'schen Sinne einer ausgleichenden Gerechtigkeit vieles für sich hat. „Keiner kommt ungeschoren davon", aber dieses Gericht ist nicht gleichzusetzen mit „ewiger Verlorenheit".

Nun ist dieses Thema sehr heikel. Einmal deshalb, weil es eine pietistische und evangelikale Tradition gab (sehr viel seltener gibt), die sich dem Thema der „biblischen Hölle" mit einer derartigen Vehemenz und Bildhaftigkeit gewidmet hat, dass man sich teils schon fragen musste, was hier denn therapeutisch aufzuarbeiten war. Andererseits auch deshalb, weil eine „Lehre von der Allversöhnung", also ein „Heilsuniversalismus" immer auch von einem Teil der pietistischen und evangelikalen Welt vertreten wurde. Zum Beispiel durch Johann Albrecht Bengel, ganz gewiss bei Friedrich Christoph Oetinger, Johann Michael Hahn und beiden Blumhardts. In jüngerer Zeit findet sich eine Kritik einer ewigen Hölle bei John Stott, der eher einer Vorstellung der Annihilation (Vernichtung aller gottfeindlichen Mächte) anhing.[61]

Es ist offensichtlich, dass die Bibel weltumfassend von der Versöhnung in Christus reden kann, dass sie zugleich dazu auffordert, sich diese Versöhnung anzueignen. Wo immer es um die „Hölle" geht, was vor allem in den drei synoptischen Evangelien und in der Offenbarung der Fall ist, gebraucht die Bibel eine Bildersprache, die nicht einfach in lineare Sätze übertragen werden kann. Paulus spricht kein einziges Mal von der Hölle. Zentral ist für mich die Aussage, dass im Gericht Gottes Gerechtigkeit hergestellt wird. Und ansonsten möchte ich die Pluralität der biblischen Botschaft an dieser Stelle festhalten, zwischen „Gericht", „Hölle" und „ewiger Verdammnis" unterscheiden und mich vor allem nicht zum Richter über andere Menschen erheben.[62]

Dieses Thema ist auch deshalb so sensibel, weil sich kaum erklären lässt, warum jemand so vehement für „ewige Höllenqualen" eines Mitmenschen votieren sollte. Selbst im Falle eines Adolf Hitler oder Josef Stalin kann man überlegen, ob es nicht „irgendwann" (wobei „Ewigkeit" wohl als Abwesenheit von Zeit zu verstehen ist) auch einmal genug wäre, beziehungsweise ob es philosophisch betrachtet Sinn macht, zeitliche Sünden, und seien sie noch so schwer, mit ewigen Strafen zu bedenken. Ich denke auch an so manche Begegnung mit erbitterten (und teils auch verbitterten) Atheist*innen, die aufgrund von fürchterlichem, durch „Gottes Bodenpersonal" erlittenem Unrecht oder nach schweren persönlichen Schicksalsschlägen den Weg fort von Gott eingeschlagen haben. Sind Menschen mit derartigen Biografien nun „schuldig" oder sind sie eher Opfer als Täter? Und ich denke an Angehörige anderer Religionen, die durch ihren besonderen Einsatz für Frieden und Verständigung aufgefallen sind. Stellvertretend sei Mahatma Gandhi genannt. Wird ein „Verdammt in alle Ewigkeit" einem solchen Menschen gerecht?

Für mich gehört diese Frage zu denen, bei denen wir uns „im Sinne eines nur schemenhaften Spiegelbildes" (1. Kor. 13, 12) besser zurückhaltend äußern sollten.[63] Um die oben angesprochenen „Gerechtigkeitslücken" zu füllen, wird von den Vertretern des Ewige-Verdammnis-Systems gern auf die Höllenfahrt Jesu (1. Petr. 3,19 und Eph. 4,9) verwiesen oder darauf, dass laut der Bibel Menschen, die das Evangelium nicht gehört haben, nach ihrer Erkenntnis Gottes aus der Schöpfung oder aufgrund ihres Gewissens gerichtet werden (Röm. 1, 19 f; 2,14 ff.). Echt jetzt?

Wir glauben fest daran, dass wir aus Gnade gerettet werden, aber Menschen, die das Evangelium nicht gehört haben, sind von ihren Taten abhängig? Und das leuchtet uns ein? Und ist das noch eine verantwortliche Auslegung, wenn ich die ewige Verdammnis der Menschen, die das Evangelium nicht hören (konnten), mit einer kryptischen Erwähnung von Höllenfahrten Jesu in Gelegenheitsbriefen wie dem Epheser- und dem Petrusbrief begründen will? Mich schaudert bei diesen Gedanken, weil sie absolut nicht zum „Liebesaufwand Gottes" zur Versöhnung dieser Welt in Jesus Christus passen.

Was bedeutet es für unseren Glauben – oder auch für unsere Theologie –, dass die Bibel viel intensiver und häufiger von der Liebe und vom Rettungswillen Gottes für alle Menschen, von einem versöhnten Kosmos spricht? Ich streiche das biblische

„Reden von einer Hölle" nicht einfach aus meiner Bibel, aber ich ordne diese Aussagen in den größeren Zusammenhang dieses Heilswillens Gottes ein. „Scriptura sui ipsius interpres" – die Schrift legt sich selbst aus. Auf diesen hermeneutischen Grundsatz dürfen wir auch in dieser Frage keinesfalls verzichten.

Der Raum, der dabei entsteht, unterscheidet sich wesentlich und grundlegend von der Verkündigung, die ich in meiner Jugendzeit erleiden musste und die in einem Teil der pietistischen und evangelikalen Welt auch heute noch mit Inbrunst vertreten wird.

Meine Lust zur Mission ist nicht der Versuch, „einzelne Menschen dem Höllenfeuer zu entreißen", sondern dass ich schlichtweg nicht schweigen kann von der großen Liebe Gottes, die jedem Menschen gilt und jedes Leben verändern und reich machen kann. **Wenn die Motivation zur Mission Liebe ist, dann ändert sich auch die Art und Weise der Mission.** Und ein derartiger veränderter, in meinen Augen „genesener" missionarischer Impetus trägt zur Glaubwürdigkeit des Evangeliums in unserer heutigen Gesellschaft bei.

Als ein nun wirklich Evangelisationserfahrener habe ich in über 30 Jahren noch keinen Menschen getroffen, der sich Jesus zugewendet hätte, weil er so entsetzliche Angst vor der Hölle hatte. Es hat schon etwas von einer Karikatur, wenn sich die Vertreter*innen des ewig gleichen bekenntniskonservativen Lagers in regelmäßigen Abständen darüber aufregen, wenn ein anderer die Meinung äußert, dass der Weg in den Himmel eventuell nicht mehr über die Höllenpredigt führen sollte… Ich gewinne da wiederholt den Eindruck, dass an Hölle und Höllenpredigt auch deshalb festgehalten werden muss, damit sich das mit dem eigenen anstrengenden Frommsein, ein ganzes irdisches Leben lang, irgendwie gelohnt hat. Wo kämen wir denn hin, wenn diejenigen, die den ganzen Tag im Weinberg des Herrn schuften und sich nichts gönnen, am Ende denselben Lohn erhielten wie die, die nach menschlicher Erkenntnis gar nicht in diesem Weinberg gearbeitet haben?

SCHULD UND SCHAM

Für mich ist es im positiven Sinne „zeitgeistig" – also sensibel für Entwicklungen, auf die das Evangelium eine tiefe Antwort hat –, wenn Andreas Boppart auf die kulturellen Veränderungen in unserer Gesellschaft, nämlich einer Verschiebung von einer Schuld- zu einer Schamkultur hinweist.[64] Ich erlebe in meinen Gesprächen und Begegnungen ebenfalls diese Veränderung und frage mich, was das für Gemeindeleben und Evangeliumsverkündigung heute bedeutet. Dabei geht es keineswegs um einen „Ausverkauf" der inhaltlichen Substanz des Kreuzesgeschehens, sondern nur darum, dass wir die umfassende Bedeutung von Sterben und Auferstehung Jesu so erklären, dass Menschen unserer Zeit sich angesprochen und abgeholt fühlen. Was ist daran so schwierig, wenn Erkenntnisse der Missionswissenschaft nun eben auch in unseren Breiten virulent werden?[65]

ETHIK DER MISSION

Wenigstens in den Fragen um eine „Ethik der Mission" sind wir als Christenheit inzwischen ein gutes Stück weiter, seitdem das vom Päpstlichen Rat für interreligiösen Dialog, vom Ökumenischem Rat der Kirchen und von der Weltweiten Evangelischen Allianz unterzeichnete Dokument „Christliches Zeugnis in multireligiöser Welt"[66] vorliegt. Nie zuvor gab es zwischen der katholischen Weltkirche, dem Ökumenischen Rat (dem die katholische Kirche ja leider nicht angehört) und dem Zusammenschluss „der Evangelikalen" eine derartige inhaltlich relevante Erklärung. Auch in Deutschland haben alle Verantwortlichen evangelischer, katholischer und orthodoxer Kirchen wie auch die Arbeitsgemeinschaft Christlicher Kirchen (ACK), die Evangelische Allianz Deutschland und der Evangelische Gnadauer Gemeinschaftsverband diesen 2011 erschienen Text angenommen. Das ist ein ungemein gutes und wichtiges Signal. So viel Gemeinsamkeit in Sachen Ethik der Mission war noch nie. Und ich empfände es als ungemein bereichernd, wenn sich alle nun nicht nur die Aussagen des Dokumentes zu eigen machten, die die jeweils eigene Überzeugung am meisten befördern, sondern sich im Gegenteil gerade das zu Herzen nehmen würden, was ihnen eher fremd erscheint. Vielleicht indem die volkskirchlich-evangelischen Christen die Ermutigung zum einladenden Zeugnis an Angehörige anderer Religionen ernster nehmen und die Evangelikalen die Aufforderung zum ernsthaften Dialog mit Angehörigen anderer Religionen.

„Teilen, was uns bewegt", das tun wir doch ganz selbstverständlich, wenn uns unser Gegenüber wichtig ist. Wie könnten Christenmenschen dann nicht über ihren Glauben sprechen? „Reden, wenn wir verschiedener Meinung sind" – das ist doch das A und O jeder Kommunikation. Wie könnten wir Christenmenschen dann nicht den Dialog mit Menschen anderen Glaubens suchen – um sie auf der Suche nach „common ground" kennenzulernen und zu verstehen?

JUDENMISSION ODER BLEIBENDE ERWÄHLUNG UND CHRISTLICHES ZEUGNIS?

Als ein weiterer Spezialfall der Mission muss der Umgang mit Israel betrachtet werden. Über Jahrhunderte wurde der bleibende und gültige Bund Gottes mit seinem erwählten Volk Israel von dem größten Teil der weltweiten Christenheit geleugnet. Antijudaismus und Antisemitismus waren die Folge – Pogrome über Hunderte von Jahren weltweit, die schließlich in die Schoah, den Holocaust, die millionenfache Vernichtung jüdischer Menschen in Deutschland und Europa mündeten. Als eine der Konsequenzen daraus nahmen die evangelischen Landeskirchen seit den 80er-Jahren Aussagen über die bleibende Erwählung Israels in ihre Kirchenverfassungen auf. In der pietistischen und evangelikalen Welt, die ihre Verstrickung in den Nationalsozialismus an vielen Stellen noch gar nicht umfassend aufgearbeitet hat, gibt es andererseits heute eine große Verbundenheit und Liebe zum Volk Israel. Evangelikale Christenmenschen spenden eifrig für Israelwerke und der Tourismus in Israel ist über den Strom derartig motivierter Besucher hoch erfreut. Umso merkwürdiger, dass dieselben Christenmenschen, die sich so begeistert zu Israel stellen, im Gegensatz zu den Landeskirchen organisierte „Judenmission" für etwas biblisch absolut Gebotenes halten.

Gilt Gottes Bund mit seinem Volk oder gilt er nicht? Im Vorfeld des Reformationsjubiläums verabschiedete die EKD-Synode im November 2016 eine Erklärung, die die Missionierung von Juden ebenso ablehnte wie die Vorstellung, Juden müssten ihre Religion verlassen und die dennoch vom „gegenseitigen Zeugnis des Glaubens sprach".[67] An dieser Synodaltagung nahmen auch Steffen Kern, der damalige Vorsitzende des Gemeinschaftsverbandes „Die

Apis", als württembergischer Synodaler und ich als berufenes Mitglied der Synode teil. Besonders Steffen Kern hatte sich im theologischen Ausschuss der Synode für die Formulierungen eingesetzt, die nach intensivem Ringen auch verabschiedet wurden. Wir hätten uns beide auch noch eine vorsichtige Aussage hinsichtlich der sogenannten „messianischen Juden" gewünscht, aber das war in dieser Erklärung nicht zu erreichen.[68]

Was uns aber ziemlich überraschte, war der Widerspruch, den der von der Synode verabschiedete Text in manchen pietistischen und evangelikalen Kreisen erregte. Zu viel davon war undifferenziert und unsachlich, zu wenig wirklich einladend zur weiteren Klärung. Umso wichtiger, dass sich etwa der Theologische Arbeitskreis des Evangelischen Gnadauer Gemeinschaftsverbandes mit genau dieser Frage befasst.

Ein Argument, das ich in Sachen Mission mit Blick auf das Judentum immer wieder gehört habe, ist die „Angst vor der schiefen Ebene". Im Grunde geht es dabei immer um die Sorge vor einem „Dammbruch": „Wenn ich da jetzt die Tür einen Spalt öffne, dann ist das Unheil nicht mehr aufzuhalten. Wenn es Heil für die Juden als Juden gibt, dann bestimmt auch bald für die Muslim*innen … und dann kommen alle anderen Religionen hinterher … Dann ist Jesus nicht mehr das Heil der ganzen Welt und das geht nun gar nicht." Oder?

HEIL IN ALLEN RELIGIONEN?

Das Reden von der gewaltfördernden Rolle eines monotheistischen und dann auch noch exklusiven Religionsverständnisses hat viele in den vergangenen Jahren nicht unbeeindruckt gelassen. Muss die Gewaltgeschichte, wie sie das Christentum etwa in den Kreuzzügen demonstrierte oder wie wir sie in unseren Tagen in der Einschränkung von Grundrechten bis hin zu fürchterlichen Attentaten und „heiligen Kriegen" unter islamischer Flagge erleben, immer weitergehen? Natürlich bestreiten Religionsvertreter gern, dass derartige Gräueltaten, damals oder heute, irgendetwas mit den jeweiligen Religionen zu tun hätten. Und doch sitzt der Zweifel und eine wachsende Skepsis gegenüber Religionen tief, gerade in unserer säkularisierten westlichen Öffentlichkeit. Soll doch jeder, im Sinne von Lessings Ringparabel, nach seiner eigenen Façon selig werden. Was spricht eigentlich dagegen?

Aus meiner Sicht die schlichte Erkenntnis, dass es auch ohne Religionen nicht friedlicher zugehen würde. Und, was die Christenheit angeht, das biblische Gesamtzeugnis. Da ist uns Christenmenschen einfach aufgetragen, Jesus Christus zu bezeugen. Allen Menschen. Punkt. Und daran möchte ich festhalten. Auch gegenüber Angehörigen anderer Religionen.

Die EKD-Erklärung „Christlicher Glaube und nichtchristliche Religionen" von 2003 weist auf den fundamentalen Unterschied zwischen dem christlichen Glauben und anderen Religionen hin: *„Der Unterschied zwischen Christen und Menschen einer anderen Religion wird dagegen durch die Erfahrung der heilsamen Zuwendung Gottes zur Menschheit in der Geschichte Jesu Christi begründet, die nur der an Jesus Christus Glaubende macht. Durch den Glauben an Jesus Christus unterscheidet sich das Christentum von allen anderen Religionen. Im Bekenntnis der Kirche zu Gottes Gegenwart in Jesus Christus und in der Taufe wird dieser Unterschied zwischen der ‚Versammlung der Glaubenden' und denjenigen, die in anderen Religionen anderes bekennen, sichtbar und wirksam. Dieses Unterschiedensein stellt Gottes gnädige Zuwendung zu allen Menschen nicht infrage,* *macht aber deutlich, dass andere Religionen die Erfahrung des in Jesus Christus allen Menschen nahe kommenden Gottes nicht vermitteln. Das den christlichen Glauben mit den Menschen aller Religionen Verbindende (Gott ist allen Menschen gnädig nahe) ist insofern das sie zugleich Trennende."*[69]

Man braucht kein vergleichender Religionswissenschaftler zu sein, um zu erkennen, dass – bei allen Gemeinsamkeiten – sich die Gottesbilder der großen Weltreligionen eben nicht gleichen. Darauf haben uns in den vergangenen Jahren auch Tausende Geflüchtete hingewiesen, die buchstäblich vor den Türen der Pfarrhäuser standen und sich taufen lassen wollten. Und ganz überwiegend ging es dabei nicht um verbesserte Aussichten im Asylverfahren, sondern um eine echte und dauerhafte Hinwendung zu dem Gott, der in Jesus Christus Mensch geworden ist. Das hat auch in den evangelischen Landeskirchen die Diskussion über das missionarische Zeugnis gegenüber anderen Religionen noch einmal bereichert und beeinflusst.

Wer diesen Konvertit*innen zuhört, der begreift schnell, dass es sehr wohl möglich UND notwendig ist, sich als religiöse oder gottgläubige Menschen auf dieser Welt gegenseitig wertzuschätzen, sich gemeinsam für Frieden, Gerechtigkeit und Bewahrung der Schöpfung einzusetzen und sich zugleich gegenseitig das Zeugnis des eigenen Glaubens zu schenken. In diesen Gesprächen dürfen unsere um ihres Glaubens willen verfolgten Schwestern und Brüder nicht vergessen werden. Wir müssen uns dafür einsetzen, dass auch Christ*innen in Minderheitssituationen, insbesondere in muslimischen Ländern, ihren Glauben leben dürfen, so wie dies uneingeschränkt für muslimisch Gläubige in christlich geprägten Ländern der Fall sein muss.

Zugleich wäre es viel zu kurz gesprungen, wenn wir Religionen insgesamt nur im Hinblick auf ihre Defizite betrachten. In jeder von ihnen ist auch ein großer Reichtum an geistigen und kulturellen Schöpfungen enthalten, den es zu entdecken gilt. Und für uns Christenmenschen sind biblische Hinweise interessant, die das Handeln Gottes mit und an allen Völkern zum Inhalt haben (etwa Amos 9,7) oder bei denen sogenannte „Heiden" zum Sprachrohr Gottes werden (Melchisedek, Bileam). Ich plädiere für eine differenzierte Sicht auf andere Religionen und finde es wegweisend, dass das Zweite Vatikanische Konzil in seiner Erklärung „Nostra Aetate" von 1965 das „Wahre und Heilige" in anderen Religionen bewusst anerkannte.

Was ich in den vergangenen Jahren allerdings neu und gern gelernt habe, ist, dass zum Zeugnis meines Glaubens auch der ehrliche Dialog mit Angehörigen anderer Religionen treten darf. Ich will verstehen, was andere Menschen glauben. Ich will mich auch von ihrer Gottesfurcht, ihrer Glaubenshingabe inspirieren lassen und mit ihnen gemeinsam nach Gott fragen. Je nach Religion teilen wir Überzeugungen miteinander und können in vielen gesellschaftlichen Themen gemeinsam unterwegs sein. **Meine Bindung an die Offenbarung Gottes in Jesus Christus schließt nicht aus, dass Gott uns in der Gemeinschaft mit Angehörigen anderer Religionen allesamt neu anspricht und bewegt.**

2015 hat die Evangelische Kirche in Deutschland sich in einem Grundlagentext erneut mit der Frage nach „religiöser Vielfalt in evangelischer Perspektive" befasst. Sie verbindet darin die eigene Glaubenserkenntnis mit einem öffnenden, neugierigen Blick auf Angehörige anderen Religionen: *„Wo immer Menschen sich der Wahrheit stellen, gilt ihnen die Verheißung, dass Gottes Geist weht, wo* er will. *Darauf hoffen Christen nicht nur für sich alleine, sondern über alle Kirchenmauern und Religionsgrenzen hinweg. Sie begegnen Menschen anderer Konfessions- oder Religionszugehörigkeit daher nicht nur als gleichberechtigten Bürgerinnen und Bürgern, sondern auch in der Hoffnung, dass Gottes schöpferischer Geist keinem von ihnen ferne ist. Darum anerkennt die evangelische Kirche, dass auch in anderen Formen der Religion überzeugende Ausdrucksformen humanen Selbstverständnisses, authentische Formen der Spiritualität und verantwortliche Gestaltungen ethischer Überzeugungen zu finden sind. An der Eigenart des christlichen Glaubens, dass ihm solche Erwartung in Kreuz und Auferstehung Jesu von Nazareth gewiss wird, ändert das nichts.*"[70]

Unsere Erkenntnis ist und bleibt begrenzt und vorläufig. Mit Tomáš Halík kann ich sagen: „*Zur Ethik des Dialogs gehört es, auf das Monopol auf die Wahrheit zu verzichten. Das Monopol auf die Wahrheit aufzugeben bedeutet aber nicht, die Wahrheit aufzugeben, sondern eher wahrheitsgetreuer zu werden; in Demut in die Tiefe der Wahrheit eintauchen zu können, zu erleben, dass sie tiefer ist, breiter, dynamischer als das, was wir bisher bei uns als die alleinige Wahrheit anerkannt haben. Zur Ethik des interreligiösen Dialoges gehört es, auf das Monopol auf Gott zu verzichten; das bedeutet aber nicht, auf Gott zu verzichten. Auf den Anspruch zu verzichten, das einzig wahre Begreifen Gottes zu besitzen, bedeutet, weniger göttlich und mehr gotteszugehörig zu werden: weniger sich wie Gott aufzuspielen und mehr sich ihm zu öffnen, sich ihm hinzugeben, ihm zuzuhören.*"[71]

Kritik an einem Dialog der Religionen höre ich vor allem von denen, die in vielen Fällen noch nie in dialogische Begegnungen eingebunden waren. Das ist schlicht und ergreifend unglaubwürdig und arrogant. Im evangelikalen Kontext herrscht teilweise immer noch die Vorstellung, dass sich die Überlegenheit des Christentums in einem Religionsvergleich nachweisen lässt. Dann wird die Innenperspektive auf den eigenen Glauben mit der Außenperspektive auf andere Religionen vermischt, vielleicht noch Konvertit*innen befragt und fertig ist das Urteil über andere Religionen. Manchmal sogar verunglimpfend oder einseitig auf kritische Aspekte bezogen. Das halte ich mit der Botschaft des Evangeliums für nicht vereinbar. Denn *„theologisch zureichend wird eine andere Religion demnach nur verstanden, wenn in dieses Verständnis eingeht, dass sie sich selbst anders versteht. Aber auch dann bleibt die christlich-theologische Betrachtungsweise anderer Religionen dadurch charakterisiert, dass sie diese im Licht des christlichen Glaubens thematisiert."*[72]

Wir können nicht leugnen, dass es in dieser Welt vielfältige religiöse Überzeugungen gibt. Immer wieder wird in den sozialen Medien deutlich zwischen Religionen und dem lebendigen Glauben an Jesus Christus unterschieden. Religionen seien die Bemühungen der Menschen, mit Gott in Kontakt zu treten, der christliche Glaube sei hingegen die bedingungslose Zuwendung Gottes zu den Menschen. Ich verstehe zwar, was damit gesagt werden soll, und kann der tiefsten Intention dieser Zeilen, die ja übrigens von Karl Barths Religionskritik inspiriert sind, auch fröhlich zustimmen. Aber das ändert absolut nichts daran, dass auch das Christentum phänomenologisch als „Religion" zu betrachten ist. Die Unterscheidung zwischen dem Glauben an Jesus Christus und dem nur „religiösen Vollzug des Christentums" oder anderer Religionen ist eine rein subjektive Festlegung.

Oder anders ausgedrückt: Dass ich vom umfassenden Wahrheitsgehalt meines eigenen Glaubens überzeugt bin, teile ich mit Milliarden Menschen, die ebenfalls vom Wahrheitsgehalt ihres Glaubens überzeugt sind. Es hilft nicht weiter, mit biblischen Zitaten auf einen „Absolutheitsanspruch Jesu" hinzuweisen oder gute Gründe zu benennen, warum ich glaube, was ich glaube. **Auch Andersgläubige haben zumeist gute Gründe für ihren Glauben. Und keiner von uns kann den sogenannten „Gottesstandpunkt"**[73] **einnehmen, kann also verbindlich, „mit Überblick" sagen, was nun richtig oder falsch ist.**

Das heißt, dass ich als Christenmensch unbedingt Zeuge der Wahrheit des christlichen Glaubens bin und bleibe und dass ich zugleich anerkenne, dass diese Wahrheit nicht mein Besitz ist. Hierüber gibt es in der EKD eine ebenso breite Übereinstimmung wie darüber, dass christliches Zeugnis und Dialog eben keine Widersprüche sein müssen: *„Nach christlichem Verständnis ereignet sich die Wahrheit in der Offenbarung des lebendigen, von der Sünde errettenden Gottes in Jesus Christus, der durch das Wirken des Heiligen Geistes den freimachenden Glauben schafft: Die Wahrheit rettet und heilt. Diese Wahrheit bezeugt die christliche Kirche, auch wenn sie sich auf andere Religionen bezieht. Für sie treten Christen ein, wenn sie Menschen anderer Religionen begegnen. Würden die Kirche und die Christen darauf verzichten, dann hätten sie im Grunde aufgehört, Kirche oder Christen zu sein. Denn das Zeugnis von dieser Wahrheit gehört unabdingbar zum christlichen Glauben selbst. Nur durch das Zeugnis des Glaubens kann die Christusgeschichte in der Welt bekannt gemacht werden. Nur durch das Zeugnis des Glaubens vergegenwärtigt sich die rettende Wahrheit so, dass Glaube aufs Neue entsteht …*

In dieser Hinsicht sind Christen also in der gleichen Lage wie die Menschen mit anderen religiösen Grunderfahrungen. Sie sind selbst **auf das Ereignis der Wahrheit angewiesen,** *das sie bezeugen.*

Sie werden das in der Begegnung mit anderen Religionen so klar wie möglich machen müssen. Ihre Lehre, ihre Lebensformen und Ordnungen sind nicht die wahre Religion. Sie sind der Versuch, der Erfahrung der Wahrheit Gottes menschlich zu entsprechen. Christen können und wollen dementsprechend mit ihrer Religion das „Ankommen" dieser Wahrheit bei religiös anders glaubenden Menschen nicht erzwingen. Sie wollen mit ihrer Religion keine Mauer zwischen sich und den Menschen anderer Religionen aufrichten. Sie weisen, indem sie von dieser Wahrheit reden, darauf hin, dass sie sich nur in der Freiheit Gottes ereignen kann. Ja, sie begegnen anderen Religionen in der Erwartung, dass sich dort ebenfalls in irgendeiner Weise Erfahrungen mit dieser Wahrheit finden."[74]

Deshalb kann es keinen anderen Weg geben, als miteinander zu sprechen, sich unvoreingenommen zu begegnen und – im passenden Moment – das Evangelium liebevoll und demütig zu bezeugen. Christ*innen können das Evangelium unmöglich mit Gewalt, Manipulation, Hochmut oder Verunglimpfung verbreiten – die Weitergabe dieser Botschaft kann nur freundlich und vertrauensvoll geschehen. Diese Haltung nehmen wir als Christenmenschen aus der Quelle, dem Motivationsgrund unseres eigenen Glaubens ein, völlig unabhängig davon, wie andere Religionen ihren eigenen Anspruch vertreten.

DER ISLAM UND DIE MUSLIM*INNEN

Die Nagelprobe für einen derartigen Umgang ist in diesen Jahren vor allem die Begegnung mit dem Islam oder genauer: mit muslimisch Gläubigen. Genau hier muss sich die umfassende Botschaft des Evangeliums bewahrheiten, die uns ermutigt, ohne Furcht als Licht in der Welt zu leuchten. Wir haben als Christ*innen eine feste Hoffnung, dass die Liebe Christi das letzte Wort haben wird, und in dieser Haltung sollten wir uns demütig und offen Menschen muslimischen Glaubens zuwenden. Dabei wird es wichtig sein, dass wir Menschen unser Zeugnis nicht überstülpen, sondern wirklich das für beide Seiten bereichernde Gespräch miteinander suchen. **Wir sind von der Wahrheit des Evangeliums überzeugt? Dann sollten wir nie vergessen, dass es Jesus allein ist, der sich durch den Heiligen Geist einen Weg in die Herzen der Menschen bahnt.** Wir sind Zeug*innen, nicht mehr und auch nicht weniger.[75]

Erschwert wird eine unvoreingenommene Wahrnehmung von Muslim*innen auch durch die weltweite islamistische Gewaltwelle in den letzten Jahren. Hinzu kamen Bilder und Berichte von der Vertreibung und Verfolgung christlicher Minderheiten, etwa in Syrien und im Irak, und das Wissen, dass elementare Menschenrechte wie das Recht auf Religionsfreiheit oder auch die Rechte von Frauen in islamischen Ländern in der Regel nicht oder nur eingeschränkt ausgeübt werden können. Wir wissen auch um einen eklatanten Antisemitismus vieler Muslim*innen, was sowohl aufgrund unseres jüdisch-christlichen Glaubensfundamentes als auch aufgrund unserer deutschen Geschichte schlicht und ergreifend nicht hinnehmbar ist. Dass es in unseren Tagen extrem gefährlich ist, mit Kippa und/oder Davidsstern etwa durch Kreuzberg zu laufen, darf in unserem deutschen Rechtsstaat einfach nicht sein.

Dass viele Menschen in unserem Land, leider auch viele Christ*innen, „den Islam" also auch aufgrund seiner Andersartigkeit und Fremdheit als bedrohlich erleben, hat auch damit zu tun, dass, trotz des „Tages der offenen Moscheen", bisher Menschen muslimischen Glaubens in unserer Gesellschaft viel zu lange viel zu wenig wahrgenommen wurden. Manchmal gab es Nachrichten über die Scharia als eine vormoderne, martialische Rechtsprechung, ohne dass der Kenntnisstand sich wirklich weiterentwickelt hätte. Die westlichen Gesellschaften waren nicht vorbereitet auf die Konfrontation mit einem militanten Islamismus, der zwar nicht mit dem Islam als solchem gleichzusetzen ist, der aber doch in gewissen Bezügen zu islamischen Lehren, zu islamischen Lehrern und in Verbindung mit islamischen Staaten steht.

In vielen Diskussionen, die ich in den vergangenen Jahren im pietistischen oder evangelikalen Kontext geführt habe, half es wenig, wenn ich versuchte, die Blickrichtung zu ändern, indem ich fragte, wie es im Christentum des 15. Jahrhunderts um die Geltung der Menschenrechte und um die Gewaltfreiheit bestellt gewesen sei. Denn der um etwa 600 Jahre jüngere Islam hat einfach viele Entwicklungsstufen, insbesondere auch die Aufklärung, die unsere Gesellschaft bis heute prägt, (noch) nicht durchlaufen. Und auch meine Frage, wie es wohl zu einer derartigen Explosion des Islamismus kommen konnte und ob dazu nicht vielleicht auch die westliche, sprich: vor allem die amerikanische Politik Erhebliches beigetragen hat, wird eher ungern gehört. Wer sich ängstigt, will oft nicht rational argumentieren oder über Hintergründe sprechen, sondern sucht eine praktikable Entlastung für das Heute.

Meine oben schon angedeutete Antwort ist vollkommen klar: Es kann nicht angehen, dass wir Millionen von Muslim*innen ungerechtfertigt dem Islamismus zurechnen. Seit Generationen leben Muslim*innen friedlich in unserem Land, übrigens ursprünglich deshalb, weil wir ihre Arbeitskraft wollten und brauchten. Und hätte es nicht parteiübergreifend schwere politische

Fehleinschätzungen der ideologisch aufgeladenen Frage gegeben, ob Deutschland ein Einwanderungsland sei, hätten wir schon viel früher auf Inklusion und Integration gesetzt. Dann gäbe es manche der Parallelgesellschaften vermutlich gar nicht, die wir heute argwöhnisch betrachten und an denen wir durch unser Desinteresse und unsere Ignoranz eine beachtliche Mitschuld tragen. Es mag sein, dass Inklusion und Integration fälschlicherweise nur als Bringschuld der Gesellschaft und nicht auch als Pflicht von Migrant*innen verstanden wird. In diesen Fällen muss unser freiheitlich-demokratischer Rechtsstaat dafür sorgen, dass alle seine Bürger, auch die neu hinzugekommenen, verantwortliche Teilhabe als Miteinander von Rechten und Pflichten begreifen.

Es gibt also keine Alternative dazu, dass wir uns um die Inklusion und Integration von Menschen mit Migrationshintergrund, auch solche islamischen Glaubens, bemühen. Es gibt keine Alternative zum Dialog, zum Gespräch, zur gegenseitigen Verständigung. Wer das nicht einsieht, gibt damit zu erkennen, dass ihm am liebsten wäre, Muslim*innen würden in Deutschland gar nicht leben (dürfen). Die Zahl derer, die so denken (und das auch sagen), nimmt leider zu. Ich halte das für eine gesellschaftlich und theologisch absolut inakzeptable Haltung. Die „Kultur" einer Gesellschaft verändert sich laufend – um das einzusehen, müssen wir uns nur die Familienfotos früherer Zeiten betrachten. **Es ist entscheidend, dass wir kulturelle Prozesse mit allen hier lebenden Menschen prägen, und es ist wichtig, dass wir Angehörige anderer Religionen auch als Bürger*innen dieses Landes und Teilhaber*innen an einer Gesellschaft wahrnehmen, die wir gemeinsam gestalten und in der wir uns engagieren können.**[76]

Viele von uns haben noch gar nicht verstanden, dass es durchaus auch gesellschaftliche Fragen geben kann, in denen Christ*innen mit ganz allgemein „Gottgläubigen" anderer Religionen gemeinsam Position beziehen. Viele sehen noch nicht deutlich genug, dass eine Gefährdung christlicher Substanz in unserem Land nicht nur durch andere Religionen erfolgt, sondern vielmehr durch Säkularismus, Materialismus und Atheismus – und dass die anderen Religionen uns dabei stärken und unterstützen können, alternative Lebenswege anzubieten.

GLAUBE, DER DAS LEBEN PRÄGT

Wenn wir uns noch einmal an den Sendungsauftrag am Ende des Matthäusevangeliums erinnern, dann gehören Taufe und Lehre untrennbar zusammen, wenn es darum geht, dass Menschen Jünger werden. Man kann sich manchmal über die jeweiligen Einseitigkeiten (auch die eigenen!) nur wundern. Da wird in unserer evangelischen Kirche Dietrich Bonhoeffer rauf und runter zitiert und das aus wirklich gutem Grund. Aber kann man die Theologie dieses außergewöhnlich wirkmächtigen Mannes wirklich ohne seine „Nachfolge" oder ohne viele Passagen aus „Gemeinsames Leben" begreifen? Mir ist schon klar, dass sich jeder so seinen Luther, seinen Franziskus oder seinen Bonhoeffer bastelt, aber *eines* sollte uns Theologen doch durch ein historisch-kritisches Studium wenigstens geschenkt worden sein: eine kritische Distanz zu unseren Lieblingstexten und -personen.

Was Dietrich Bonhoeffer über „billige Gnade" schreibt, steht in einem direkten Zusammenhang mit diesen Gedanken: *„Billige Gnade ist der Todfeind unserer Kirche Billige Gnade heißt Gnade als Schleuderware, verschleuderte Vergebung, verschleuderter Trost,* *verschleudertes Sakrament; Gnade als unerschöpfliche Vorratskammer der Kirche, aus der mit leichtfertigen Händen grenzenlos und bedenkenlos ausgeschüttet wird; Gnade ohne Preis, ohne Kosten Billige Gnade heißt Gnade als Lehre, als Prinzip, als System; heißt Sündenvergebung als allgemeine Wahrheit, heißt Liebe Gottes als christliche Gottesidee. Billige Gnade heißt Rechtfertigung der Sünde und nicht des Sünders.*"[77]

Ich frage meine evangelische Kirche immer wieder, ob sie in ihrem starken Bemühen, die Freiheit des Einzelnen auf keinen Fall anzutasten (was ich nur gutheißen kann), nicht in der Gefahr steht, die Aussage der von ihr grundsätzlich doch so hoch geschätzten Barmer Theologischen Erklärung zu nivellieren. „Christus ist" so heißt es in deren zweiter These, wie er Gottes Zuspruch der Vergebung aller unserer Sünden ist, „so und mit ganzem Ernst auch Gottes kräftiger Anspruch auf unser ganzes Leben".

Sind wir uns in den evangelischen Landeskirchen dieser Herausforderung bewusst? Zuspruch und Anspruch gleichermaßen zu lehren? Die Ergebnisse der jüngsten Kirchenmitgliedschafts-Untersuchungen[78] haben erschreckend deutlich offengelegt, dass evangelischer Glaube nicht mehr generationsübergreifend weitergegeben wird. Wir stehen vor der bitteren Einsicht, dass wir außer bei den sogenannten „Hochverbundenen" nicht damit rechnen können, dass sich „evangelisch sein" einfach weitervererbt. Dazu reicht keine „automatische" Taufe, sondern der Glaube muss auch im Leben ankommen – sehr individuell und biografisch, aber doch mit Relevanz.

Auch deshalb ist es wichtig und gut, dass die christlichen Kirchen sich im Bereich der Arbeit mit Kindern, in Krippen, Kindertagesstätten, aber auch mit Krabbelgottesdiensten, Eltern-Kind-

Kreisen und vielem mehr, breit aufstellen und einladend, offen und kindgerecht die Schönheit und die Lebenskraft des christlichen Glaubens aufscheinen zu lassen. Es ist gut, dass Glaubenskurse in einer früher nie dagewesenen Breite in unseren Kirchengemeinden und Kirchenregionen verankert werden. Dennoch braucht es noch viel mehr dieser unterschiedlichen Ansätze.

Wir wissen aus der Milieuforschung, dass wir nur einen begrenzten Teil der Gesellschaft wirklich über das Angebot der Glaubenskurse erreichen können, und es ist schön zu sehen, wie sich besonders seit dem Reformationsjubiläum ganz unterschiedliche Wege zu den Menschen entwickeln. In diesen Monaten, in denen wir mit einer Pandemie leben müssen, haben wir zum Beispiel gemerkt, dass digitale Angebote zwar analoge Begegnungen nicht ersetzen können, aber doch Wege zu Menschen eröffnen, die wir mit unseren kirchlichen Angeboten früher nie erreicht hätten. Es ist unabdingbar, dass wir diese neuen Begegnungsformen und Räume auch in der Zukunft weiter pflegen und entwickeln.

Der Pietismus und die Erweckungsbewegungen haben immer betont, dass zu der tiefen biblischen Erkenntnis, dass wir bedingungslos von Gott angenommen sind, auch ein erneuerter Lebenswandel, das „Wachsen im Glauben", die Heiligung gehört. So kritisch ich an anderer Stelle die Impulse der Heiligungsbewegung hinterfragt habe, so deutlich ist doch, dass es im Glaubensvollzug eine passive und eine aktive Seite gibt. Wir können uns unser Heil nicht durch geistliches Wachstum und gute Taten verdienen, aber das von Gott geschenkte Heil verändert auch das konkrete Leben eines Menschen.

Walter Michaelis, der langjährige Präses des Evangelischen Gnadauer Gemeinschaftsverbandes, sah in der Betonung dieser geistlichen Erkenntnis einen Dienst der Gemeinschaftsbewegung an der evangelischen Kirche. Er sprach dabei von einem „Gesetz der Polarität", in dem Gottes Stiftungen und Gottes Wirkungen gleichermaßen zur Geltung kommen. Kirche ist da, wo, wie in der *Confessio Augustana*, Artikel VII, beschrieben, das Evangelium rein gelehrt und die Sakramente Taufe und Abendmahl richtig dargereicht werden. Das sind Gottes *Stiftungen* an seine Kirche. Aber hinzu treten Gottes *Wirkungen*, indem er eine „Versammlung der Gläubigen" schafft und diese Gläubigen gemeinsam im Verständnis des Evangeliums und im Leben wachsen. Gottes Heil wird mir geschenkt und verändert zugleich mein Leben, ganz individuell und doch tiefgehend.[79]

Evangelische Heiligung, die man gern ganz anders nennen darf – „Leben in der Nachfolge" oder „Glaubenspraxis" etwa –, ist ein zentrales Thema für die Zukunft der evangelischen Kirchen in unserem Land. Gesundes Wachstum von Kirchen geschieht qualitativ und oftmals dann auch quantitativ.

Aber dieser Zusammenhang wendet sich auch kritisch gegen die Kirchen und Bewegungen, die das Thema der „evangelischen Heiligung" stark betonen. In den vergangenen Jahren bin ich sehr sensibel für das Thema des „geistlichen Missbrauchs" geworden. Gerade da, wo christliche Gruppierungen besonders verbindlich Jesus Christus nachfolgen wollen und Gemeinden hierarchische, auf einzelne Führungspersonen zugeschnittene Leitungsverständnisse haben, wächst die Gefahr von Fehlentwicklungen.

Die Antwort auf derartigen Missbrauch kann nicht in der grundsätzlichen Infragestellung verbindlichen Glaubenslebens liegen, sondern im immer neuen Einüben einer Form der Führung und Glaubensvermittlung, die Menschen zu einer mündigen Nachfolge befreit. In diesem Sinne werbe ich sehr dafür, dass wir die Verbindlichkeit des Glaubens nicht als Einengung von Menschen begreifen oder praktizieren, sondern als individuelle Entwicklung ihres geistlichen Potenzials. Darin liegt eine notwendige und authentische Perspektive der evangelischen Kirchen im 21. Jahrhundert. Das wird die zunehmende Erosion der Mitgliederzahlen nicht aufhalten. Aber es könnte ein Fundament bereiten, von dem aus evangelischer Glaube dann auch wieder zu den „essentials" gehört, die Menschen gern in ihren Familien und Lebensbezügen leben und auch weitergeben.

In der ganzen Bibel, wie auch in der gesamten Kirchengeschichte, erleben wir Menschen, die durch Gottes Liebe und Güte angesprochen und verwandelt werden. Dieses „neue Leben" ist dabei ein Geschenk, das ich mir nicht selbst machen kann, und gleichzeitig eine Aufgabe, die ich sehr wohl beeinflussen und gestalten kann. So kommen „objektive und subjektive" Glaubensdimension zusammen und genau darum geht es.

So sehr ich einer Indifferenz gegenüber einem verbindlichen Glaubensleben widersprechen möchte, so sehr widerspreche ich auch der Fixierung auf die eigene Entscheidung eines Menschen, sich zu bekehren, wie sie sich mancherorts im evangelikalen Bereich durchgesetzt hat. Wie die Bekehrung und Wiedergeburt eines Menschen geschieht, ist ein tiefes Geheimnis, das nicht nach einem festzulegenden Schema abläuft. Wir finden viele Aufrufe im Alten wie im Neuen Testament zur Umkehr, zum Glauben. Wir werden aber auch immer wieder mit der Erkenntnis konfrontiert, dass eine völlige Veränderung dem Menschen aus sich selbst heraus gar nicht möglich ist. Und es gibt sehr wichtige und tiefgehende Passagen des Neuen Testaments, die ganz deutlich von einer „Erwählung" sprechen (Joh. 15,16; Eph. 1,4; Röm. 8,29 ff.; 9, 14 ff. u. a.). Wer die Bibel aufmerksam liest, kann nicht wirklich vertreten, dass ein Mensch sich selbst zu seiner Bekehrung entscheidet.

In meiner eigenen geistlichen Prägung war die bewusste Entscheidung für Jesus immer ein wichtiger Punkt. Obwohl ich christlich erzogen wurde, obwohl ich meinen Glauben auch bewusst praktizierte, ließ mir diese Frage keine Ruhe und so habe ich am 1. Juli 1977 (in einer bestimmten pietistischen Tradition sind derartige Datumsangaben sehr wichtig) mit meinem Seelsorger ganz bewusst ein sogenanntes „Übergabegebet" gesprochen. Ich war damals dankbar für diese Erfahrung und ich bin es auch noch heute. Aber genauso muss ich sagen, dass in den folgenden Jahren meine Taufe in ihrer Bedeutung für meine Gottesbeziehung immer mehr in den Vordergrund rückte. Diese Taufe, etwa einen Monat nach meiner Geburt vollzogen, drückt für mich aus, dass mein Glaube nicht auf meiner Entscheidung für Gott, sondern auf Gottes Entscheidung für mich beruht. Ich bin ein Gehaltener und das trägt mich in guten und in schweren Zeiten.

Nach meinem Verständnis lassen sich viele biblische Wahrheiten nicht mit Logik allein erfassen:

- Jesus ist ganz Mensch und ganz Gott und beide Naturen sind in ihm ungetrennt und unvermischt. So hat es das Konzil von Chalcedon 451 unlogisch, widersprüchlich, aber eben im tiefsten hilfreich beschrieben.
- Wir sehen Gott als eins und zugleich als drei.
- Wir sprechen davon, dass in der ehelichen Verbindung zwei Menschen eins werden.

- Paulus redet davon, dass wir „schaffen sollen, dass wir selig werden", nur um im nächsten Satz zu sagen, dass „alles an Gottes Wollen und Vollbringen" liegt (Phil. 2,12 f.).

Für unsere theologische Frage bedeutet das, übrigens durchaus auch semitischem Denken entsprechend, dass wir die Erwählung Gottes und den Aufruf zur Veränderung gleichermaßen beachten sollen. Die Erwählungslehre ist nur zutiefst seelsorgerlich in dem Sinne zu verstehen, dass mein Heil in den Händen des mich liebenden und erwählenden himmlischen Vaters geborgen ist. Und der Aufruf zur Umkehr und Veränderung nimmt ernst, dass Menschen auch im Sinne ihrer Gottebenbildlichkeit auf Gottes Zuspruch eigenverantwortlich antworten können. Deshalb macht es absolut Sinn, das Evangelium öffentlich zu verkünden und Menschen auf würdige und ansprechende Weise zur Umkehr zu Gott einzuladen. Es macht Sinn, auf das große *Ja* Gottes mit einem eigenen *Ja* zu antworten, ohne dass damit gesagt sein soll, dass dies einmalig und punktuell geschehen muss. Menschen können auch schrittweise in einen lebendigen Glauben hineinwachsen oder die Intensität ihrer Gottesbeziehung verläuft in Wellen. Es geht nicht um datumsfixierte Spontanbekehrungen und es geht nicht um eine undifferenzierte Hauruck-Entscheidung, die das Geheimnis um Erwählung und Willensentscheidung nicht achtet.

Mir gefällt gut, wie Tomáš Halík die momentane gesellschaftliche Entwicklung als eine Chance für die Kirchen beschreibt, um wieder ein umfassendes Verständnis von Umkehr zu gewinnen: *„Vielleicht sind wir uns bisher nicht ganz der wunderbaren Chance bewusst, die sich uns in einer Zeit bietet, in der das Christentum aus unserer Kultur als deren selbstverständlicher Rahmen entschwindet,* als »die Religion«, d. h. als eine Angelegenheit der Tradition, Autorität, Gemeinschaft, als ein überliefertes Gut. Über viele Jahrhunderte hinweg, als das Christentum in der europäischen Gesellschaft noch prägend war, brachte es zwar kulturell und sozial viel Gutes, und dennoch sind Millionen von Christen offensichtlich um etwas gebracht worden, was dem christlichen Glauben wesentlich ist, nämlich um die Erfahrung der Umkehr, der metanoia: Umkehr nicht im Sinne einer Konversion als des Übergangs vom Unglauben zum Glauben oder von einer Konfession zu einer anderen, sondern verstanden als eine Verwandlung des Lebens, zu der Jesus von Nazareth (in den Spuren der Propheten) ununterbrochen aufforderte.“[80]

In den Kontext von Mission und Nachfolge gehört auch ein erneuertes Nachdenken über die sogenannten „Grundfragen des Glaubens und Lebens“. Gerade in diesen Zeiten der Pandemie sind die christlichen Kirchen herausgefordert, Antworten auf schwierige Fragen zu geben. Ist Corona eine Strafe Gottes? Was ist angesichts des vielfachen Leids und des tausendfachen Todes aus christlicher Quelle zu sagen? Immer wieder wurde der Vorwurf laut, die Kirchen hätten sich nicht deutlich genug zu Wort gemeldet, wären seelsorgerliche und richtungsweisende Antworten schuldig geblieben und hätten sich darauf beschränkt, die Politik der Bundesregierung „abzusegnen“.

Jetzt, im April 2021, während ich diese Zeilen schreibe, leuchtet mir diese Kritik noch weniger ein als im vergangenen Jahr. Selbstverständlich gab es Fehleinschätzungen und mussten wir allesamt die Pandemiebewältigung erst lernen (und lernen immer noch). Aber was ist in diesen schwierigen Monaten nicht alles geschrieben und gesagt worden: lokal, regional und national – gerade auch von den jeweils verantwortlichen kirchlichen Vertreter*innen.

Schon im März 2020 gab es, erstmalig überhaupt in dieser bedeutsamen Dreierkonstellation, unter der Überschrift „Beistand, Trost und Hoffnung" eine richtungsweisende Erklärung der Vorsitzenden der Deutschen Bischofskonferenz, des Rates der Evangelischen Kirche in Deutschland und der orthodoxen Bischofskonferenz.[81]

Eine gute Darstellung der unterschiedlichen Diskussionen und zugleich eine pointierte eigene Stellungnahme bietet der Aufsatz des Ratsvorsitzenden Heinrich Bedford-Strohm, „Wo ist Gott in der Pandemie"[82]. Sehr grundsätzlich auch das Votum der UEK, „Das Handeln Gottes und die Erfahrung des Glaubens".[83] Und es freut mich, dass in dieser Krisenzeit die Verlautbarungen aus evangelischer und aus pietistischer und evangelikaler Welt große Gemeinsamkeiten aufweisen. Aus alledem wird deutlich, dass wir als Christenmenschen zu den Krisenerfahrungen unserer Zeit theologisch und seelsorgerlich Substanzielles zu sagen haben – wenn wir es denn wahrnehmen wollen.

11.

DAS KREUZ DER LIEBE GOTTES: UMKÄMPFTE ETHISCHE THEMENFELDER

Als nun Jesus ihren Glauben sah, sprach er zu dem Gelähmten: Mein Sohn, deine Sünden sind dir vergeben. Es saßen da aber einige Schriftgelehrte und dachten in ihren Herzen: Wie redet der so? Er lästert Gott! Wer kann Sünden vergeben als Gott allein? Und Jesus erkannte sogleich in seinem Geist, dass sie so bei sich selbst dachten, und sprach zu ihnen: Was denkt ihr solches in euren Herzen? Was ist leichter, zu dem Gelähmten zu sagen: Dir sind deine Sünden vergeben, oder zu sagen: Steh auf, nimm dein Bett und geh umher? Damit ihr aber wisst, dass der Menschensohn Vollmacht hat, Sünden zu vergeben auf Erden – sprach er zu dem Gelähmten: Ich sage dir, steh auf, nimm dein Bett und geh heim! Und er stand auf, nahm sein Bett und ging alsbald hinaus vor aller Augen, sodass sie sich alle entsetzten und Gott priesen und sprachen: Wir haben so etwas noch nie gesehen.

Markus 2,5–12

Ich liebe diese Geschichte. Für mich beschreibt sie auf unnachahmliche Weise das Zentrum des Handelns Gottes und ermutigt uns dadurch, in diesem Blickwinkel zu glauben, zu hoffen und zu lieben.

Ich finde die „Kreativität der Liebe", die sich im völlig unorthodoxen Handeln der Freunde zeigt, einfach klasse. Es hat auch eine wesentliche theologische Bedeutung, dass Jesus den Gelähmten aufgrund des Glaubens und des offensichtlichen Zutrauens seiner Freunde heilt. Aber vor allem bewegt mich, wie umfassend Jesus sich dem Kranken zuwendet. Jesus sieht zuerst die durch die Sünde zerstörte Gottesbeziehung. Jesus, der Heiland, tut damit etwas, was wohl niemand in dieser Szene erwartet hätte und das wirkt zuerst einmal recht unsensibel: ein offensichtlich stark körperlich leidender Mensch und Jesus redet von Sünde! Voll daneben? Nein, schon deshalb nicht, weil Jesus nicht nur über Sünde redet, sondern sie vergibt. Einfach so – frei! Als Geschenk – ohne dass wir etwas lesen würden von Sündenbekenntnis, von Zerknirschung oder Reue. Das Geschenk der Gnade vom Gnadenmeister höchstpersönlich. Manchmal vergessen wir in der nachfolgenden Auslegung dieses Wunder. Da geht es dann „nur" um die körperliche Heilung und wir übersehen, dass da einer, befreit von Schuld und Krankheit, wirklich aufstehen, *auf-stehen* konnte. Das zeichnet die Autorität Jesu aus, dass er tiefer sehen kann und sich nicht abhängig macht von dem, was man auf den ersten Blick sieht. Diese unabhängige Freiheit, tiefer zu blicken, sollten wir uns auch bewahren.

Es ist sehr deutlich, dass für Jesus die zerstörte Beziehung zwischen Geschöpf und Schöpfer höchste Priorität hat. Damit wird die *Heils*-Frage unübersehbar in den Mittelpunkt gestellt und niemand, der diesem Jesus nachfolgt, kommt an ihrer zentralen Bedeutung vorbei. Ich wünsche mir, dass wir das nie vergessen, auch heute, über 2.000 Jahre später. Das ist die Kern-Berufung der Kirche – Brücke für diese Beziehung zwischen Geschöpf und Schöpfer zu sein.

Erstaunlicherweise ist es vielleicht erst der Unmut der Zuschauenden über diese gotteslästerliche Anmaßung, der dazu führt, dass Jesus seine Autorität, Sünden zu vergeben, durch die Heilung des Kranken unterstreicht. Aber genau so entsteht an dieser Stelle etwas absolut Heiliges: Jesus, der seinem geplagten Gegenüber seine Sünden vergeben hat, ohne dass wir überhaupt wissen, ob der Kranke unter seiner Sündenlast bewusst litt, dieser Jesus heilt nun seine körperlichen Leiden. Zum *Heil* kommt Jesu Sorge um das *Wohl* des Menschen und so entsteht, wenn ich das mal geometrisch beschreiben darf, im Schnittpunkt von Vertikale und Horizontale, welch eine Überraschung: ein Kreuz. Nein, wir sollten die Heilsfrage nicht ihrer primären Bedeutung berauben und nein, wir sollten keinesfalls bei ihr allein stehen bleiben. Heil und Wohl, das gehört in Jesu Botschaft untrennbar zusammen – beides verweist jeweils aufeinander und so entsteht etwas wirklich Heiliges: das Kreuz der umfassenden, ganzheitlichen Liebe Gottes.

Wie schmerzlich, dass die Frage nach Heil und Wohl in den vergangenen Jahrzehnten auch zum Zankapfel zwischen verschiedenen Frömmigkeitsprägungen wurde. Manchmal schien es, als werde auseinandergerissen, was untrennbar zusammengehört.

Selbstverständlich haben die evangelischen Kirchen nie aufgehört, die Heilsfrage zu thematisieren – das geschieht doch wirklich in jedem Gottesdienst, bei jeder Feier des Heiligen Abendmahls und in vielen seelsorgerlichen Begegnungen. Aber in unserer

Medienwelt war natürlich lauter und häufiger von den horizontalen Herausforderungen zu hören. Es ging wohlbegründet und biblisch verankert um „Frieden, Gerechtigkeit und Bewahrung der Schöpfung", sodass es manchmal den Anschein hatte, als sei die Heilsfrage nur noch nebensächlich. Oder noch schlimmer: als gehe die Vertikale der Gottesbeziehung in der Horizontalen der sozialen und politischen Fragen einfach auf. Nein, es geht mir nicht um eine individualistisch verengte Sicht von Heil. Das wird gleich noch deutlich werden. Es geht mir darum, dass die Vertikale nie und nimmer durch die Horizontale ersetzt werden kann.

Eine ermutigende Erfahrung war es für mich, dass die im November 2020 von der EKD-Synode verabschiedeten ursprünglichen 11 Leitsätze zur Zukunft der Kirche auf 12 erweitert und umgestellt wurden. War im ersten Entwurf dem öffentlichen Handeln der Kirche die erste These gewidmet, so ist die „öffentliche Verantwortung" in der Endfassung an die dritte Stelle hinter „Frömmigkeit" und „Seelsorge" gerutscht. Das finde ich angemessen und mir geht es dabei nicht um eine etwa mit sich selbst beschäftigte Kirche, sondern um eine Kirche, die ihre Kraft zum Reden und Handeln aus ihrer Glaubensmitte schöpft. Und so heißt es jetzt im ersten Leitsatz:

*„**Wir leben unseren Glauben.** Der Glaube an Jesus Christus gewinnt Gestalt als Frömmigkeit, die persönliche Haltung, christliche Traditionen und praktische Spiritualität verbindet. Frömmigkeit ist die freie, selbstbewusste Form, Gott in Jesus Christus nachzufolgen und in dieser Welt zu bezeugen. Sie bleibt angewiesen auf Gemeinschaft, auf Rituale und Formen. Sie braucht Zeiten und Räume. In einer säkularer werdenden Gesellschaft wird die Weitergabe des christlichen Glaubens und die Einübung einer evangelischen Frömmigkeit an Bedeutung*

gewinnen ... Grundlage und Kraftquelle unseres Glaubens ist das Evan-
gelium von Jesus Christus; es verheißt Gottes Heil für die Menschen
und die Welt. Christliche Glaubenserfahrung kann so zur Lebenswirk-
lichkeit und Lebenshilfe werden. Sie gründet in der Bibel, orientiert sich
am Bekenntnis und schöpft aus dem Reichtum kirchlicher Traditionen.
Sie gewinnt Gestalt in einer lebendigen Frömmigkeit, die geistliche Pra-
xis und kritische Reflexion verbindet. Evangelische Spiritualität gestal-
tet sich in der Kirche in großer Vielfalt in Wort und Tat. Eine vielfäl-
tige Kirchenmusik gehört ebenso dazu wie eine breite Bildungsarbeit,
kommunitäre Lebensformen ebenso wie das evangelische Pfarrhaus,
große Events wie der Kirchentag ebenso wie die seelsorgliche Beglei-
tung einzelner Menschen, der Bibelkreis ebenso wie der Verkauf von
Fair-Trade-Produkten in der Kirche, der Rückzug in die Stille des Gebe-
tes ebenso wie das gesellschaftspolitische Engagement für Gerechtig-
keit, Frieden und Bewahrung der Schöpfung, die Unternehmensdiako-
nie ebenso wie ehrenamtliche Nachbarschaftshilfe. Wir wollen diesen
Reichtum erhalten."[84]

Niemand wird der pietistischen und evangelikalen Bewegung
vorwerfen können, dass sie sich nicht ausdauernd um das Wohl
der Menschen sorgt. Das ist so. Aber wenn wir mal ehrlich sind,
ging es dabei häufig vor allem um „Seelenrettung".

„Wir haben keinen Auftrag, die Welt zu verändern. Jesus hat
kein soziales Evangelium verkündigt – schau dir den Irrweg der
evangelischen Landeskirchen an. Sie reden nur noch von dem,
was Politiker und Sozialarbeiter eigentlich besser können." So und
noch schärfer war und ist es immer wieder zu hören. Die Gefahr
ist groß, dass die einen „eine heillose Welt" und die anderen „ein
weltloses Heil" jeweils in den Mittelpunkt stellen. Ich weiß, dass
das – mal wieder – überspitzt formuliert ist, aber eine gewisse

Einseitigkeit auf beiden Seiten, zumindest in der jeweiligen Wahrnehmung von außen, war und ist nicht von der Hand zu weisen. Umso wichtiger, dass möglichst viele auf beiden Seiten dieser viel zu simplen Aufteilung widersprechen.

Es hat sich in den vergangenen Jahren aber auch einiges verändert. Wir haben gelernt, dass die Heilsfrage von der Frage nach dem Wohl nicht getrennt werden darf. Und es ist sogar so, dass das umfassende Heil, von dem die Heilige Schrift spricht, sich gleichermaßen in der Gottesbeziehung wie auch in der Beziehung der Menschen zueinander ausdrückt. Es ist wichtig, auch die gewachsenen Gemeinsamkeiten wertzuschätzen, anstatt auf unterschiedlichen Seiten des Grabens darauf zu warten, dass „die anderen so ticken wie wir"! Für mich ist der inzwischen gewachsene „common ground" eine Antwort auf Gebete und eine reale Erfahrung der Geistesgegenwart des lebendigen Gottes. Das widerspricht natürlich allen, die nur eine Geschichte des Abfalls der Kirche(n) kennen (wollen), aber es ist eine Perspektive, die dankbar macht und zum weiteren Austausch, zum gegenseitigen Lernen motiviert. Denn in der gegenseitigen Herausforderung, im Ansehen und Austauschen der jeweiligen Kostbarkeiten aus dem christlichen Schatz entsteht Fruchtbares und Gutes für alle Beteiligten.

Auch da, wo Fragen offen bleiben und weitere Klärungen nötig sind. Die evangelikale Welt ist teils zerstritten über Begrifflichkeiten wie „missionarisch" oder „missional". „Bekehrung" oder „Gesellschaftstransformation" lauten die in ihrer Gegenüberstellung schon vollkommen missglückten Bekenntnisfragen, die außerhalb der evangelikalen Bewegung kaum verstanden werden.

Ich habe mich von Anfang an dafür eingesetzt, dass wir diesen „heiligen Boden", auf dem es – in der Nachfolge – um Heil und

Wohl geht, nicht aufgeben. Die Irritationen darüber sind noch nicht beendet. Man mag den Begriff „Gesellschaftstransformation" trotz seiner neutestamentlichen Bezüge zu Römer 12,2 für überzogen halten, aber kann mir jemand sagen, *was*, wenn nicht die christliche Botschaft, denn diese Welt und die damaligen und heutigen Gesellschaften verändert hat und noch verändern kann? Wollen wir uns unsere Welt ohne das Evangelium vorstellen? Wie kann man leugnen, dass sich aus einer erneuerten Gottesbeziehung das Leben der Menschen untereinander und miteinander wirklich und grundlegend verändert und verändern soll? **Wenn am Ansatz der Gesellschaftstransformation etwas neu gewesen ist, dann die Ernsthaftigkeit, mit der genau diese Bedeutung des Evangeliums in den Fokus gerückt wurde, und die feste Überzeugung, dass eine Konzentration auf individuelles Seelenheil der biblischen Botschaft nicht gerecht werden kann.**[85] Es ist begrüßenswert, dass der Blick über die nach wie vor bedeutsame Hinwendung zum Individuum auch auf gesellschaftliche und strukturelle Fragen gelenkt wurde.[86]

Wenn ich genauer nachfrage, was manche evangelikale Christenmenschen an diesem erweiterten, aber der biblischen Botschaft entsprechenden Ansatz so stört, stoße ich sehr häufig auf diffuse Angst. Angst davor, dass das Evangelium „verwässert" werden und die Perspektive auf das Seelenheil des Einzelnen verloren gehen könnte. Wie schon weiter oben beschrieben führt die Reaktion auf eine empfundene Einseitigkeit häufig zu einer Verstärkung der eigenen Einseitigkeit und damit in die fortgesetzte Polarisierung. Vor so einer Entwicklung sind wir alle nicht gefeit – ich weiß, wovon ich rede. Aber klar ist doch, dass dabei die eigentlich vorhandene gemeinsame Mitte immer mehr verschwindet und dass die eigene Angst zu einem (schlechten) Ratgeber wird.

Wie zutreffend diese Beobachtung ist, habe ich in den vergangenen Jahren immer wieder erlebt. Ich schildere einmal eine Erfahrung aus dem Jahr 2015, als ich die Leserschaft im Editorial von *idea* dazu ermutigte, sich nicht von der Angst leiten zu lassen. Meine offensichtliche Ignoranz gegenüber einer weit verbreiteten konservativen Gemütslage, die sich damals von Eurokrise, Russland-Ukrainekonflikt, Flüchtlingsströmen, Griechenlandmilliarden und gegenderten Bildungsplänen geradezu überrannt sah und deshalb auf eine komplexe und als bedrohlich empfundene Situation eben mit „Angst" reagieren wollte, reizte viele zum Widerspruch: Auch Jesus habe Angst gehabt, siehe sein Zittern und Zagen im Garten Gethsemane, bekam ich zu hören, und außerdem sei meine Aufforderung, auf die beachtlichen Herausforderungen mit Zuversicht und Gottvertrauen zu reagieren, aus dem biblischen Zusammenhang gerissen und unpassend.

Ich bemühe mich immer, Kritik ernst zu nehmen, aber in diesem Fall kann ich nur noch einmal wiederholen: Wer angesichts einer komplizierten gesellschaftlichen und weltpolitischen Situation, durch die momentan erlebte Pandemie und ihre noch gar nicht überschaubaren Folgen weiter verstärkt, das eigene Schiffchen lieber im sicheren Hafen der wohlvertrauten eigenen Wahrheiten liegen lassen und den lieben Gott ansonsten einen „guten Mann" sein lassen will, der hat von Berufung und Nachfolge nicht allzu viel verstanden. Der „sichere Boden" in den Stürmen und Herausforderungen der Zeit ist nicht der Rückzug, sondern die Sendung: **Genau da beginnt das Leben im Glauben, wenn wir nicht mehr aus unseren eigenen Gewissheiten** leben können, wenn uns eben nicht mehr trägt, dass „die anderen" genauso glauben wie ich auch, sondern wir uns mit unserem Herrn in die Stürme der Zeit hineinwagen. Weil das Evangelium seine Kraft eben nicht im Schaukelstuhl der eigenen religiösen Bequemlichkeit, sondern auf den Marktplätzen und in den Grenzgebieten unserer Zeit entfaltet.

Und deshalb gibt es keine Alternative zu einem gesellschaftsrelevanten Christsein, das in der Tat gefährdet ist, die Balance zwischen Heil und Wohl immer wieder zu verlieren. Aber ohne dieses Wagnis gibt es ebenfalls keine Ausgewogenheit. Viele tun sich bis heute schwer damit, dass man nicht nur auf der liberalen, sondern auch auf der evangelikalen Seite „vom Pferd fallen", die Balance des verheißungsvollen Weges der Nachfolge verlieren kann. Ich kann aber persönlich bezeugen, dass der „Absturz" auf beiden Seiten gleichermaßen schmerzhaft ist, gleichermaßen falsch und gleichermaßen „jesusfern".

Vor diesem Hintergrund werde ich mich nun mit einigen sehr umstrittenen ethischen Fragestellungen auseinandersetzen. Gewiss nicht zum ersten und wohl auch nicht zum letzten Mal, aber genau deshalb, weil auf dem heiligen Boden von Heil und Wohl auch diese Fragen eine große Bedeutung haben.

In den Vorbereitungen auf dieses Buch war ich etwas ratlos, auf welchen Ethikentwurf ich mich dabei beziehen könnte. Es gibt im pietistischen und evangelikalen Bereich nur wenige einigermaßen aktuelle Entwürfe, die ich mir dazu hätte vorstellen können.[87] Nun ist Anfang dieses Jahres der erste Band einer mehrbändig angelegten „Ethik zu Selberdenken" von Thorsten Dietz und Tobias Faix erschienen.[88] Diesem Ethikentwurf schließe ich mich vollumfänglich an. Aus meiner Sicht gelingt ihnen die so wichtige Verbindung von biblischem Zeugnis und verantwortlicher Gegenwartsgestaltung.

Denn das ist völlig klar und eindeutig für mich: Es geht mir um eine christliche Ethik, die biblisch fundiert, theologisch verantwortlich und kontextuell sensibel ist. Und ich bejahe die grundsätzliche Intention einer „Ethik zum Selberdenken", die in unserer heutigen Zeit den Einzelnen zu mündigem Verhalten motivieren will. Mir gefällt an diesem ethischen Entwurf, dass er sich auf die vermeintlichen Alternativen zwischen einem gesinnungs- oder prinzipienethischen und einem situationsethischen Ansatz nicht weiter einlässt. Eine tragfähige ethische Entscheidung braucht beides: eine Orientierung an grundlegenden Prinzipien, Normen und Werten UND ein ernsthaftes Wahrnehmen der konkreten Situation und ihrer Umstände. In diesem Sinne muss jedes ethische Urteil zugleich norm- und sachgerecht sein.[89] Hier besteht heute ein weiter Konsens. Für eine derartige ethische Positionierung hat sich der Begriff der „Verantwortungsethik"[90] durchgesetzt. Offen bleibt dabei dann aber die Frage, wie die Orientierung an übergeordneten Prinzipien und an einer konkreten Situation in ein ethisches Urteil einfließen. Was sind denn die „übergeordneten Prinzipien", die sich durch die Zeiten hindurch auf konkrete Situationen anwenden lassen? Und wie bedeutsam schätzt man etwa den kulturellen Wandel zwischen den biblischen Welten und unserer heutigen Zeit ein?

Genau hier beginnen die wirklichen Probleme. Sie erinnern sich? Haltungen, welche zu direkt und schnell vom biblischen Text auf heutige Sachverhalte schließen oder die so sehr dem Text verhaftet sind, dass die Menschen als Gegenüber völlig austauschbar und letztlich irrelevant erscheinen, habe ich mit „eher fundamentalistisch oder biblizistisch" umschrieben. **Ich bin zutiefst davon überzeugt, dass wir bei einer ethischen Urteilsfindung den tiefgreifenden kulturellen Wandel zwischen „damals und heute" berücksichtigen müssen, durch den sich die Rahmenbedingungen des Lebens weitreichend verändert haben.**[91]

Vor diesem Hintergrund ist es fruchtbar, die Bibel als Entdeckungs-, Begründungs- und Verstehens-Raum[92] ethischer Orientierung zu begreifen und angesichts eines ethischen Problems die biblischen Aussagen daraufhin zu befragen, ob es sich um ein historisches Einzelfallurteil, allgemeine Regeln für eine bestimmte Zeit oder ein bestimmtes Volk oder um ein grundlegendes Prinzip handelt. Aus der Bibel entnehmen wir auch die Unterscheidung von konkreten Geboten, von Haltungen und zentralen Werten und die Frage, wie sich der Gesamtplan – Dietz und Faix nennen das im Anschluss an N. T. Wright die „Story" Gottes – dazu verhält.[93] Die grundlegenden Prinzipien, die die Autoren dann im intensiven Hinhören auf die biblischen Texte und deren Gesamtbotschaft herausarbeiten, sind Liebe, Freiheit und Gerechtigkeit.[94]

Bei diesen grundlegenden Prinzipien geht es um das gute Leben[95] im umfassenden Sinn. Das ist wichtig, gerade in einer Zeit, die so unübersichtlich ist und in der viele Menschen stabile Orientierungshilfen suchen. Es wäre sicher praktisch, wenn man zu allen Lebensfragen einfach eine Bibelstelle zitieren könnte. Gerade bei Jesus kann man aber lernen, dass das so nicht funktioniert. Ich will in einer ethischen Orientierung deshalb bewusst auch danach fragen, wo etwas „gut" ist:

„Der Ruf nach Regeln und nach Ordnung wird in Zeiten des »Durchdringens der Welten« immer häufiger erklingen. In diesem Zusammen-

hang fällt mir eine Szene aus dem Schauspiel »Die Mutter« von Karel Čapek ein. Auf die Frage, was das denn sei, eine Ordnung herstellen, antwortet der faschistische Konservative Kornel: »Man stellt die Dinge wieder dahin, wo sie waren«, während sein Bruder Peter, ein radikaler Sozialist, behauptet: »Man stellt die Dinge dahin, wo sie sein sollten.« Die Mutter hat jedoch eine andere Auffassung von Ordnung – Ordnung bedeutet »die Dinge dahin zu stellen, wo es ihnen gut geht«. Geben wir uns aber nicht allzu stolz der Illusion hin, dass wir wüssten, wo die Dinge sein sollen; verschwenden wir nicht die Zeit mit vergeblichen Versuchen, sie dorthin zu stellen, wo sie waren, weil das nicht mehr geht (wir wissen es ja gar nicht mehr richtig). Der Kirche würde eine mütterliche Weisheit stehen: still, demütig und ausdauernd für die Dinge (und für die Menschen) einen Platz zu finden, wo es ihnen wirklich gut geht." [96]

Mir ist völlig klar, dass die Vertreter*innen eines eher fundamentalistischen oder biblizistischen Ansatzes diesen Weg nicht mitgehen. Wir werden über unsere unterschiedlichen Meinungen dazu, inwieweit konkrete biblische Aussagen für eine heutige ethische Urteilsbildung maßgeblich sein können, nicht hinwegkommen. Aber bitte beachten Sie: Es geht mir um die Glaubwürdigkeit der pietistischen und evangelikalen Bewegung in unserer heutigen Zeit. Und dazu gehört auch eine christliche Ethik, die biblisch begründet und aussagekräftig Stellung bezieht zu den Werten und Normen, die unsere Gesellschaft heute prägen. Zumal diese Werte und Normen sich zumeist noch aus den jüdisch-christlichen Wurzeln unseres Gemeinwesens herleiten lassen. **Ich rede also nicht einer zeitgeistigen Beliebigkeit das Wort, sondern es geht mir um eine pietistische und evangelikale Bewegung, die das biblische Wort und die heutigen Menschen gleichermaßen im Blick und Herzen hat.**

Der nun folgende Blick auf besonders umstrittene Themenfelder soll nicht die Gewissheit verdecken, dass es unter allen Christenmenschen eine große Schnittmenge ethischer Übereinstimmungen gibt, auch wenn der „Anmarschweg" dahin vielleicht unterschiedlich ist.

LEBEN ALS GESCHENK

Es ist nichts Neues, dass alle Fragen um den Schutz menschlichen Lebens sehr umkämpft sind. In den vergangenen Monaten sind neue Diskussionen um die gesetzliche Regelung der Sterbehilfe entbrannt. Nachdem das Bundesverfassungsgericht im Februar 2020 das Verbot der aktiven Sterbehilfe aufgehoben und für verfassungswidrig erklärt hatte, ist nun vom Gesetzgeber das Verhältnis zwischen Selbstbestimmung und Lebensschutz neu auszutarieren. Die christlichen Kirchen haben sich immer für einen umfassenden Schutz des Lebens ausgesprochen. Das gilt auch in den momentanen Diskussionen. Theologisch betrachtet deshalb, weil der Mensch als Geschöpf Gottes gesehen wird, der sein/ihr Leben als Geschenk empfangen hat, und strategisch auch deshalb, weil eine noch so minimale Aufweichung des Lebensschutzes fast unaufhaltsam weitere Veränderungen nach sich ziehen würde.

Es darf und soll nicht sein, dass wir Menschen darüber entscheiden, was denn nun lebenswertes Leben ist und was nicht. Es soll nicht so weit kommen, dass ein bestimmtes Maß an Vitalität, an Intelligenz, an Unversehrtheit, an mentalem Realitätsbezug Voraussetzung für ein Recht auf Leben ist. Es darf nicht sein, dass gebrechliches oder krankes Leben als „Last" empfunden wird, weder individuell noch gesellschaftlich. Es muss in unserer Gesellschaft und gerade auch im Verantwortungsbereich der Kirchen um Hilfe *beim* Sterben gehen, etwa durch einen Ausbau der Palliativmedizin und der stationären und ambulanten Hospizarbeit, aber nicht um Hilfe *zum* Sterben, als aktiven Eingriff in den Sterbeprozess.

Dieser evangelische Konsens zeichnet sich trotz aller unterschiedlichen Ansatzpunkte auch in der seit Frühjahr 2021 geführten Diskussion um die vom höchsten deutschen Gericht eingeforderte Neufassung der gesetzlichen Aussagen zur aktiven Sterbehilfe ab. Dabei ist klar, dass schon heute die Übergänge zwischen aktiver und passiver Sterbehilfe fließend sind und dass in Kauf genommen wird, wenn etwa schmerzlindernde Medikamente zugleich auch eine lebensverkürzende Wirkung besitzen. Diese Fragen sind komplex und wir können nur dankbar dafür sein, auf welch hohem, dem Thema angemessenen Niveau politisch Verantwortliche, aber auch engagierte Vertreter unserer Zivilgesellschaft inklusive der Kirchen darüber diskutieren.

Deutlich tiefere Gräben tun sich beim Thema **Abtreibung** auf. Ich will hier nicht in die Tiefe der Materie eindringen, sondern nur auf zwei strittige Hauptpunkte eingehen:

- In der jüngeren Vergangenheit ist festzustellen, dass auch in Deutschland das Thema „Abtreibung" als Anknüpfungspunkt zwischen einem Teil der pietistischen und evangelikalen Bewegung und rechtspopulistischen und teilweise auch rechtsextremen Gruppierungen fungiert. Hier wiederholen sich im Ansatz Tendenzen, wie ich sie auch am Anfang des Buches über die Verquickung des Trumpismus mit Evangelikalen deutlich gemacht habe. Auf eine klare Distanzierung der Verantwortlichen

zum Beispiel des Bundesverbands Lebensrecht von derartigen Gruppierungen und Parteien warte ich bisher
vergeblich. Das schadet aber der Glaubwürdigkeit der Bewegung insgesamt.

- Seit der 1989 erfolgten, gemeinsamen Veröffentlichung
  von „Gott ist ein Freund des Lebens" durch den Rat der
  EKD und die Deutsche Bischofskonferenz ist die Position
  klar: Abtreibungen sollen nach Gottes Willen („Du sollst
  nicht töten") nicht sein. Im Unterschied zur römisch-katholischen Kirche und auch zu einem Großteil der evangelikalen Bewegung haben sich die evangelischen Landeskirchen aber dafür entschieden, sogenannte Schwan-
  gerschaftskonfliktberatungen nach § 218a StGB auch
  weiterhin durchzuführen. Während § 218 die Rechtswidrigkeit eines Abbruchs feststellt, benennt § 218a die
  Ausnahmen von der wegen der Rechtswidrigkeit zu ver-
  hängenden Strafen, nämlich „Gefahr für das Leben oder
  die Gefahr einer schwerwiegenden Beeinträchtigung des
  körperlichen oder seelischen Gesundheitszustandes der
  Schwangeren". Die evangelischen Landeskirchen erkennen diese Notlagenindikation an und lassen sich von der
  Grundprämisse leiten, dass das Leben eines ungeborenen Kindes nur mit und nicht gegen die schwangere Mutter geschützt werden kann. Aus diesem Grund beteiligen
  sie sich an der durch § 218a vorgeschriebenen Schwan-
  gerschaftskonfliktberatung. Sie tun das als Fürsprecher
  des Lebens, und zugleich ergebnisoffen. Das heißt, dass
  schwangeren Frauen in einem schweren Konfliktfall

beigestanden werden und gleichzeitig Mut zur Annahme des ungeborenen Lebens geweckt werden soll. Dabei wird aber die Entscheidung der werdenden Mutter respektiert.

Dieser reflektierte Standpunkt wird nach wie vor von Teilen der pietistischen und evangelikalen Bewegung nicht nur nicht geteilt, sondern regelrecht diskreditiert: „Unterstützung beim Kindesmord" oder „Teilhabe an der Todesmaschinerie" und die Deklarierung der für eine Abtreibung auszustellenden Beratungsscheine als „Tötungsscheine" sind dabei noch die zitierfähigsten Ausdrücke. Es wäre wirklich hilfreich, wenn sich der Bundesverband Lebensrecht von derartigen Auswüchsen distanzieren und die ethische Verantwortlichkeit des evangelischen Beratungsweges anerkennen würde.

Umgekehrt haben sich viele Verantwortungsträger der evangelischen Volkskirche in den vergangenen Jahren zunehmend von der internationalen Lebensrechtsbewegung und auch den regionalen „Märschen für das Leben" oder dem zentralen Marsch in Berlin distanziert.

Ich kann diese Entwicklung nur mit schwerem Herzen betrachten. In der grundsätzlichen Aussage besteht ein so weitgehender Konsens und für den Schutz des ungeborenen Lebens wäre auch zukünftig so viel zu tun, dass ich diese Entzweiung, besonders in ihrer Verhärtung, nicht begreifen kann. Und um es klar zu sagen: Ich halte die differenzierte evangelische Position für angemessen und ethisch verantwortlich. Es muss eine christlich begründete Ermessensentscheidung bleiben, ob ich mich im Rahmen der bei uns geltenden Rechtsprechung für das Leben *innerhalb* des bestehenden Systems einsetze oder ob ich das von *außerhalb* tue.

Ich war in meiner Dienstzeit als Dekan der pfälzischen Landeskirche auch mitverantwortlich für Sozial- und Lebensberatungsstellen meiner Kirche, in denen nach den Vorgaben des § 218a beraten wurde. Und immer wieder geschah es, dass sich durch diese Beratungsarbeit ungewollt schwangere Frauen dann doch für das werdende Leben entschieden. Der „Preis" dieser Begleitung von Frauen in Konfliktsituationen ist die Teilhabe an einem gesetzlich höchstrichterlich legitimierten Beratungssystem, durch das letztlich auch Abtreibungen in unserem Land in einer viel zu hohen Zahl ermöglicht werden. Mir ist die Sicht der Lebensrechtsbewegung auf die Situation der Frauen zu einseitig. Es geht nicht nur um die möglichen, aber umstrittenen Folgen einer Abtreibung, es muss auch um die seelischen, familiären und materiellen Notlagen gehen, die werdende Mütter überhaupt über eine Abtreibung nachdenken lassen.

Ich empfinde große Dankbarkeit und Hochachtung für alle Menschen, die sich in diesem Bereich engagieren und dabei eben nicht diffamieren und diskriminieren, sondern sich mit ganzer Hingabe für Frauen in Konfliktsituationen und das werdende Leben einsetzen. Es wäre höchste Zeit, dass sich Menschen mit Herz und Blick für das Ganze zusammensetzen und darüber beraten, ob dieses kräfteverschleißende Gegeneinander nicht sinnvoller in einem Miteinander für das Leben genutzt werden könnte, auch wenn gewisse inhaltliche Differenzen weiterhin bestehen bleiben.

WELCHE LIEBE DARF DENN SEIN? HOMOSEXUALITÄT UND PIETISTISCH-EVANGELIKALE BEWEGUNG

Mich begleitet dieses Thema schon mein Leben lang. Und je länger ich mich damit beschäftige, desto unverständlicher ist mir, was hier geschieht. Ich erinnere mich an früheste Warnungen evangelikaler Verantwortlicher vor den Folgen, die es habe würde, wenn erst der Staat und dann die Kirchen dieses „unnatürliche Verhalten" legitimieren würden. Und zugleich an Freunde aus meiner Jugendzeit, die „anders" waren und dafür viel Spott und Sticheleien ertragen mussten. Oder an meine erste Begegnung mit „bekennenden Schwulen", die mir ein Freund aus der Gemeinschaftsbewegung vermittelt hatte. Er war einer, der sich schon vor über 30 Jahren der damals umfassenden Ablehnung nicht anschließen wollte – weil er eben mit Menschen befreundet war, die homosexuell empfanden. Auch ich habe und hatte homosexuelle Bekannte und Freunde. Einige dieser Bekanntschaften/Freundschaften gingen in die Brüche, weil die Betroffenen meine restriktive Haltung zu diesem Thema nicht mehr ertragen konnten. Weil es für sie eben nicht einfach ein „Thema" war, sondern sie existenziell betraf.

Parallel zu diesen persönlichen Erlebnissen hat sich das gesellschaftliche und kirchliche Klima um mich herum vollkommen gewandelt, mit weitreichenden Folgen auch für das Miteinander von liberal kirchlicher und konservativ pietistisch-evangelikaler Welt. Spätestens seit der Jahrtausendwende ist ein vermeintlicher Konsens der christlichen Kirchen über ihre Haltung zu homosexuellen Beziehungen sukzessive verloren gegangen. Und im gleichen Maße hat diese ethische Frage Polarisierungen in der evangelischen Welt zwischen „konservativ Bibeltreuen" und „liberal Aufgeklärten" um ein Vielfaches verschärft.

Die Ereignisse der vergangenen Jahre haben mich existenzieller mit dieser Frage verbunden als mit jeder anderen ethischen Frage und meine Ansichten haben sich gewandelt. Das hätte ich selbst nicht gedacht. Ich erinnere mich noch an ein Gespräch mit meiner Frau Eveline, etwa vor zehn Jahren, in dem wir uns sinngemäß vergewisserten, dass wir, bei aller Liebe zu homosexuellen Menschen, unsere konservative Meinung zur Homosexualität nie würden ablegen können. Nie…

Und dann kamen die Reaktionen auf meine klassisch-konservativen Ausführungen zu diesem Thema in meinem Präsesbericht 2011.[97] Ich war auf einige Reaktionen gefasst gewesen – das erwartbare Schulterklopfen der Gleichgesinnten und die wütenden Angriffe einer wirklich oftmals überlauten „Homolobby". Beides kam auch, aber worauf ich nicht vorbereitet gewesen war, waren die leisen und vorsichtigen Anfragen betroffener Menschen aus der Gemeinschaftsbewegung selbst. Anfangs waren es die Eltern, Geschwister, Partner*innen von homosexuellen Menschen, die einst oder immer noch in der Gemeinschaftsbewegung ihre Heimat hatten und die mich fragten, ob ich bereit wäre, ihre Geschichte zu hören. Dann trauten sich meine schwulen und lesbischen Geschwister selbst. Immer – bis heute – unter dem Siegel der absoluten Verschwiegenheit, aus Angst, aus Scham, aufgrund schlechter Erfahrungen, was mich heute zusätzlich beschämt. Was ich da zu hören bekam an Verletzungen, an Verurteilungen, an tiefen Selbstzweifeln, an sinnlosen sogenannten „Therapieversuchen", an suizidalen Gedanken, an Doppelleben und vielem mehr, das hat mich wirklich zutiefst erschüttert.

Es gibt ja immer mal wieder Menschen, die mit Stolz und Selbstgewissheit davon sprechen können, wesentliche Überzeugungen im Laufe ihres Lebens nie verändert zu haben – ich kann das nicht von mir sagen. Und ehrlich, ich bin auch dankbar dafür. Was bin ich heute froh, in so vielen Fragen und Themen durch die Schule des Lebens und durch Beziehungen mit anderen Menschen dazugelernt zu haben.

In den Jahren zwischen 2013 und 2016 ging ich durch eine harte innere Entwicklungsphase. Nicht zufällig hatte ich Ende 2013 einen körperlichen Zusammenbruch, der, das weiß ich heute, auch Ausdruck meiner inneren Zerrissenheit war. Dabei ging es nicht nur um die Frage der Homosexualität. Mir stand schon damals die Sackgasse vor Augen, in die ich viel zu viele Entwicklungen münden sah. **Ich wollte verantwortlich vor Gott und Menschen in dieser existenziellen Situation mit meinen Leitungsaufgaben in der pietistischen und evangelikalen Welt umgehen und suchte doch selbst festen Boden unter meinen eigenen Füßen.** Es gab bei mir keine schnelle Meinungsänderung aus Betroffenheit, sondern einen tiefen, jahrelangen Prozess der eigenen Infragestellung, des neuen Hörens auf das Wort Gottes, des intensiven Austausches mit geduldigen Wegbegleiter*innen. Das waren diese Jahre für mich. Was für eine Zeit!

Der öffentlichste Ausdruck dieser Entwicklung, von der ich auch heute noch nicht sagen kann, wohin sie mich führt, mag das Themenfeld „Homosexualität" sein, aber das wäre wahrlich zu kurz gesprungen. Ich bin hineingewachsen – und tue das immer noch – in ein neues Verständnis der Bibel, so wie ich es in einem früheren Kapitel geschildert habe. Ich erlebe meinen Glauben, meine Umwelt, aber auch mich selbst anders als früher. Verletzlicher, weniger selbstsicher, aber zugleich auch gewisser, sehr existenziell mit Christus verbunden, zutiefst dankbar für sein lebendiges

Wort, so wach und herzensinteressiert am Ergehen der Menschen, die mir Gott zu meinen Nächsten macht. Und deshalb bin ich auch innerlich hinausgewachsen (anders kann ich es für mich selbst nicht sagen, ohne jede Arroganz) über Leitungsverantwortungen in der pietistisch-evangelikalen Welt.

Die äußeren Kämpfe um die Frage, ob ich 2020/21 noch einmal als Gnadauer Präses antrete, waren letztlich zutiefst innere Kämpfe. Was „außen" geschah, spiegelte nur innere Entwicklungen wider – deshalb bin ich den wenigen Menschen, die damals mir gegenüber eine ablehnende Position einnahmen, auch nicht gram. Ich möchte nicht mehr verantwortlich sein für Bewegungen, in denen eine von einigen vertretene fundamentalistische oder biblizistische Lesart der Heiligen Schrift oder eine geringe Gewichtung der Bedeutung kultureller Entwicklungen für ethische Entscheidungen zu den immer gleichen Diskussionen führt. Und bei denen jedes Mal Menschen auf der Strecke bleiben. Das kann ich nicht mehr, das will ich nicht mehr. Da bin ich wortwörtlich herausgewachsen.

Nicht über all das Gute in diesem Glaubensprofil an sich, aber über eine bestimmte Art und Weise, die Bibel zu lesen und deshalb die Welt so völlig anders zu betrachten, als ich das heute tue. Ich schildere diese inneren Entwicklungen, die ich bisher nur ansatzweise öffentlich gemacht habe, deshalb in diesem Kapitel, weil es Ihr schwulen und lesbischen Menschen wart, die Ihr mit Eurer schonungslosen Offenheit, Eurer Geduld mit mir, Euren Gebeten diesen Weg für mich eröffnet habt.

Und so fand ich einen Weg – ganz klar, weil ich ihn gesucht habe. Ich WOLLTE meine ablehnende Haltung gegenüber queeren Menschen aufgeben, weil ich felsenfest davon überzeugt war und bin, dass Gott das Elend, das Leid, die Not, die „wir Frommen" diesen Menschen zugefügt haben, nicht will. Für mich ist diese Weiterentwicklung vollkommen klar und folgerichtig und bewegt mich sehr. Ja, ich bin in dieser Frage wahrlich nicht unbeteiligt, eine Folge meines jahrelangen wirklichen Ringens erst mit dem Thema, nun mit manchen meiner evangelikalen Geschwister, denn natürlich verstehe ich deren „konservative" Art, die Bibel zu diesem Thema zu lesen, so gut, weil ich sie selbst lange so gelesen habe.

Und damit genug von mir. Es geht nicht um mich und es ist wahrlich kein Ruhmesblatt, dass ich so lange für diese Entwicklung gebraucht habe. Es geht um LSBTIQ-Menschen und um ihre Situation in der pietistischen und evangelikalen Bewegung. Ja, die meisten haben längst mit dem Herzen und den Füßen abgestimmt und sind nun in anderen Gemeinden und Kirchen beheimatet. Aber es gibt immer noch auch mir bekannte, etwa homosexuelle Ehren- und Hauptamtliche in der Gemeinschaftsbewegung, die weiterhin aushalten, trotz manchmal schwierigster diskriminierender Erfahrungen. Warum tun sie das?

Oftmals stehen dahinter Generationen von Familiengeschichten – die Gemeinschaftsbewegung ist auch eine Familienbewegung, vielfältig verwandt und verschwägert, gerade in den vielen kleinen Orten. Da kann man sich nicht „einfach mal so outen und woanders hingehen…"

Ich bin sehr froh, dass sich die Haltung auch an der Basis langsam ändert.[98] Bis sich das in allen Gemeinden, Verbänden, Werken durchsetzt, wird noch Zeit vergehen.[99] Aber das Ziel ist klar. Und es kann kaum ein Zweifel daran bestehen, dass die Gnadauer Mitgliederversammlung und der Hauptvorstand der Deutschen Evangelischen Allianz von diesen Themen weiterhin begleitet werden.

Die jetzt vorliegenden Erklärungen sind konservativ[100] und doch nach erheblichem innerem Ringen mit öffnenden Einlassungen versehen. Es wird die Aufgabe der nachfolgenden Generationen sein, die ich hiermit besonders und direkt anspreche, diesen Weg der Öffnung weiter voranzutreiben. Für viele kommt das zu spät, auch für viele queere Menschen in der pietistischen und evangelikalen Bewegung, aber wenn man die heftigen Kämpfe in anderen Glaubensgemeinschaften wie der anglikanischen, der katholischen, der methodistischen Kirche sieht, weiß man, wie heiß umstritten derlei Fragen immer noch sind.

Was sind denn nun die tragfähigen Argumente, die mich im Blick auf die biblischen Aussagen zu einer Meinungsänderung bewogen haben? Die Literatur dazu, pro und contra, ist inzwischen kaum noch zu überschauen.[101] Und ich kann hier, wie bei anderen Themen dieses Buchs, die wesentlichen Argumente nur kurz nennen.

- Die exegetischen und hermeneutischen Entscheidungen zu Gen. 19,1–29, Lev. 18,22;20,13, Röm. 1,18–32, sowie 1. Tim. 1,8–11 und 1. Kor. 6,9 lassen sich inzwischen vielerorts nachprüfen – auch in ihrer Unterschiedlichkeit. Mein Fazit: Die biblischen Autoren kannten das moderne Phänomen „homosexuelle Orientierung und Identität" gar nicht und beziehen sich daher auch nicht auf solche Lebensweisen. Ein derartiges Fazit setzt natürlich ein eigenes Urteil über die Quellenlage voraus. Für mich ist nach sorgfältiger Prüfung offensichtlich, dass wir es in der Antike mit homosexuellen Praktiken zu tun haben, die oftmals statusabhängig und situativ, aber nicht lebensbindend waren.[102] **Wir reden heute, aufgrund der**

wissenschaftlichen Erkenntnisse in der Wahrneh-mung und Einschätzung von Homosexualität, von einem Paradigmenwechsel. Keinem Autor in der biblischen Überlieferung stehen dauerhafte, treue, öffentlich und verantwortlich gelebte Liebesbeziehungen zweier gleichberechtigter Menschen vor Augen.

Eine biblizistische Berufung auf einzelne Bibelstellen trägt also für dieses Thema nichts bei, weil „homosexuelle Orientierung und Identität" in der Bibel nicht vorkommen. Leicht absurd wird es, wenn man biblizistisch argumentierende Menschen fragt, warum sie denn bei Themen wie Sklavenhaltung, Frauenrechten oder Wiederheirat die biblischen Aussagen nicht ebenso wortwörtlich nehmen wie bei der Homosexualität. Denn dann heißt es, dass es in jenen Bereichen möglich sei, „*eine Bewegungsrichtung innerhalb der fortschreitenden Offenbarung der Bibel festzustellen, wenn man sie in ihren kulturellen Zusammenhang stellt*".[103] Da gestehen also konservative Theolog*innen eine kulturell bedingte Entwicklung in manchen ethischen Fragen zu, die aber nur bis etwa 100 n. Chr. reichen darf. Alle weiteren solchen Entwicklungen sind dann irrelevant? Schlappe 2.000 Jahre „kultureller Entwicklung" müssen ohne „fortschreitende Offenbarung" auskommen?

Genau hier wird der Schaden, den der Biblizismus anrichtet, so überdeutlich. Denn es ist genau umgekehrt: Zu den Rechten und dem Verhalten von Frauen gibt es in der Bibel ganz unmissverständliche restriktive Aussagen, während sie sich über homosexuelle Orientierung und Identität nirgendwo äußert und schon gar nicht „eindeutig". Es ist völlig inakzeptabel, wenn ethische Fragen heute unter der Vorgabe diskutiert werden sollen, dass kulturelle Veränderungen nicht über den Zeitraum des biblischen Kanons hinaus relevant werden dürfen. Was für ein Verständnis von „Offenbarung" und von „Kultur" tritt hier zutage? Die in der lutherischen Orthodoxie erklärte *sufficientia* der Bibel, dass sie also in Fragen des Heils absolut genügt und keine weiteren Offenbarungen hinzukommen müssen, möchte ich wirklich unterstreichen. Aber genau diese *sufficientia* rechtfertigt keinen biblizistischen Umgang mit der Bibel, schon gar nicht in ethischen Fragen.

- Gern wird auch davon gesprochen, dass es ja gar nicht um einzelne Bibelstellen gehe, sondern um eine biblische Gesamtschau. Verwiesen wird dann auf Genesis 1,27 und die Aufnahme dieser Aussagen durch Jesus (Mk. 10,1–9 und mit der „Unzuchtklausel" bei Scheidung in Mt. 19,1–9). Ganz abgesehen davon, dass man sich im Alten Testament mit einem Verständnis der Ehe als Einehe schwergetan hat (man denke nur an Abraham, Jakob, David und Salomo – wahrlich keine „Randpersonen" –, über deren Lebensstil berichtet wird, ohne dass die Polygamie kritisiert würde), spricht nichts dafür, dass sich die Verfasser des Genesistextes oder auch Jesus in ihren Äußerungen außerhalb des kulturellen Rahmens ihrer damaligen Zeit bewegt hätten. In der Matthäusfassung, die eine

Scheidung bei Ehebruch erlaubt, durchbricht Jesus ja ebenfalls die Vorstellung der Einzigehe. Deshalb ist nicht einsehbar, warum die in der Schöpfung vorgestellte Gemeinschaft zweier heterosexueller Menschen exklusiv verstanden werden muss. Sie kann ebenso inklusiv verstanden und damit für gleichgeschlechtliche Paare geöffnet werden.

Es gibt also gute Gründe, das Thema Homosexualität, gerade in unserer Zeit, aufgrund neuer Erkenntnisse auch neu zu denken. Das hat es in der Geschichte der Kirche immer wieder gegeben und zwar auch zeitlich versetzt in verschiedenen Kulturen. Es ist leicht nachvollziehbar, dass afrikanische oder südamerikanische Christ*innen aufgrund ihrer Kultur, manchmal sogar noch mitgeprägt durch die Kolonialzeit, diesen neuen Weg eher nicht sehen können. Aber deshalb ist er noch lange nicht falsch. Es ist übrigens erstaunlich, wie offen Christenmenschen anderer Kulturen werden, wenn man sie nur einmal mit der Frage konfrontiert, warum die verantwortliche, dauerhafte Liebe zweier Menschen „böse" sein soll, nur weil sie gleichen Geschlechts sind. Was in den „Lasterkatalogen" des Neuen Testamentes auftaucht, das ist böse – nur hat es nichts mit einer homosexuellen Orientierung zu tun. Dieser wichtige Hinweis hatte mich selbst schon vor vielen Jahren immer wieder nachdenklich gemacht.

Und wenn denn Liebe, Freiheit und Gerechtigkeit leitende Prinzipien für eine christlich-ethische Entscheidung in der heutigen Zeit sein sollen, dann frage sich jede und jeder selbst, was das für den Umgang mit schwulen und lesbischen Menschen bedeutet. Der Staat hat mit Recht die Institution der Ehe für gleichgeschlechtliche

Paare geöffnet. Dauerhafte, auf gegenseitige Verantwortung angelegte Beziehungen sind eine wesentliche Stütze unseres Gemeinwesens. Da die evangelischen Kirchen in reformatorischer Tradition die Ehe als „ein weltlich Ding" betrachten, ist es nur folgerichtig, wenn sie gleichgeschlechtlichen Paaren den Segen Gottes nicht verweigern.

So schmerzhaft es für mich auch ist, kann ich aufgrund meiner eigenen Geschichte doch sehr gut nachvollziehen, dass viele Menschen in pietistischer und evangelikaler Tradition diesen Weg (noch) nicht mitgehen können. Wofür mir aber inzwischen jegliches Verständnis fehlt, ist, wenn diese Frage zu einer Bekenntnisfrage hochstilisiert wird. Das finde ich unerträglich und für unser christliches Zeugnis in dieser Gesellschaft nicht länger hinnehmbar. „Raus aus dieser Sackgasse!", kann ich da nur immer wieder rufen. Für mich hat diese Frage seit Längerem eine fast schon „diabolische", im Sinne von durcheinanderwerfende, Bedeutung gewonnen. Wenn ich sehe, wie hasserfüllt und boshaft oft öffentlich zu diesem Thema kommentiert wird, macht mich das sprach- und ratlos.

Ratlos macht mich aber auch, dass es für Menschen, die an den 1996 in der Orientierungshilfe der EKD „Mit Spannungen leben" getroffenen Aussagen festhalten wollen, in den evangelischen Landeskirchen immer schwieriger wird. Damals hatte die EKD noch die Ehe von Mann und Frau als Leitbild gesehen und den biblischen Gesamtbefund wesentlich konservativer gedeutet. Wie ich eben ausgeführt habe, gab und gibt es gute Gründe, heute anders zu entscheiden. Und doch sind nicht alle bei dieser veränderten Sichtweise angekommen, auch nicht in den evangelischen Kirchen. Den einen geht es um die Beendigung von Diskriminierung und um die Anerkennung der pluralen Beziehungsformen der postmodernen Zeit aus ihrem Verständnis der Schrift und den anderen um „Schöpfungsordnungen" aus ihrem Verständnis der Schrift.

Meiner evangelischen Kirche sage ich immer wieder, dass sie überzeugend deutlich machen muss, dass auch Menschen, die aus Glaubens- und Gewissensgründen homosexuelle Beziehungen ablehnen, weiterhin in ihr glauben und leben dürfen. Ohne dass dabei auch nur der geringste Zweifel daran aufkommen darf, dass die Landeskirchen sich in diesen Fragen mit Recht geöffnet haben. Aber ein „Raus mit diesen Fundamentalisten" führt auch nicht weiter. Dann wäre man ja auch nicht anders als die bekenntniskonservativen Mitchrist*innen, die lauthals Minderheitenschutz für ihre eigene Position in den Gliedkirchen der EKD einfordern, selbst aber nicht im Geringsten bereit sind, „offenen Evangelikalen" Minderheitenschutz in der evangelikalen Welt einzuräumen. Das verstehe, wer will...

Auch deshalb wäre es für die pietistische und evangelikale Bewegung ein gebotener Schritt, eine biblisch verantwortlich begründete, offene Sichtweise nicht mehr zu diskriminieren. Sie muss denen widersprechen, die Menschen die Ernsthaftigkeit oder gar die Wirklichkeit ihres Glaubens absprechen, wenn diese aus dem Studium der Schrift und in der Verantwortung vor ihrem Herrn zu einer offenen Position gefunden haben. Ich bin es müde, mehr oder minder evangelikale Erläuterungen zu lesen, in denen ausführlich begründet wird, warum das biblische Zeugnis keine positive Bewertung homosexueller Beziehungen zulässt. Das ist schon sehr häufig erfolgt und wird dadurch nicht richtiger. Und nachdem in diesen Erklärungen inzwischen zeitgleich auch Schuldbekenntnisse gegenüber homosexuellen Menschen abgelegt und zu einem liebevollen und diskriminierungsfreien Umgang aufgerufen wird, frage ich mich, was diese Sätze austragen? Worin zeigt sich denn ein liebevoller und diskriminierungsfreier Umgang, wenn man sich die mehrfach zitierte Erklärung der Britischen Evangelischen Allianz zu eigen macht, nach der nur enthaltsam lebende homosexuelle Menschen einen Platz als Mitarbeitende in einer Gemeinde finden, gleichgeschlechtliche Paare nicht gesegnet werden und Andersdenkende der Gemeindezucht unterliegen?

Überhaupt ist mir bei denjenigen, die fundamentalistisch oder biblizistisch argumentieren, nicht ersichtlich, warum sie sich dann mit der Entkriminalisierung der Homosexualität abfinden. Ich provoziere bewusst, um aufzuzeigen, welche Konsequenzen so ein Ansatz eigentlich haben müsste. Auch um das Thema „Therapierbarkeit von homosexuellen Menschen" ist es nach den entsprechenden Gesetzesänderungen sehr schnell still geworden. Das kann ich ebenfalls nur sehr begrüßen. Ich frage mich dennoch, ob es sich hier um einen echten Sinneswandel handelt oder ob einfach aus Furcht oder „Anbiederung an den Zeitgeist", die man anderen so gern vorwirft, geschwiegen wird? Wo sind die öffentlichen Schuldbekenntnisse der evangelikalen Organisationen, die sich hier in den vergangenen Jahrzehnten besonders verrannt haben?

Nachdem also Kriminalisierung und Therapierbarkeit in einem konservativ-evangelikalen Setting aus gesellschaftlichen Gründen nicht mehr propagiert werden können, möchte ich wissen, ob homosexuelle Menschen ihre Sexualität verbindlich, verantwortlich und öffentlich leben dürfen. Die gängige Antwort darauf ist ein glattes „Nein!" und die Aufforderung zur Enthaltsamkeit, die ja auch heterosexuelle Menschen unter gewissen Umständen abverlangt wird. Was aber, wenn jemandem diese Gabe, homo- wie heterosexuell, nicht gegeben ist? Außerdem ist es ein sehr großer Unterschied, ob ich meine sexuelle Orientierung zeitweise nicht leben soll, weil ich nicht verheiratet bin, oder ob ich das grundsätzlich und nie werde tun können und mir dazu noch, im Sinne der Aussagen Jesu in der Bergpredigt (Mt. 5,28), meine eigene Gedankenwelt verbieten muss. Wissen diejenigen, die so etwas vertreten, eigentlich, was sie da – recht „einsatzlos" – von anderen Menschen verlangen, während viele sich dann wieder ins eigene eheliche Schlafzimmer begeben?

Ich möchte hören, was bekenntniskonservative Mitchrist*innen den vielen Menschen sagen, die sich aufgrund ihrer eigenen evangelikalen Prägung tiefste Sorgen um das Seelenheil ihrer homosexuellen Kinder machen. Evangelikale Erklärungen enden meistens mit dem lapidaren Hinweis, dass es geboten ist, wie Gott selbst, die Sünder zu lieben und die Sünde zu hassen. Abgesehen davon, dass ein homosexueller Mensch nicht nachvollziehen kann, dass die untrennbar mit seinem Wesen verbundene und von ihm nicht zu beeinflussende Homosexualität Sünde sein soll, würde ich gerne konkret wissen: Wie zeigt sich denn die Liebe zu dem homosexuellen Menschen, insbesondere dann, wenn dieser der üblichen evangelikalen Einschätzung, dass praktizierte Sexualität Sünde sei, eben nicht zustimmen kann oder will?

Auf evangelikaler Seite wird häufig betont, dass ethische Entscheidungen nicht aus dem Affekt, nicht von persönlichen Gefühlen geleitet, getroffen werden sollten. Ich verstehe das natürlich und stelle zugleich infrage, ob eine ethische Entscheidung denn grundsätzlich anders als „betroffen" getroffen werden kann. **Erst, wenn es uns unmittelbar persönlich angeht, dann ringen Verstand, Herz, Wille und mit ihnen Gottes Geist um**

einen Weg, der ethische Entscheidungen letztlich tragfähig macht.

Hat unser Gott das Schicksal dieser Welt mal „mit Abstand" bedacht? Hat er sich nicht eingemischt, ist uns ganz nahe gekommen, hat geweint, gezürnt, gelacht, gedroht? Ich finde es wichtig, dass bekenntniskonservative Geschwister sich diesen Fragen so stellen, als beträfe es ihre eigenen Kinder. In nicht wenigen Fällen ist das ja auch genauso.

Das ist es, was ich gerne tiefer in der pietistischen und evangelikalen Bewegung verankert sähe. Dass sie das Wort „lieben" nicht leichtfertig und kühl buchstabiert, sondern mit Herzblut und Erfahrung füllt. Ich bin ziemlich überzeugt, dass am Ende eines derartigen Weges zumindest eine Akzeptanz unterschiedlicher Überzeugungen stünde, anstatt aufgrund der Lebensweise von queeren Menschen den Untergang des Abendlandes oder den Ausverkauf des evangelischen Christentums heraufzubeschwören.

WANN DARF LIEBE SEIN? SEX VOR DER EHE

„Die Ehe ist die einzige Form von Partnerschaft, für die Gott sexuelle Beziehungen gutheißt."[104] So steht es in dem Beitrag der Britischen Evangelischen Allianz. Und so ist es Allgemeingut in pietistischer und evangelikaler Tradition. Auf dem Papier. In der Wirklichkeit sieht es ganz anders aus. Wer mit Verantwortlichen in der Jugendarbeit oder Gemeindeleitung mal ein offenes Wort zu diesem Thema wagt, merkt schnell, dass die gesellschaftliche Wirklichkeit, manchmal abwertend „Zeitgeist" genannt, vor den frommen Gemeindehäusern nicht haltmacht. Und vor den Ausbildungsstätten und Bibelschulen auch nicht. Und weil nicht sein kann, was nicht sein darf, gibt es aus meiner Sicht viel zu wenig wirklich

hilfreiche Begleitung und Sexberatung für junge Menschen in der pietistischen und evangelikalen Bewegung. Muss das so sein?

Dabei ist diese Frage ja nicht nur eine Herausforderung für junge Menschen. In einer Zeit, in der auch in christlichen Gemeinden viele Menschen Singles sind, stellt sich auch hier die Frage nach dem Umgang mit ihrer Sexualität. Eine umfassende Singlestudie[105] zeigt, dass gerade in konservativen Gemeinden Sexualität insgesamt, aber gerade auch die Sexualität von Singles so gut wie gar nicht thematisiert wird.[106] Das führt oftmals zu großen Diskrepanzen zwischen Sexualethik und Sexualverhalten, verstärkt Unzufriedenheit und löst Schuldgefühle aus. Muss das so sein?

Schließlich gibt es nicht nur eine aufsehenerregende, im evangelikalen Raum beheimatete Bewegung namens „Wahre Liebe wartet", sondern auch kritische und schwierige Erfahrungen damit, wenn der Wunsch nach Sexualität nur in einer zu früh und mit dem falschen Partner geschlossenen Ehe befriedigt werden kann. Die Berichte der Menschen, die warten wollen, sieht man oft auf Hochglanzseiten; von den daraus resultierenden Problemen hört man oft nur in der Seelsorge. Ganz zu schweigen von einem erstaunlich detaillierten Moralkodex, was denn nun überhaupt mit Sex gemeint sei: Händchen halten, Küssen, ohne oder mit Zunge, (teilweises) Ausziehen, Petting, orale Befriedigung – die Bemühungen, mit denen Menschen in konservativen christlichen Welten versuchen, ihre sexuellen Bedürfnisse und ihre geistlichen Vorgaben miteinander in Einklang zu bringen, sind einfach nur erstaunlich und teils bewundernswert. Jede/r Seelsorger*in kann ein vielstrophiges Lied davon singen.[107]

Der mir eminent wichtige Blick in die Bibel offenbart, dass das ganze Gewicht der Auslegung auf der Stelle in Genesis 2 liegt:

„Darum wird ein Mann seinen Vater und seine Mutter verlassen und seiner Frau anhangen und sie werden sein ein Fleisch." (Gen. 2,24) Dieses Wort wird von Jesus bestätigend aufgegriffen und auf die Ehe bezogen (Mk. 10,5–9). Das und die Tatsache, dass die Bibel sexuelles Fehlverhalten im Allgemeinen als „porneia" bezeichnet, führt zu der Überzeugung, dass „sexuelle Beziehungen" nur in der Ehe möglich sind. Die Ehe als Bund von Mann und Frau wird dann durch die Bezugnahme auf den Bundesschluss Gottes mit seinem Volk Israel noch zusätzlich geistlich „aufgeladen" (vgl. z. B. Hosea und Eph. 5,22 ff.)

Auch wenn es wohl nicht zutreffend ist, dass Menschen in der Antike und zur Zeit Jesu in der Regel bei Eintritt der Geschlechtsreife geheiratet haben, hat sich die gesellschaftliche und kulturelle Situation und auch das Selbstverständnis des Einzelnen ganz erheblich gewandelt. Wir leben nicht mehr in einer patriarchalen Zeit und Gesellschaft, in der Beziehungen und Sexualität vorwiegend aus der Perspektive des Mannes wahrgenommen werden. Als der Dekalog formuliert wurde, galt eine Frau als Eigentum ihres Mannes. Ehebruch war also ein Eigentumsdelikt. Eine Frau war immer eine Ehebrecherin, sobald sie außerhalb der Ehe Sex hatte – auch wenn ihr Sexualpartner gar nicht verheiratet war. Ein Mann galt nur dann als Ehebrecher, wenn er mit einer verheirateten Frau schlief (Dt. 22,22). Ein Vater hat heute auch kein Anrecht mehr auf einen „Brautpreis", wenn jemand mit seiner Tochter geschlafen hat (Ex. 22,15 f.) Das sechste Gebot (Ex. 20,14) schützte vor allem den Fortbestand der Sippe und ist Ausdruck der damaligen Sozial- und Wirtschaftsordnung, was auch an den abschließenden Formeln des Begehrens von Haus, Frau, Sklaven, Tieren mehr als deutlich wird (Ex. 20, 17 f.). Es geht im biblischen Kontext deshalb vor allem um den Schutz bestehender Beziehungen, weil sie oft lebenswichtig mit dem Fortbestand einer Sippe, einer Familie verbunden waren.

Schon hier zeigt sich: Auch die biblischen Texte, die sich auf Sexualität und Ehe beziehen, bedürfen einer text- und kultursensiblen Übertragung in die heutige Zeit. Gerade weil sie bedeutend und relevant sind. Wir müssen sehen, dass sich nahezu alles verändert hat: Personen- und Familienverständnis, Sozialrollen, Gesellschaftsverständnis, wirtschaftliche Grundlagen.

Neben den biblischen Grundlagen ist bei diesem Thema auch die Leib- und Sexualfeindlichkeit zu bedenken, die sich oft gerade im pietistischen und evangelikalen Kontext durch die ganze Tradition zieht, ohne dass man dabei etwa Augustinus mit seiner Erbsündelehre die gesamte Schuld aufbürden kann. Diese Sexualfeindlichkeit steht im Gegensatz zur biblischen Botschaft, die Sexualität grundsätzlich als Geschenk Gottes sieht und positiv wertet. Schon als Jugendlicher habe ich mir nicht mehr erzählen lassen, dass das alttestamentliche Hohelied vor allem die Liebe zwischen Gott und seinem Volk beschreiben soll. Netter Versuch, aber nein. Erfreut habe ich gelernt, dass das hebräische „jada", also „erkennen", in wunderbarer Weise mehrdeutig ist. Es bezieht sich nicht nur auf intellektuelle Erkenntnisse, sondern ist ebenso das hebräische Wort für den Geschlechtsverkehr zweier Liebender. Dieser Ausdruck, wie auch das „ein Fleisch werden", verdeutlicht, dass Sexualität in der Bibel ganzheitlich verstanden wird und das verantwortliche Miteinander zweier Menschen begleitet.

Wenn ich im Sinne der am Kapitalanfang benannten Wegentscheidung hier also zu einem ethischen Urteil kommen soll, dann entnehme ich dem biblischen Zeugnis, dass

Sexualität eine gute Gabe Gottes ist, die ganzheitlich und verantwortlich gelebt werden soll. Aufgrund der veränderten kulturellen und gesellschaftlichen Rahmenbedingungen meine ich nicht, dass eine derart verantwortlich gelebte Sexualität ihren Rahmen nur in einer Ehe finden kann.

Ich finde, es wird Zeit, auch an dieser Stelle wohlbegründet neu zu denken und zu leben. Der bisherige Weg ist für unsere heutige Zeit eine Sackgasse. Er verhindert einen verantwortlichen Umgang mit Sexualität, anstatt ihn zu ermöglichen.

In meiner Jugendzeit wurde mir noch erzählt, dass es mit der menschlichen Sexualität wie mit einem Kuchen sei: Wenn ich Stücke davon schon vor meiner Eheschließung esse, dann kann ich meiner späteren Frau nicht mehr alles schenken. Liebe und Sexualität waren in diesem Bild quantitativ begrenzt. Eine Vorstellung, die mich damals ziemlich geängstigt und geprägt hat, ohne dass ich mich dadurch von vorehelichen Sexualerfahrungen hätte abhalten lassen. Eine Zeitlang habe ich damals, in Übereinstimmung mit meiner religiösen Prägung, versucht, wegen dieser vermeintlichen „Unzucht" Buße zu tun. Ich habe aber nie ernsthaft Reue empfunden, weil ich mit meiner Sexualität als junger Mensch verantwortlich umgegangen bin und meinen vorehelichen Partnerinnen sehr bereichernde und beglückende Erfahrungen verdanke. Es hat Jahre gedauert, bis ich, anstelle der Buße, angefangen habe, Gott für diese Erfahrungen zu danken und das tue ich bis heute. Ich sage das so ehrlich und offen, damit auch meine persönlichen Erfahrungen und Beweggründe hinter dieser Themenstellung deutlich werden. Ich möchte nicht Menschen raten, mit dem Sex bis zur Ehe zu warten, und das in Wirklichkeit schon lange anders sehen.

Damit ich nicht missverstanden werde: Es geht mir natürlich nicht um „anything goes". **Aber es geht mir darum, dass wir aufgrund des biblischen Zeugnisses und anhand der grundlegenden Kriterien von Liebe, Freiheit und Gerechtigkeit eine Sexualethik formulieren, die heute glaubwürdig ist und trägt.**

Ihre Grundakzente sind Freiwilligkeit, Verantwortlichkeit, Verbindlichkeit, Respekt vor dem Gegenüber, Ehrlichkeit und Bereitschaft zur Treue und zu Vergebung und Neuanfang.[108] Ich bin gespannt, wie lange es dauert, bis dieses Thema aus der Verbotsecke hervorgekramt und in einem verantwortlichen Gestaltungsraum neu bearbeitet wird. Möglichst gemeinsam mit Menschen ganz unterschiedlichen Alters.

WIE DARF MENSCHSEIN SEIN? GENDERFRAGEN

Endlich, oder? Darauf haben Sie jetzt schon länger gewartet. So viele Seiten schon stolpern Sie über den Genderstern und ärgern sich. Die einen ärgern sich, wann immer ich ihn benutze, die anderen, wann immer ich, „des Genderns" noch ungeübt, das fehlerhaft tue. Dies ist mein erstes Buch, in dem ich mich durchgehend um eine geschlechtersensible Schreibweise bemühe – ich lerne noch. So wie ich bei diesem Thema überhaupt am Lernen bin. Gendersterne zu schreiben und zu sprechen fällt mir nicht leicht. Das ist harte Arbeit. Und ja, ich empfinde diese Sterne auch noch nicht als Weisheit letzter Schluss. Das holpert – beim Lesen und Schreiben und Sprechen. Aber vielleicht ist das für eine bestimmte Phase sehr wichtig – dass es holpert.

Es geht mir nicht um die sprachwissenschaftliche Diskussion um linguistisch, semantisch, grammatikalisch oder syntaktisch angemessene geschlechtersensible Sprach- und Schreibweisen. Das überlasse ich den Expert*innen. Aber es geht mir um eine möglichst diskriminierungsfreie Sprache als Ausdruck einer möglichst diskriminierungsfreien Lebensweise. Ich teile deshalb das Anliegen, auch in der Sprache die Unterschiedlichkeit von Geschlechtsidentitäten, inklusive nicht binärer Identitäten, sichtbar zu machen. Und ja, auch diese Sichtweise ist mir wahrlich nicht in die Wiege gelegt worden. Mein Anmarschweg von einem ziemlich patriarchalen Gesellschaftsverständnis zu meinem heutigen Standpunkt war schon ziemlich weit. Aber ich bin jetzt ja auch fast 60 Jahre alt und habe viel gesehen und erlebt.

Zum Beispiel die nicht zu leugnende Benachteiligung von Frauen in unserer Gesellschaft, die stereotypen Männer- und Frauenbilder und die Unsichtbarkeit von Menschen, die nicht in dieses binäre Schema passen. Hinzu kommt die Selbstverständlichkeit, mit der in großen Teilen der pietistischen und evangelikalen Bewegung alles, was mit „Gender" beginnt, schon gleich mal abgelehnt oder zumindest sehr kritisch betrachtet wird. Ich sehe die vielen Männer vor mir, die mir lang und breit das generische Maskulinum erklären wollten, über 200 Lehrstühle für „Gender Studies" herzogen und oft noch nicht einmal den Unterschied zwischen „Feminismus", „Gender-Mainstreaming" und „Gender Studies" kannten. Aber warum sich mit Fachwissen aufhalten, wenn „das Ganze an sich" ja eh schon verkehrt ist!

Mag ja sein, dass Frauen sich „früher" bei männlichen Anreden immer „mitgemeint gefühlt" haben – ich bestreite das zwar, aber mag ja sein. Nur – heute ist es anders. Gott sei Dank. Gott sei Dank können Frauen heute freier, unabhängiger und individueller leben als je zuvor. Und doch noch immer eingeschränkter, als ich als Mann das kann. Etwa in Gehaltsfragen oder bei der Repräsentanz in Leitungspositionen werden die Unterschiede schnell sichtbar. Es ist doch kein Zufall, dass in vielen eher schlecht bezahlten Berufen vor allem weibliche Personen beschäftigt sind. Corona hat einige dieser Berufsgruppen sichtbarer gemacht, und doch ist die wesentliche Frage, was sich ändern wird.

Ich habe großen Respekt vor meiner Tochter Jennifer, die Tag für Tag im Schichtdienst als Gesundheits- und Kinderkrankenpflegerin arbeitet. Sie hat sich für diesen Beruf entschieden, trotz aller Nachteile, weil es ihr um die Menschen geht. Und sie hält durch – obwohl die Coronazeit von ihr als jungem Menschen besonders viel Verzicht fordert. Jennifer hat es ebenso wie viele andere Menschen verdient, dass dem „Klatschen von den Balkonen" auch gesamtgesellschaftlich Taten folgen.

Und in der evangelikalen Welt sind Frauen immer noch Mangelware – nein, nicht in den Küchen und den freiwilligen Putzteams, aber in den Leitungsgremien, auf den Kanzeln und als Referent*innen. Jahrelang habe ich miterlebt, wie fieberhaft „nach Frauen gesucht" wurde – für Gremien und Vorträge. Und allen Beteiligten immer nur dieselben Namen einfielen. Manchmal genügte es, weiblich zu sein, ohne besondere Kompetenzen, denn für das Foto und die Redner*innenliste war jetzt alles klar. Eine ganz besondere Form von Diskriminierung. Und dann klagen alle, dass das so schwierig wäre – und ändern: nichts.

In vielen Gemeinschaften und Freikirchen sind Frauen inzwischen in Leitungsteams, aber als Pastorin? Da wird es schwierig. Gemeinsam mit anderen habe ich mich im Gnadauer Verband dafür eingesetzt, dass Frauen im Gnadauer Vorstand vertreten sind. Das ist uns gelungen, aber nur aufgrund einer Satzungsänderung, die erlaubt, dass auch Personen in den Vorstand gewählt werden dürfen, die nicht der Gnadauer Mitgliederversammlung angehören. Bis in der Mitgliederversammlung, in der jeweils bis zu zwei Leitungspersonen der Mitgliedsverbände und Mitgliedswerke sitzen, etwa hälftig Frauen vertreten sein werden, können gut und gerne noch zwei Generationen vergehen. Das liegt daran, dass manche Gnadauer Mitglieder noch immer keine Frauen in Verkündigung und Leitung zulassen, aber vor allem daran, dass der Weg von der Basis durch die Gremien wirklich weit ist. Welche Frau schafft und will das, neben Familie, Beruf und Gemeinde? Und welcher Mann würde das schaffen und immer noch wollen, wenn wirklich gleiche Verantwortungsteilung in Gesellschaft und Familien herrschen würde. Das ist alarmierend. Und im Grunde nicht hinnehmbar. Nicht nur, weil es Frauen ausschließt, die die Gnadauer Bewegung aus meiner Sicht in der Mehrheit tragen, sondern auch, weil es die Leitungsqualität und -kultur einschränkt. Und weil es gesellschaftlich nicht mehr kompatibel ist.

Noch heute denke ich an eine Veranstaltung, bei der zwei Referentinnen, davon eine *person of color*, über 80 durchgehend männlichen Teilnehmenden gegenüberstanden und sich sichtlich unwohl fühlten. Sie waren das schlichtweg nicht mehr gewohnt. Wegen all dieser Beobachtungen bin ich heute der Überzeugung, dass ohne Quote nichts geht. Ja, ich bin für eine Frauenquote für Leitungsgremien und Hauptamtliche.

Denn die Erfahrung ist: Menschen werden sichtbar, wenn man es zulässt. Was muss sich eine geschlechtersensible evangelische Kirche nicht alles vorwerfen lassen! Wie viel Wut und Zorn höre ich da oft von konservativer Seite über deren „Genderwahnsinn". Aber in dieser Kirche ist es gelungen, Frauen sichtbarer werden zu lassen, und das auch mit einer Quote. Auch in den evangelischen Kirchen ist noch ein Weg zu gehen, aber es geht voran. Und andere Kirchen und Bewegungen könnten davon lernen: zum Beispiel, dass kompetente Frauen bereit sind, sich einzubringen, wenn es ernsthaft gewollt ist; dass das Miteinander auf Augenhöhe für Gremien und Kultur wesentlich ist, dass es aber nur gelingt, wenn Genderfragen ernst genommen und strategisch verfolgt werden.

Eine pietistische und evangelikale Bewegung, die in diesen Fragen vorankommen möchte – falls sie es möchte –, wird endlich strategische Schritte gehen müssen, leider auch gegen eine eher fundamentalistische oder biblizistische Minderheit. Und bitte halten Sie das nicht für ein Nebenthema!

Gibt es bei dem ganzen Themenkomplex auch Holzwege und Übertreibungen? Bestimmt. Wann wäre je eine derartige Bewegung ohne Irrtümer vorangekommen? Wird die ganze Bewegung um Gender vor allem durch Irrtümer gekennzeichnet? Auf gar keinen Fall.

Das Nichtwissen und Halbwissen zu diesen Themen in evangelikalen Kreisen, das hier, wieder einmal, konservative Glaubenspositionen mit einem konservativen Kulturverständnis verbindet und dann anderen „Zeitgeist" vorwirft, ist teils wirklich beschämend.

Ich bin der festen Überzeugung, dass Diversität, Gleichberechtigung von Frauen und Männern und gleichberechtigte Teilhabe in Gesellschaft und Kirche wirklich evangeliumsgemäße Inhalte sind und dass es, wie so oft, eben eine bestimmte Zeit und Kultur braucht, bis derartige Themen wesentlich werden. Und meines Erachtens trägt die Sprache ganz wesentlich dazu bei, wie Menschen wahrgenommen werden – ob „mitgemeint" oder „gemeint". Und das ist ein Unterschied.

Menschen werden sichtbar, wenn man sie lässt. Was ich jetzt am Beispiel von Frauen erläutert habe, gilt ebenso für nichtbinäre Personen. Ich halte Sichtbarkeit im Blick auf diverse Identitäten für wichtig, unabhängig von der Zahl der Menschen, die sich selbst so bezeichnen würden.

Ja, ich gebe es zu: Es hat manchmal etwas Anstrengendes. Aber wer behauptet, dass derartige Veränderungen mühelos sein müssten, hat nichts aus der Geschichte gelernt. Ja, es schränkt auch ein. Ich habe die eine oder andere berufliche Entwicklung nicht weiterverfolgt, weil anderen und mir völlig klar war, dass hier jetzt weibliche Personen gefragt sind. Aber ist das nicht selbstverständlich nach Jahrhunderten männlicher Dominanz?

Mich beeindruckt in diesen Fragen mein Sohn Nicolai. Der hat das alles irgendwann einmal für sich durchdacht und entschieden – und verhält sich seitdem geschlechtersensibel, auch in der Sprache. Und das ist keine Laune, sondern es prägt jetzt seine Persönlichkeit. Diese Sensibilität hat Auswirkungen, weit über die Sprache hinaus. Unsere Worte sind mehr als Worte. Von dir, lieber Nicolai, habe ich endgültig gelernt, dass ich keine Ausrede habe. Und das finde ich klasse.

Teile der pietistisch-evangelikalen Welt müssen sich dringend diesen Themen widmen – und dabei erst einmal die ganze Wut und alle Vorurteile beiseitelassen. Ich bin überzeugt, dass Gerechtigkeit für alle Menschen ein hohes Gut ist, auch in Geschlechterfragen. Und dass es sich lohnt, biblisch (2 und 3) fundiert, kulturell wach und gesellschaftlich engagiert in all diesen Fragen weiterzudenken.

„ICH WAR FREMD UND IHR HABT MICH AUFGENOMMEN": GEFLÜCHTETE UNTER UNS

Kein anderes Thema hat vor der Coronakrise so viele Menschen so stark bewegt wie die Herausforderung der weltweiten Migrationsströme unserer Zeit. Wie damit umgehen, dass Menschen aus Krieg und Verfolgung, aber auch einfach auf der Suche nach einem besseren Leben aufbrechen, ihre Heimat verlassen und in den vergleichsweise unermesslich reichen Ländern des Westens Zuflucht und neue Beheimatung suchen?

Es gibt bei diesem Thema aus meiner Sicht einen weitreichenden innerevangelischen Konsens: Wir sind uns größtenteils einig, dass von der biblischen Botschaft her die barmherzige Liebe in dieser Frage das erste Wort haben muss. Christ*innen stehen, auch biblisch begründet, gegen Fremdenfeindlichkeit und Rassismus und setzen sich für geflüchtete und asylsuchende Menschen ein. Und das geschieht vielerorts in einer ganz bewundernswerten und engagierten Art und Weise.

Aber eben nicht durchgehend. Und die Ereignisse seit 2015 haben die Polarisierung in unserer Gesellschaft in dieser Frage nur allzu deutlich werden lassen – das geht auch quer durch die christlichen Kirchen und Gemeinschaften. Dabei fällt mir auf, dass gerade eher bekenntniskonservative Christ*innen nicht zur Unterstützung einer „Willkommenskultur für Geflüchtete" neigen. Zu viele derjenigen, die sonst das Wort Gottes so hochhalten und die beim Thema Abtreibung vorneweg marschieren, sind bei diesem Thema entweder ziemlich „kleinlaut" oder sogar dezidiert ablehnend. Da kann man dann hören, dass Kulturen doch jeweils angestammte Lebensräume hätten und da auch bleiben sollten. Deshalb ginge es primär um Hilfe in den betroffenen Regionen.

Selbstverständlich ist der erste Schritt zur Hilfe die Hilfe vor Ort, denn wer verlässt schon gern seine Heimat?! Aber das sich daran manchmal anschließende Verständnis von sozialer Segregation ist doch unmöglich mit dem Menschenbild der Bibel vereinbar, so häufig man auch die „Turmbau zu Babel"-Geschichte bemüht, um die Aufspaltung in Kultur- und Sprachräume zu begründen. Haben wir schon vergessen, wie sehr das Unrechtsregime der Apartheid auch durch rassistische Schriftauslegungen weißer Kirchen mitgetragen wurde? Andere lassen sich auf PEGIDA-Kundgebungen blicken oder unterstützen den fremdenfeindlichen Kurs der AfD. Und das alles als „überzeugte, wertkonservative" Christ*innen.

Als die Evangelische Kirche in Deutschland dem tausendfachen Sterben im Mittelmeer, verursacht durch eine Abschottungspolitik der EU, die deren eigene Werte verhöhnt, nicht länger tatenlos zusehen wollte, unterstützte sie durch die Initiierung des breiten Bündnisses „United4Rescue" die zivile Seenotrettung.[109] Aus der prägnanten Botschaft von Sandra Bils beim Abschlussgottesdienst des Kirchentages in Dortmund 2019 – „Man lässt keine Menschen ertrinken" – wurde der Hashtag #WirschickeneinSchiff. Die Resonanz war überwältigend – die Spendensumme zum Ankauf eines Rettungsschiffes war in kurzer Zeit eingesammelt und das Bündnis „United4Rescue" wird, Stand April 2021, von 743 ganz unterschiedlichen Organisationen unterstützt.

Aber auch der Widerspruch war und ist gewaltig – es gab Kircheneintritte aufgrund dieses eindeutig aus dem christlichen Glauben motivierten politischen Engagements der EKD, aber auch viele Kirchenaustritte. Selbstverständlich kann man über eine solche Aktion unterschiedlicher Meinung sein. Es darf und muss darüber diskutiert werden, ob derartige Hilfsunternehmungen einen „Pull-Faktor" Richtung Europa erzeugen und so letztlich noch mehr Menschen gefährdet werden und ob sie das fürchterliche Handwerk der Schlepperbanden ermöglichen, und fördern. Ich glaube das nicht, bin aber offen für Argumente, welche die bisher vorgelegten Zahlen widerlegen. Manche diskutieren auch darüber, ob Kirche überhaupt einen Auftrag hat, sich in derartige politische Fragen einzumischen, und erwarten zugleich, dass sich ihre Kirche an einer eindeutig politisch ausgerichteten Demonstration wie dem „Marsch für das Leben" beteiligt. Das halte ich persönlich für eine Sackgasse. Ein „Einsatz für das ungeborene Leben", der „geborenes Leben aus anderen Kulturen" nicht schützen möchte, ist unglaubwürdig. Eine deutliche Mehrheit in der pietistischen und evangelikalen Welt sieht das ebenso; umso wichtiger, dass hier keine falschen Alternativen befördert werden.

Meine eigene Position ist klar. Wenn ein politisches Gemeinwesen wie die Europäische Union ihr eigenes, auch auf jüdisch-christlichen Überzeugungen basierendes Wertesystem derartig diskreditiert, wenn ein Asylrecht so ausgehöhlt wird, wie das in Deutschland durch das Umgebensein von „sicheren Drittstaaten" geschehen ist, die man dann mit den Geflüchteten ziemlich allein lässt, dann muss die Kirche handeln. Deshalb habe ich mich sehr bewusst auch an einem Video beteiligt, mit dem Freiwillige für ihren Einsatz auf den Rettungsschiffen vorbereitet und dabei auch gesegnet werden sollten.[110] Die kritischen, teils haarsträubend unsachlichen Reaktionen, die ich daraufhin erhielt, kamen allesamt aus dem bekenntniskonservativen Bereich.

Was ich damit sagen möchte? Niemand wird allein durch „die Bibel" geprägt. Wir alle bringen unsere kulturelle Prägung mit, die

durch unsere Herkunft, unseren sozialen Status, unsere Milieuzu-
gehörigkeit und unsere Wertehierarchie mitbestimmt wird. Es ist
erstaunlich, wie „hellwach" Menschen für manche ethischen Herausforderungen sind und wie völlig unberührt bei anderen Fragen. Durch die Coronapandemie sind viele wichtige politische und
gesellschaftliche Fragen in den Hintergrund getreten. Ich denke
an die ökologische Krise unserer Welt durch den Klimawandel[111]
und den Streit darüber. Ich denke an die Gefahren des Populis-
mus und das Wiedererstarken antidemokratischer Kräfte. Und ich
denke an die Migrationsbewegungen, die nicht einfach aufhören
werden und die ein kluges, vorausschauendes und barmherziges
Handeln erfordern.

Deshalb braucht es das Gespräch in den Volkskirchen wie in
der evangelikalen Gemeinschaft mit der nicht zu unterschätzen-
den Zahl von Menschen, die auf alle diese Fragen, aber auch auf
die Migrationsbewegungen mit Ablehnung und auch mit Skepsis reagieren. Und so deutlich ich mich dafür ausspreche, dass wir
uns nicht von Angst leiten lassen, so deutlich spreche ich mich
auch dafür aus, dass wir vorhandene Ängste ernst nehmen. Es gibt
Menschen in unseren Glaubensgemeinschaften, die etwa „Kultur"
eher statisch begreifen und Veränderungen gegenüber nur wenig
aufgeschlossen sind. Es gibt Menschen, die mit sehr begrenzten
Ressourcen materieller und immaterieller Art leben müssen und
nicht verstehen wollen, dass nun auch „Fremdlinge" das zur Exis-
tenzsicherung Notwendige erhalten. Es gibt, ausgelöst durch den
auf viele traumatisch wirkenden islamistisch motivierten Terror,
eine große Angst vor der zukünftigen Entwicklung des Islam in
unserem Land. Hinzu kommt, dass das Vertrauen in den Staat und
seine Organe, auch durch die Bankenkrise, manchmal tiefgehend

beschädigt ist und Menschen den Glauben daran verloren haben, dass es „gerecht" zugeht und dass ein freiheitlich demokratischer Staat einerseits einladend, unterstützend, großzügig, aber andererseits auch wehrhaft sein kann, wenn seine Grundsätze und Werte angegriffen werden. Ich könnte noch lange fortfahren und will es doch dabei belassen.

Wissend um all diese Fragen und Ängste stehen wir vor einer unbequemen Aufgabe: Wenn unsere Gesellschaft aufnahmefähig und handlungsfähig bleiben soll, braucht es das Gespräch mit denjenigen, die, teils auch aufgrund negativer Erfahrungen, trotz ihres christlichen Glaubens die helfende Hand gegenüber Geflüchteten verweigern. In diesen Gesprächen ist es notwendig, auch von der Botschaft des Evangeliums her eingängigen, fremdenfeindlichen Parolen Einhalt zu gebieten und erprobte und gangbare Wege für das Miteinander aufzuzeigen.

Wir können ebenso darauf antworten, indem wir auf die große Not der Menschen verweisen, die aus Angst um Leib und Leben fliehen. Wir können darlegen, dass auch Perspektivlosigkeit und gesellschaftliche Stigmatisierung einen starken Druck ausüben und dass in der deutschen und europäischen Geschichte genau aus diesem Grund wahre Völkerwanderungen stattgefunden haben. Wir können erklären, dass wir sowieso qualifizierte Zuwanderung brauchen, eine Erkenntnis, die sich auch deshalb so schwer Bahn bricht, weil unterschiedliche Parteien und Regierungen uns in der Vergangenheit aus ideologischen Gründen glauben machen wollten, dass dem nicht so wäre.

Aber letztlich argumentieren wir mit der zu Anfang dieses Kapitels gelegten Grundlage mit Liebe, Freiheit und Gerechtigkeit. Für die Hilfesuchenden und für die Menschen in unserem Land.

Leitend ist dabei die Liebe des Gottes, der für uns ein Flüchtling und Fremder wurde und der uns zu genau dieser barmherzigen Haltung aufgefordert hat. Es ist die Aufgabe der politisch Verantwortlichen und der Akteure unserer Zivilgesellschaft, diese Haltung der ausgestreckten Hand auf allen Ebenen zu organisieren. Es ist unsere Aufgabe, dementsprechend zu leben. Diesen Herausforderungen werden wir am besten gemeinsam gerecht. Auch das stärkt die Wahrnehmung einer pietistischen und evangelikalen Glaubensprägung, die sich konstruktiv und vom Evangelium motiviert in unsere Gesellschaft einbringt.

12.

RAUS AUS DER SACKGASSE: HEUTE GLAUBWÜRDIG LEBEN MIT PIETISTISCHEM UND EVANGELIKALEM PROFIL

Danke, dass Sie bis hierher gelesen haben (oder vor dem Lesen schon mal ins Fazit hineinschnuppern). Ich ahne, dass für viele Menschen aus einer eher pietistischen oder evangelikalen Prägung vieles in diesem Buch eine wirkliche Zumutung ist. Die kann ich Ihnen auch nicht ersparen, denn in der Tat ist nichts so schwierig wie das Verändern von Denkmustern oder von Glaubensüberzeugungen. Aber vielleicht hilft es Ihnen, wenn ich zum Ende nocheinmal Wesentliches bündele?

Ich bin überzeugt und begeistert vom Evangelium von Jesus Christus. Ich glaube, dass in diesem Evangelium eine große Kraft liegt, für alle Zeiten, aber eben auch für die unsere. Für mich gibt es keine gottlose Zeit, weil es keine „gottlosen" Menschen gibt: Gott liebt jeden Einzelnen und sucht uns mit seiner versöhnenden und neuschaffenden Liebe. Ich bin so dankbar dafür, dass die Bibel uns mit hineinnimmt in die

Geschichte Gottes mit dieser Welt, dass wir durch die Bibel Christus begegnen und Ausrichtung, Trost und Korrektur erfahren für ein Leben in unserer Zeit und Welt.

Wir leben heute in einem umfassenden Epochenwandel. Das stellt uns allesamt vor immense Herausforderungen, schafft aber auch neue Chancen. Irgendwie glaube ich, dass das momentane Leben in einer Pandemie diesen Paradigmenwechsel noch einmal unterstreicht. Wir eignen uns die digitale Welt noch mehr an als zuvor – und erleben zugleich ihre Grenzen. Wir lernen, was hält, was bleibt, was trägt – und was im wahrsten Sinn des Wortes „von gestern" ist. Für Christ*innen ist es zusätzlich wichtig, all diese Veränderungen bewusst als Glaubende zu erleben und zu reflektieren. Welche Ressourcen des Glaubens stärken uns, richten uns neu aus? Wie lässt sich das Evangelium heute in das eigene Leben übersetzen, wie heute leben? Denn was uns selbst prägt, ist nicht nur essenziell für uns, sondern kann auch für andere Menschen Prägekraft entfalten.

Die christliche Kirche weltweit – und auch speziell in unserem westlichen Kontext – wird die vor ihr liegenden Herausforderungen nur gemeinsam bestehen. Es liegt eine große Verheißung auf der Vielgestaltigkeit des christlichen Glaubens, denn so können wir uns gemeinsam helfen zu sehen: unsere Nächsten, unsere Zeit, das Evangelium in unserer Zeit, die ganze Welt. Als Teil dieser weltweiten Glaubensfamilie liegt im evangelischen Glauben eine große Kraft, auch in seiner Vielfalt. Wir alle gründen uns auf wesentliche Erkenntnisse der Reformationszeit wie die Rechtfertigung des Sünders aus Gnade, das Priestertum aller Glaubenden, die Freiheit eines Christenmenschen und seine Rückbindung an die Heilige Schrift und an Vernunft und Gewissen.

Der Pietismus hat aufgrund der Herausforderungen seiner Zeit die reformatorischen Erkenntnisse akzentuiert und weitergeführt wie andere Glaubensprofile ebenso. Ich bin wirklich davon überzeugt, dass, um ein Beispiel zu nennen, gerade die Polarität von Zuspruch und Anspruch, von Glaube als Gabe und Aufgabe, im Leben von Menschen heute fruchtbar werden kann. Ganz gewiss ist in diesem Glaubensprofil viel Gutes, Wegweisendes, Hilfreiches für die gesamte Kirche enthalten – im Geben und im gleichzeitigen und gleichberechtigten Empfangen aus der Fülle der Erkenntnisse anderer.

In den Herausforderungen der Moderne kam es auf der Basis eines pietistischen Glaubensprofils teils zu einer schwierigen Verknüpfung von Impulsen der Heiligungsbewegung und des Rationalismus. Das Ergebnis war – nicht zum ersten Mal in der Geschichte der Christenheit – eine zunehmende Distanzierung von einer aufgeklärten, autonomen und komplexer werdenden Welt in Verbindung mit einer eher pessimistischen Weltdeutung. Als Konsequenz erleben wir die Abwertung von Vernunft und Kultur und eine dem biblischen Gesamtzeugnis nicht entsprechende Enthistorisierung und Dogmatisierung biblischer Aussagen.

Dieses aus meiner Sicht „toxische Glaubensprofil" entwickelt sich häufig aus pietistischen oder evangelikalen Ansätzen. David Gushee, den ich nicht zufällig in diesem Buch immer wieder zitiert habe, versteht sich inzwischen nicht mehr als Evangelikaler, sondern arbeitet an einem „nachevangelikalen Glaubensprofil". Und warum? *„Es könnte sein, dass die ehemalige Präsidentschaftskandidatin Sarah Palin in einer Sache recht hatte. Sie sagte gern, dass man ein Schwein mit Lippenstift schminken kann, doch es bleibt immer noch ein Schwein. Vielleicht war der Evangelikalismus – in seinem Kern, seinem* *unveränderlichen Kraftzentrum – nie mehr als Fundamentalismus mit geschminkten Lippen.*"[112]

An dieser Stelle bin ich anderer Meinung. **Ich bin immer noch davon überzeugt, dass die evangelikale Bewegung mehr ist als „geschminkter Fundamentalismus". Ich glaube, dass die Ressourcen, die in unseren Breitengraden im Rückgriff auf Reformation und Pietismus zur Verfügung stehen, bisher und auch zukünftig diese Fundamentalisierung verhindern können.** Persönlich möchte ich hier von einem „offenen Pietismus" sprechen, der bewusst zurückgreift auf Traditionen VOR dem Entstehen der evangelikalen Bewegung, die sich in den heutigen Herausforderungen als fruchtbar erweisen können.[113]

In diesem, aber nur in diesem Sinne, ist es dann auch vertretbar, dass ich die Ehre hatte, im von Thorsten Dietz und Martin Hünerhoff verantworteten Podcast „Das Wort und das Fleisch", als „Coverboy" für die Folge „Der Postevangelikalismus" ausgewählt zu werden.[114] Viele Erfahrungen, die ich in den vergangenen Jahren als einer der Repräsentanten dieser Bewegung gemacht habe, rechtfertigen dennoch nicht, diese Bewegung insgesamt unter den Vorzeichen „Fundamentalismus" oder „Biblizismus" zu betrachten. Meine Erfahrungen führen allerdings zu der Dringlichkeit, mit der ich in diesem Buch zur Sensibilität für diese Frage auffordere und ausdrücklich dazu ermutige, eher fundamentalistische und biblizistische Strömungen als eine – aus meiner Sicht – nicht glaubens- und lebensdienliche Variante pietistischer und evangelikaler Glaubensprofile zu betrachten.

Als Kernpunkt meiner Argumentation kann die Verhältnisbestimmung von „Offenbarung und Geschichte", von „Ewigkeit und Zeit", von „Gotteswort und Menschenwort" betrachtet werden –

eine theologische Grundfrage ersten Ranges. Ich plädiere hier ausdrücklich dafür, die Bibel grundsätzlicher in Raum und Zeit, in Geschichte und Kultur einzuzeichnen, als das in biblizistischen oder fundamentalistischen Profilen geschieht. Und ich zweifle nicht daran, dass genau das auch dem Selbstverständnis der Bibel entspricht. Aus meiner Sicht und vielfältigen Erfahrung sind biblizistische und fundamentalistische Ansätze als hermeneutische Modelle ungeeignet zu einer sachgemäßen und ebenso zeitgemäßen Auslegung der Heiligen Schrift. Geistliche Frucht ist damit nur noch in den eigenen „Gemeinschaftsblasen" zu erzielen – aber wahrlich nicht mehr in unserer Zeit und Gesellschaft.

Biblizismus und Fundamentalismus müssen natürlich skeptisch sein, was die Rolle der Kultur und Zeit angeht, denn durch das biblische Wort ist vermeintlich ja alles Wesentliche – für jede Zeit – gesagt. Das ist aus meiner Sicht auch der tiefere Grund, warum „Modernitätsschübe" sich im pietistischen und evangelikalen Raum immer nur mit Verzögerung und unter großem Wehklagen durchsetzen. Man ist konservativ – dagegen ist auch gar nichts zu sagen –, hinterfragt Modernisierungen, diffamiert sie gegebenenfalls als „Zeitgeist", bis man irgendwann, einfach weil es gar nicht mehr anders geht (und aus meiner Sicht christlich hermeneutisch auch gar nicht anders sein kann), eben doch „hinterherkommt". Der Schaden, der allerdings auf diesem Weg der kulturellen Inkongruenz angerichtet wird, ist immens.

Ich denke hier an patriarchale Familienbilder, an die Abwertung von Frauen und die populistische Diffamierung von feministischen Anliegen, an die lange vertretene These, es sei in Ordnung oder gar biblisch, Kinder zu „züchtigen", an Scheidungsverbote, aber auch an die Affinität biblizistischer und fundamentalistischer

Entwürfe zu hierarchischen, manchmal totalitären Strukturen. Es ist doch kein Zufall, dass pietistische und evangelikale Bewegungen sich in der Zeit des Nationalsozialismus überwiegend wahrlich nicht mit „Widerstandsruhm" bekleckert haben und dass Unrechtssysteme wie die Apartheid in Südafrika ebenso wie populistische „Gegenwartsdiktatoren" immer auf Unterstützung von Konservativen, auch religiös Konservativen, hoffen konnten[115]. **Diese kulturelle Ignoranz, die ganz selbstverständlich mit der Verabsolutierung der eigenen kulturellen Gegebenheiten Hand in Hand geht, ist dann auch die Ursache, warum sich im biblizistischen Bereich viel zu wenig Widerstand gegen Fremdenfeindlichkeit und Rassismus ausmachen lässt.** Es ist wichtig, vor diesen Zusammenhängen nicht die Augen zu verschließen.

Die pietistische und evangelikale Bewegung wird, um ihres Fundamentes und ihres Auftrages willen, in dieser Zeit neu zeigen müssen, dass sie nicht nur „geschminkter Fundamentalismus" ist. Ich habe oben schon gesagt, dass viele meiner Erfahrungen mit den Menschen in pietistischen und evangelikalen Gemeinden, aber auch mit den Verantwortlichen mich hier hoffnungsvoll stimmen.

Liebe als fundamentale Grundhaltung, kultursensibles Hören auf das lebendige Wort Gottes, Verzicht auf Glaubensurteile über andere, Staunen über die Vielfalt des christlichen Glaubens, Wertschätzung wissenschaftlicher Erkenntnisse und der Möglichkeiten der Vernunft, herzhaft dienende, bunte Mission, geistlich gesunde Lebensprägungen und sowohl biblisch wie gesellschaftlich verantwortliche ethische Positionen – das sind aus meiner Sicht

Grundelemente eines „offenen Pietismus" und einer „pluralen evangelikalen Bewegung".

Mich prägt seit vielen Jahren ein Wort des französischen Schriftstellers George Bernanos: „Man verliert nicht einfach den Glauben; er hört nur auf, dem Leben Form zu geben." Darum geht es mir: dass Glaube nicht verloren geht, sondern dem Leben Form gibt. Geistlich gegründete, attraktive Formen des christlichen Glaubens gibt es in den unterschiedlichsten Profilen, auch pietistisch und evangelikal. Die braucht die Kirche Jesu Christi – heute und morgen. Ich wünsche mir, dass wir uns alle miteinander dieser Gabe und Aufgabe stellen und dabei den notwendigen Weg aus Sackgassen nicht scheuen.

ÜBER DEN AUTOR

Dr. Michael Diener, verheiratet, zwei erwachsene Kinder, Pfälzer und Pfarrer, Mitglied im Rat der EKD und vielen landeskirchlichen und evangelikalen Gremien, ehemaliger Präses des Gnadauer Verbandes und Vorsitzender der Deutschen Evangelischen Allianz, Grenzgänger und Brückenbauer, überzeugter Mitgestalter einer (anderen) Kirche für heute und morgen, Autor und American Football Fan (Denver Broncos).

ENDNOTEN

1   Wer sich tiefgehender mit den hier benannten Glaubensprofilen in der christlichen Welt auseinandersetzen möchte (und einiges an Zeit mitbringt), dem empfehle ich uneingeschränkt den Podcast „Das Wort und das Fleisch" von Thorsten Dietz und Martin Hünerhoff. „Evangelikal, Fundamentalismus, Linksprotestantismus" – einige der Begriffe, die in diesem Buch immer wieder auftauchen, werden in einer Tiefe und Vielfalt erläutert, wie ich das hier nicht leisten kann und will. Im Eingangsteaser des Podcasts ist von einer „epochalen Verschiebung des christlichen Feldes" die Rede. https://wort-und-fleisch. de/

Auch Christian A. Schwarz spricht in seinem lesenswerten Buch „Gott ist unkaputtbar. 12 Antworten auf die Relevanzkrise des Christentums", 2020 von einem „epochalen Wandel". S. 19–28

2   Absolut spannend und in seiner Bedeutung für eine Analyse der Gegenwartssituation, des Religiösen im Allgemeinen und der Kirchen im Besonderen aus meiner Sicht noch nicht annähernd ausgeschöpft: Andreas Reckwitz, „Die Gesellschaft der Singularitäten. Zum Strukturwandel der Moderne", 2017

3   https://www.ekd.de/zwoelf-leitsaetze-zur-zukunft-einer-aufgeschlossenen-kirche-60102.htm

4   Was mit „pietistisch" und „evangelikal" gemeint ist, lässt sich nur schwer kurz und prägnant ausführen. Die meisten Definitionsversuche zu „evangelikal" beziehen sich auf eine Unterscheidung von „Allianzevangelikalen, Bekenntnisevangelikalen und charismatisch/pfingstlerischen Evangelikalen". Grundlegende Literatur: Fritz Laubach, „Aufbruch der Evangelikalen", 1972, Stephan Holthaus, „Die Evangelikalen. Fakten und Perspektiven", 2007, Hansjörg Hemminger, „Evangelikal. Von Gotteskindern und Rechthabern", 2016 und Jürgen Mette, „Die Evangelikalen – weder einzig noch artig. Eine biografisch-theologische Innenansicht", 2019
Versuche einer inhaltlichen Skizzierung dieser beiden Frömmigkeitsprägungen finden sich in Kapitel 3

5   In Kapitel 3 erläutere ich noch einmal, warum ich zwischen „evangelikal" und „pietistisch" weiterhin unterscheiden möchte

6   https://de.wikipedia.org/wiki/Olaf_Latzel

7 Meldung in *idea* vom 29. März 2021 https://www.idea.de/spektrum/vor-wurf-evangelikale-werden-an-den-rand-gedraengt

8 *„Today, to be (white) evangelical just equates to being Republican, and the Republican coalition increasingly depends on a massive white evangelical base. The symbiosis is complete and fully mutual. Eighty-one percent of white evangelicals voted for Trump in 2016"* David P. Gushee, „After Evangelicalism. The path to a new Christianity", 2020, S. 143

9 Ebd. *„From within their worldview, there are plausible reasons why white evangelicals supported Donald Trump. Most of these reasons would apply to most any GOP president in this era, including antiabortion policies, the appointment of conservative judges, business-friendly tax and regulatory policies, efforts to protect American jobs, efforts to secure US borders, support for Israel, and that friendliness to conservative Christians and their religious liberty concerns just mentioned."*

10 Nicolai Franz in *pro*: Warum weiße US-Evangelikale Trump wirklich unterstützten (pro-medienmagazin.de)

11 Vgl. z. B. Katherine Stewart, „The power worshippers. Inside the dangerous rise of religious nationalism", 2020

12 Liane Bednarz, „Die Angstprediger. Wie rechte Christen Gesellschaft und Kirchen unterwandern". München 2018

13 Andreas Malessa, „Als Christ die AFD unterstützen? Ein Plädoyer für…", 2017

14 Nach Untersuchungen des Bundeskriminalamtes (BKA) und der Universität Basel ist zumindest die Querdenkerbewegung „stärker esoterisch und grün als christlich-evangelikal und rechtsextrem geprägt – was sich aber zum Teil ändern könnte". Kai Funkschmidt in *Zeitschrift für Religion und Weltanschauung* 2/2021, S. 96

15 Volker Gäckle, der langjährige Rektor der Internationalen Hochschule Liebenzell (IHL) im pietistischen Württemberg zeigt sich auch nachdenklich, was den Begriff „evangelikal" angeht, plädiert aber für dessen Beibehaltung und erbittet „Buße, Bescheidenheit und Demut" von der evangelikalen Bewegung in den USA, aber auch bei uns. https://lebendige-gemeinde.de/magazin/LG_2021_01/LG_2021_01.html#p=4, S. 10-15

16 Zum Beispiel Thorsten Hebel, Daniel Schneider, „Freischwimmer: Meine Geschichte von Sehnsucht, Glauben und dem großen, weiten Mehr," 2015, oder Gofi Müller, „Flucht aus Evangelikalien. Über Gott, das Leiden und die

heilende Kraft der Künste", 2017. Bei Arne Kopfermann geht es um eine Weitung und neue Vertiefung seines Glaubensprofils anstatt einer grundsätzlichen Distanzierung: „Auf zu neuen Ufern", 2020

17 „We are witnessing conscientious objection. Ex-evangelicals are leaving based on what they believe to be specific offenses against them personally, or against their family and friends, and specific experiences of trauma that have left lasting damage–like clergy sexual abuse, sexist exclusion and mistreatment, and every kind of indignity against gay, lesbian, and trans people. Some are leaving based on intellectual problems that they could not resolve within the evangelical tradition–like biblical inerrancy, evolution, and overall closed-mindedness. And some are leaving because they believe the ethical posture of evangelicalism–on sex, race, worldly politics–reeks with hypocrisy or is, in fact, unethical." David P. Gushee, „After Evangelicalism. The path to a new Christianity", 2020, S. 2

18 Vgl. auch Tobias Faix, Martin Hofmann, Tobias Künkler, „Warum ich nicht mehr glaube. Wenn junge Erwachsene den Glauben verlieren", Witten 2014

19 Z. B. Thomas Jeising, https://bibelbund.de/2021/04/lasset-uns-einheit-machen/

20 Frank Lüdke, „Neupietismus. Versuch einer Begriffsklärung" in: Frank Lüdke, Norbert Schmidt (Hg.), „Was ist neu am Pietismus. Tradition und Zukunftsperspektiven der Evangelischen Gemeinschaftsbewegung", 2010, S. 3–16

21 Für eine erste Einschätzung siehe https://de.wikipedia.org/wiki/John_Nelson_Darby

22 So etwa Stephan Holthaus, a. a. O. Anm. 4

23 https://www.welt.de/politik/deutschland/article149946122/Chef-der-Evangelikalen-will-Homo-Verdammung-stoppen.html

24 Michael Diener, „Hermeneutik und Homosexualität als bleibende Herausforderungen für die Gemeinschaftsbewegung", 2014, https://www.gnadauer.de/uploads/_gnadauer/2016/09/Pr%C3%A4sesbericht_2014.pdf

25 Hansjörg Hemminger, a. a. O. (Anm. 4) hat diesen Ereignissen in seinem Buch ein ganzes Kapitel gewidmet (S. 163–167). Er schreibt dort zu meinem Rücktritt als Allianzvorsitzender: „Der Vorsitzende geht nicht als jemand, der Gräben überbrückt und mehr Verbundenheit in der evangelischen Kirche geschaffen hat, sondern als jemand, der mit diesem Versuch an inneren Widerständen in der evangelikalen Bewegung gescheitert ist."(S. 165)

26 Wer erfassen möchte, was ich mit „bekenntniskonservativ" meine, wird auf dieser Seite fündig werden: https://www.bibelundbekenntnis.de/

27 Ekkehart Vetter, Editorial, idea 11/2021

28 Grundlegend zu „Fundamentalismus": Stephan Holthaus, „Fundamentalismus in Deutschland. Der Kampf um die Bibel im Protestantismus im 19. und 20. Jahrhundert", 2003 sowie Thomas Schirrmacher, „Bibeltreue in der Offensive. Die drei Chicagoerklärungen zur biblischen Irrtumslosigkeit, Hermeneutik und Anwendung", 2005. Ders. „Fundamentalismus. Wenn Religion zur Gewalt wird", 2010. Wichtig auch: Hansjörg Hemminger, a. a. O. Anm. 4, S. 121–134

29 Sehr hilfreich finde ich hierzu auch Christian Schwarz, der nachweisen kann, dass Fundamentalismus nicht nur Gemeindewachstum behindert, sondern auch das wirkliche Leben mit der Bibel wie auch die Bereitschaft zur Evangelisation verhindert. Seine ermutigende Aussage: Fundamentalismus ist heilbar. Christian A. Schwarz, „Gott ist unkaputtbar, 12 Antworten auf die Relevanzkrise des Christentums", 2020, S. 110–122

30 Vgl. Gushee a. a. O., S. 30: „*My thumbnail definition of biblicism is a stance in which the Bible is understood as the definitive, if not the only, source of authoritative guidance for life, sometimes tipping over into near idolatry of the Bible.*"

31 Andreas Reckwitz, „Die Gesellschaft der Singularitäten", S. 348

32 Ebd.

33 Ebd. S. 349 f.

34 https://www.bibelundbekenntnis.de/allgemein/kasseler-memorandum-2020-stimme-sein-und-staerken/

35 Ebd.

36 Siehe Anm. 24 und „Die Bibel ist Gottes Wort" in https://zeitzeichen.net/archiv/2014_September_serie-schriftprinzip-iv

37 Der Naturwissenschaftler Markus Till will sich von bekenntniskonservativer Seite aus auch in theologischen Fragen für eine Verständigung unter evangelikalen Christ*innen einsetzen. Bei der Gründung der konservativen Initiative „Bibel und Evangelium" innerhalb der Freien evangelischen Gemeinden adressierte er auch hermeneutische Fragestellungen. *idea* berichtet: „*Auch in evangelikalen Kreisen werde ihr Offenbarungscharakter zunehmend infrage gestellt. Die Überzeugung, dass die Bibel fehlerfrei ist, sei jedoch keineswegs eine fundamentalistische Randposition, sondern bereits in der Heiligen Schrift gut*

dokumentiert und auch historisch in weiten Teilen der Kirche eine Selbstverständ-
lichkeit gewesen. Till mahnte: ‚Eine Kirche, die Gottes Wort verliert, verliert immer
auch ihre Botschaft und ihre Einheit.'" (idea, 26. März 2021)

Hier zeigen sich die üblichen Distanzierungen, ohne dass aber die damit verbundenen Fragen geklärt würden: Was ist mit Offenbarungscharakter gemeint und inwiefern ist der unabdingbar an die „Fehlerfreiheit" der Schrift
gebunden? Was ist mit „fehlerfrei" gemeint (dahinter steht ja eine sehr de-
taillierte und differenzierte theologische Debatte) und inwieweit kann eine
Schrift ihre Fehlerfreiheit über sich selbst aussagen? Welche Kirche verliert
denn das Wort Gottes? Verliert die Kirche Gottes Wort, wenn sie Markus Tills
hermeneutischer Position nicht zustimmt? Entsteht die Einheit der Kirche
durch eigenes Tun und ist sie an die hermeneutische Positionierung der bekenntniskonservativen Geschwister gebunden? Derartig steile „potemkin-
sche Wortdörfer", bei der die Worte den Inhalt, den sie transportieren sollen,
nicht tragen können, höre ich immer wieder aus dem bekenntniskonservativen Lager.

38 Gerhard Maier, „Biblische Hermeneutik", [2]1991 und Peter Stuhlmacher,
„Vom Verstehen des Neuen Testamentes. Eine Hermeneutik". [2]1986 vgl. auch,
Michael Diener, „Hermeneutik und Homosexualität", S. 9–11

39 P. Stuhlmacher, a. a. O., S. 222 f.

40 David P. Gushee, a. a. O. S. 55 fasst das so zusammen: *„In sum: Evangelical*
biblicism teaches people to downgrade or even dismiss the significance of what
human beings can (and really must) learn from our own God-given capacities.
Instead, evangelical biblicism claims to ask a very ancient collection of texts to pro-
vide knowledge that these texts cannot really provide–or cannot alone provide–and
then claims to offer the single truthful account of what these sacred texts mean.
The exclusive franchise apparently granted to Scripture (even if supplemented by
Tradition) blocks off critical insights that can be gained through other resources,
including ourselves and our own minds and hearts."

41 Hans-Joachim Eckstein, „Wie will die Bibel verstanden werden?", 2016,
S. 133–172

42 Tomáš Halík formuliert das wunderbar: *„Damit wir dem Gott der Bibel*
begegnen können, müssen wir ‚in die Geschichte eintreten'; es ist notwendig,
mit Ehrfurcht und Verständnis einzutreten. Wir müssen vieles davon ablegen,
was wir mit uns tragen. (Eine solche Last kann beispielsweise die fundamenta-

listische, ,wortwörtliche' Auslegung der Bibel sein oder die Auffassung, die Bibel sei ein Naturkunde-Lehrbuch oder ein Geschichtsbuch. Beides ist in Wirklichkeit nur eine unkritische Applikation neuzeitlicher, positivistischer Kriterien auf einen Text, dem ein derartiges Verständnis der Wirklichkeit und der Wahrheit völlig fremd ist. Fundamentalismus ist eine moderne Erscheinung, die sich selbst zu Unrecht für ,traditionell' und klassisch hält." „Theater für Engel", S. 59 Und ebd. S. 106: „Auch der gegenwärtige, einflussreiche und laute christliche Fundamentalismus, der sich gerne für die authentische Fortsetzung der Tradition ausgibt und für eine Rückkehr zu den Anfängen plädiert, ist in Wirklichkeit eine moderne Neubildung am Leib des Christentums, der als eine Reaktion auf die liberale Theologie des 19. Jahrhunderts entstand. Von der Moderne, die er ablehnt, übernahm er unbewusst eine typisch neuzeitliche Auffassung von Wahrheit (das Descartes'sche Ideal von ,klaren und deutlichen Ideen') – und das, wogegen er sich in Wirklichkeit am vehementesten stellt, ist die Tradition, die doch eine geschichtliche Bewegung ist, ein dynamischer Fluss von fortwährenden Re-Interpretationen, aber kein Museumssaal, in der Mumien einer längst vergangenen Vergangenheit ausgestellt werden."

43 Hier passt ein weiteres wunderbares Zitat von Tomáš Halík: „Meine Erfahrung mit Fanatikern der einen oder anderen Seite (mit nicht toleranten ,Gläubigen' sowie dogmatischen, militanten Atheisten) sagt mir, dass besonders diejenigen zu unerträglichen, gehässigen Menschen werden, die nicht in der Lage sind, einen Zweifel an der eigenen Position anzuerkennen. Sie befreien sich von den Zweifeln dadurch, dass sie sie auf andere projizieren; sie schreiben sie den anderen zu, und durch den Kampf mit ihnen kämpfen sie eigentlich mit den eigenen unerkannten Schatten und ,Dämonen'." „Theater für Engel: Das Leben als religiöses Experiment", S. 29

44 Eine Erfahrung, die so ähnlich David Gushee auch für die USA beschreibt: „Do you notice a pattern beginning to develop here? To the extent that US and global evangelicalism (and beyond?!) have been dominated by straight white men, and to the extent that these leaders have interpreted Scripture and tradition in a way that reinforces their power, they have produced exiles from the margins of their community–those who are not white, not male, and not straight. Today, it seems to me, these exiles are being joined by more and more straight white male evangelicals, sometimes in solidarity with those already pushed out, and sometimes for their own reasons." David P. Gushee, a. a. O., S. 9

45 Tomáš Halik, „Berühre die Wunden: Über Leiden, Vertrauen und die Kunst der Verwandlung", 2013, S. 237

46 Ders., „Theater für Engel: Das Leben als religiöses Experiment", 2019, S. 14

47 Wie zum Beweis meiner These lese ich in *idea*, dass es innerhalb der Freien evangelischen Gemeinden nun eine Neugründung gibt. Die „Initiative Bibel und Evangelium" will sich für geistliche Einheit auf der Basis zentraler Glaubensüberzeugungen einsetzen und „biblische Kernwahrheiten" festhalten (*idea* vom 26. 3. 2021). Wie zu erwarten verbergen sich hinter „Containerbegriffen" wie „zentrale Glaubensüberzeugungen, biblische Kernwahrheiten" genau die Inhalte, welche bekenntniskonservative Mitchrist*innen gemeinhin eben für zentral halten wie Jungfrauengeburt, Fehlerfreiheit der Bibel usw.

48 Wie schubladisiert dabei das Denken Bekenntniskonservativer ist, erkennt man auch an der mir seit meiner Mitgliedschaft im Rat der EKD immer wieder vorgelegten Frage, ob ich denn nun Gnadau in der EKD vertrete oder die EKD in Gnadau. Als ob in meiner Person als Gemeinschafts- und Kirchenmann diese Anteile fein säuberlich zu trennen wären und es unangemessen sei, in Gnadau auch von der EKD lernen zu sollen

49 Gerhard Lindemann, „Für Frömmigkeit und Freiheit. Die Geschichte der Evangelischen Allianz im Zeitalter des Liberalismus" (1846–1879), Berlin 2011, S. 98

50 Z. B. https://www.pro-medienmagazin.de/thomas-schirrmacher-der-tausendsassa/

51 Ganz in diesem Sinne heißt es nun im dritten der von der EKD-Synode 2020 veröffentlichten Leitsätze: *Die Gründung der Kirche im Evangelium verlangt eine Besinnung darauf, zu welchen Themen und Anlässen die evangelische Kirche in Zukunft öffentlich Stellung nehmen soll. Der Maßstab hierfür ist das Evangelium von Jesus Christus. Gott ruft uns in die Verantwortung zum Dienst an der Welt und am Nächsten. Weil die Kenntnis der großen Erzählungen der Bibel schwindet, werden wir in Zukunft genauer erklären, wie unser Engagement mit der biblischen Tradition zusammenhängt und wie unsere Positionen im Evangelium begründet sind.* " https://www.ekd.de/zwoelf-leitsaetze-zur-zukunft-einer-aufgeschlossenen-kirche-60102.htm

52 Richard Dawkins, „Der Gotteswahn", 2016

53 Vgl auch Tobias Faix, Martin Hofmann, Tobias Künkler, „Warum ich nicht mehr glaube. Wenn junge Erwachsene den Glauben verlieren", 2014, S. 85–97

54 Beispielhaft sei die Karl-Heim-Gesellschaft genannt: www.karl-heim-gesellschaft.de. Den „Glauben denkend verantworten" gehört auch zu den Hauptzielen der Arbeit der SMD: www.smd.org/smd/startseite/. Zu nennen wäre auch das „Institut für Glaube und Wissenschaft": www.begruendet-glauben.org/uber-uns/

55 Jürgen Mette, „Die Evangelikalen- weder einzig noch artig. Eine biografisch-theologische Innenansicht", 2019

56 Erstabdruck in Jürgen Mette, „Die Evangelikalen", 2019, S. 166–170

57 „ProChrist" leistet auf diesem Gebiet seit vielen Jahren eine hervorragende Arbeit und erhält deshalb zu Recht finanzielle Unterstützung seitens der EKD. https://prochrist.org/

58 https://www.mi-di.de/

59 https://www.ekd.de/zwoelf-leitsaetze-zur-zukunft-einer-aufgeschlossenen-kirche-60102.htm

60 https://www.freshexpressions.de/

61 https://www.jenskaldewey.ch/images/John_Stott_ueber_Hoelle_und_Gericht.pdf. Darin: _Ich möchte mit aller Heftigkeit, derer ich fähig bin, die Leichtzüngigkeit, die fast schon als Schadenfreude daherkommt, zurückweisen, mit der manche Evangelikale über die Hölle sprechen."_

62 So ähnlich auch der Generalsekretär der Weltweiten Evangelischen Allianz, Thomas Schirrmacher, in einem Interview mit _idea_ Schweiz vom 8. Dezember 2020: _„Zwar sei im Neuen Testament häufig davon die Rede, dass jemand ‚verloren' gehe, aber es werde auf keinen gezeigt und prophezeit, wie später einmal Gottes endgültiges Urteil lauten werde. Schirrmacher zufolge ist zweierlei nötig: weiter zu verkündigen, dass es ohne Jesus kein Heil gibt, als auch daran festzuhalten, dass niemand unfehlbar in das Herz anderer Mitchristen schauen könne: ‚Wir sind nicht die Richter.' Wie Schirrmacher dazu weiter erläuterte, müsse man vorsichtig damit sein, die Hölle konkreter zu fassen, als es die biblische Bildersprache tue."_ https://www.ideaschweiz.ch/artikel/die-weltweite-evangelische-allianz-staerker-positionieren

63 _„I believe in the bodily resurrection and ascension of Jesus, although I do not pretend to understand it. I live in the hope that if God raised Jesus from the dead, then, in the end, life triumphs over death, not just for me and mine, but for the world. The rest is mystery."_ David P. Gushee, a. a. O., S. 97

64 Andreas Boppart, „Neuländisch: In die Weite glauben", 2018

65 Siehe etwa Jayson Georges, „Mit anderen Augen: Perspektiven des Evangeliums für Scham-, Schuld- und Angstkulturen", 2014

66 https://missionrespekt.de/daspapier/papier.original/index.html

67 Auszüge aus der Erklärung „Der Treue hält ewiglich": *„Wir bekräftigen: Die Erwählung der Kirche ist nicht an die Stelle der Erwählung des Volkes Israel getreten. Gott steht in Treue zu seinem Volk. Wenn wir uns als Christen an den Neuen Bund halten, den Gott in Jesus Christus geschlossen hat, halten wir zugleich fest, dass der Bund Gottes mit seinem Volk Israel uneingeschränkt weiter gilt. Daraus folgt für uns: Christen sind – ungeachtet ihrer Sendung in die Welt – nicht berufen, Israel den Weg zu Gott und seinem Heil zu weisen. Alle Bemühungen, Juden zum Religionswechsel zu bewegen, widersprechen dem Bekenntnis zur Treue Gottes und der Erwählung Israels. Christen sind durch den Juden Jesus von Nazareth mit dem Volk Israel bleibend verbunden. Das Verhältnis zu Israel gehört für Christen zur eigenen Glaubensgeschichte und Identität. Sie bekennen sich ‚zu Jesus Christus, dem Juden, der als Messias Israels der Retter der Welt ist' (EKIR, Synodalbeschluss von 1980). Die Tatsache, dass Juden dieses Bekenntnis nicht teilen, stellen wir Gott anheim. In der Begegnung mit jüdischen Gesprächspartnerinnen und Gesprächspartnern haben wir gelernt, einander gleichberechtigt wahrzunehmen, im Dialog aufeinander zu hören und unsere jeweiligen Glaubenserfahrungen und Lebensformen ins Gespräch zu bringen. Auf diese Weise bezeugen wir einander behutsam unser Verständnis von Gott und seiner lebenstragenden Wahrheit.* https://www.ekd.de/synode2016/beschluesse/s16_05_6_kundgebung_erklaerung_zu_christen_und_juden.html

68 Im Oktober 2017 wurde dann vom Rat der EKD ein Text freigegeben, der dem Phänomen „messianische Juden" versucht gerecht zu werden und der erstmals auch Gesprächsmöglichkeiten eröffnet: „Judenchristen – jüdische Christen – messianische Juden". https://www.ekd.de/messianische-juden-30357.html

69 https://www.ekd.de/ekd_texte_77_3.html (Kapitel 1)

70 https://www.ekd.de/II-Religiose-Vielfalt-und-evangelische-Identitat-564.htm (Kapitel 2)

71 Ebd. S. 154

72 https://www.ekd.de/ekd_texte_77_3.html (Kapitel 2)

73 Heinzpeter Hempelmann hat in seinen Arbeiten immer wieder die Un-

verfügbarkeit eines „Gottesstandpunktes" hervorgehoben. Z. B. „Stürzen wir nicht fortwährend? : Diskurse über Wahrheit, Dialog und Toleranz", 2015

74 https://www.ekd.de/ekd_texte_77_3.html

75 Ich verweise hier gerne auf eine Erklärung des Evangelischen Gnadauer Gemeinschaftsverbandes „Begegnung mit Muslimen – eine Arbeitshilfe". Diesen 2017 von der Gnadauer Mitgliederversammlung verabschiedeten Text möchte ich als gelungenes Beispiel einer sachlichen und dem Evangelium entsprechenden Arbeitshilfe bezeichnen. Im Vorfeld kam es allerdings zu genau den internen Klärungsprozessen, die ich in diesem Kapitel im Verhältnis zu „dem Islam" angedeutet habe. https://www.gnadauer.de/uploads/_gnadauer/2017/10/2018-10-Begegnung-mit-Muslimen-A4-AK-Theologie-Stand-18.10.2017.pdf

76 Das schon mehrfach erwähnte Dokument „Christliches Zeugnis in multireligiöser Welt" führt dazu u. a. aus: Das letzte der zwölf *Prinzipien* lautet: *„Aufbau interreligiöser Beziehungen. Christen/innen sollten weiterhin von Respekt und Vertrauen geprägte Beziehungen mit Angehörigen anderer Religionen aufbauen, um gegenseitiges Verständnis, Versöhnung und Zusammenarbeit für das Allgemeinwohl zu fördern. Deswegen sind Christen/innen dazu aufgerufen, mit anderen auf eine gemeinsame Vision und Praxis interreligiöser Beziehungen hinzuarbeiten." Die zweite und vierte von sechs Empfehlungen lauten: „ … von Respekt und Vertrauen geprägte Beziehungen mit Angehörigen aller Religionen aufbauen, insbesondere auf institutioneller Ebene zwischen Kirchen und anderen religiösen Gemeinschaften, und sich als Teil ihres christlichen Engagements in anhaltenden interreligiösen Dialog einbringen. In bestimmten Kontexten, in denen Jahre der Spannungen und des Konflikts zu tief empfundenem Misstrauen und Vertrauensbrüchen zwischen und innerhalb von Gesellschaften geführt haben, kann interreligiöser Dialog neue Möglichkeiten eröffnen, um Konflikte zu bewältigen, Gerechtigkeit wiederherzustellen, Erinnerungen zu heilen, Versöhnung zu bringen und Frieden zu schaffen." „… mit anderen Religionsgemeinschaften zusammenarbeiten, indem sie sich gemeinsam für Gerechtigkeit und das Gemeinwohl einsetzen und sich, wo irgend möglich, gemeinsam mit Menschen solidarisieren, die sich in Konfliktsituationen befinden."*

77 Dietrich Bonhoeffer, „Nachfolge", München [14]1983, S. 13

78 Vgl. https://www.ekd.de/kirche-im-umbruch-projektion-2060-45516.htm

79 Michael Diener, „Kurshalten in stürmischer Zeit. D. Walter Michaelis – ein Leben für Kirche und Gemeinschaftsbewegung", S. 356–372

80 Tomáš Halík, „Berühre die Wunden: Über Leiden, Vertrauen und die Kunst der Verwandlung", 2013, S. 84

81 https://www.ekd.de/gemeinsames-wort-der-kirchen-zur-corona-krise-54220.htm

82 Heinrich Bedford-Strohm, „Wo ist Gott in der Pandemie?", Evangelische Theologie, 2/2021

83 Michael Beintker (Hg) „Das Handeln Gottes in der Erfahrung des Glaubens. Ein Votum des Theologischen Ausschusses der Union Evangelischer Kirchen in der EKD" (UEK), April 2021

84 https://www.ekd.de/zwoelf-leitsaetze-zur-zukunft-einer-aufgeschlossenen-kirche-60102.htm

85 Bewegend und informativ zu diesem Themenfeld ist auch Steve Volke, „Der Sehendmacher. Wie Jesus mein Herz und meinen Weltblick veränderte", 2016

86 Beispielgebend kann dafür auch auf die im evangelikalen Bereich verankerte „Lausanner Bewegung" geschaut werden, welche sich von der Lausanner Verpflichtung 1974 zur Kapstadter Verpflichtung 2010 wahrnehmbar für die Fragen des Wohls neben der weiterhin primären Heilsfrage geöffnet hat. https://lausannerbewegung.de/

87 Ich nenne hier Thomas Schirrmacher, „Ethik in 8 Bänden", 2002 ff. und Helmut Burkhardt, 3 Bände zwischen 1996 und 2008

88 Thorsten Dietz/Tobias Faix, „Transformative Ethik. Wege zum Leben. Einführung in eine Ethik zum Selberdenken", 2021

89 Ebd. S. 84

90 Ebd. S. 105

91 Vgl ebd. S. 109

92 Ebd. S. 83, 136

93 Ebd. S. 209 f.

94 Ebd. S. 219–368

95 Ebd. S. 21

96 Tomáš Halík, „Theater für Engel", S. 130

97 https://www.gnadauer.de/uploads/_gnadauer/2016/09/Pr%C3%A4ses bericht_2011korr.pdf

98 Selbst bei einem der Hauptverantwortlichen für die Polarisierung der evangelikalen Welt in dieser Frage, dem früheren Schriftleiter und heutigen Vorsitzenden von *idea*, Helmut Matthies, gibt es Anzeichen neuer, wenn auch

weiterhin ziemlich begrenzter Erkenntnisse. In einem Interview mit dem sächsischen Gemeinschaftsblatt äußerte er: „*Natürlich bedauere ich manches, was ich in 40 Jahren an Kommentaren geschrieben habe. Man lernt ja auch nicht aus. So habe ich im Laufe der Jahre christliche Homosexuelle kennengelernt. Sie haben sich – was mir so nie bewusst war – oft jahrelang mit Hilfe von Seelsorgern und Psychologen vergeblich bemüht, heterosexuell zu werden. Im Gegensatz zu früher meine ich, dass Homosexualität tatsächlich bei manchen Menschen angeboren ist und Änderungsversuche nicht helfen. Das bedeutet nicht, dass ich für die Segnung von homosexuellen Paaren wäre. Denn man kann nicht segnen, was Gott nicht gesegnet haben will.*“ (Sächs. Gemeinschaftsblatt 12/19)

99 Der neue Generalsekretär der Weltweiten Evangelischen Allianz, Thomas Schirrmacher, äußerte sich Ende 2019 in einem viel zu wenig beachteten Interview mit der Zeitschrift „chrismon“ (10.12.2019) sehr differenziert: „Und wenn ein homosexuelles Paar aus Liebe füreinander Verantwortung nimmt? *Liebe und Verantwortung füreinander sind immer zentral, begrüßenswert, ja zu unterstützen. Das Streitthema ist ausschließlich die praktizierte Sexualität. Das eine ist, einander zu lieben und füreinander einzustehen, das andere, dem auch sexuell Ausdruck zu verleihen. Eine wirkliche Antwort, wie man beidem gerecht wird, haben meines Erachtens weder der Vatikan noch die Evangelikalen. Aber darüber denken die wenigsten kontrovers nach. Ich bin da sicher die Ausnahme.*

Darf die Kirche homosexuellen Paaren den Segen geben? *Die große Mehrheit der Evangelikalen würde das deutlich ablehnen.*

Würden Sie ihnen den Segen geben? *Wenn ich das in Asien oder Afrika auch nur diskutieren würde, wäre ich meinen Job los. Aber ich glaube, dass auch wir Evangelikalen nicht um die Frage herumkommen werden, ob wir alle staatlich geschlossenen gleichgeschlechtlichen Partnerschaften und Ehen weltweit pauschal aus der Kirche ausschließen wollen, einschließlich unserer eigenen Kinder. Ich kenne kaum eine evangelikale Familie, die ihre eigenen Kinder verstoßen würde, nur weil sie homosexuell sind.*

Wie kann man hier Umdenken bewirken? *Für die Evangelikalen muss es immer eine nachvollziehbare Erklärung für die einschlägigen Bibeltexte geben. Die Autorität der Bibel steht außer Frage.*

Wie könnte so eine Erklärung aussehen? *Was im Alten und im Neuen Testament beschrieben wird, ist eine Sexualität, die heute auch jeder Homosexuelle in einer Partnerschaft ablehnen würde. Sie*

234

ist verbunden mit Abhängigkeitsverhältnissen, Gewalt, Vergewaltigung, Missbrauch von Minderjährigen, religiösem Machtmissbrauch. Was wir heute unter einer gleichgeschlechtlichen Partnerschaft verstehen, hat es damals so nicht gegeben. Heute kommt ein verheirateter Homosexueller in der Bild-Zeitung auf die Titelseite, weil er fremdgegangen ist. Darauf wäre vor 50 Jahren selbst die Bild-Zeitung nicht gekommen.

Wer entscheidet, welche Deutung stimmt?

Gewissermaßen jeder. Das Christentum ist eine Demokratie, und jeder darf mitreden. Seit dem Pietismus ist der Hausbibelkreis ein Schlager des frommen Protestanten. Da muss kein Pfarrer dabei sein. Sprich: Jeder macht seine Bibel auf und gibt seinen Senf dazu. Das hat enorme Vorteile, aber auch Nachteile. Natürlich darf die Geschichte der Kirchen und der Theologie nicht ausgeblendet werden, und am Ende wird daraus ein gemeinsames Bekenntnis.

100 https://www.gnadauer.de/uploads/_gnadauer/2016/09/2016-02-19_Verlautbarung_Gnadauer_Verband__MV_-1.pdf und https://www.ead.de/fileadmin/user_upload/Ehe_als_gute_Stiftung_Gottes.pdf

101 Ich nenne hier als Beispiele für heute immer wieder zitierte Ausführungen für die konservative Sicht Richard Hays, „The Moral Vision of the New Testament. A Contemporary Introduction to New Testament Ethics", New York 1996. Thomas K. Hubbard, „Homosexuality in Greece and Rome: A Sourcebook of Basic Documents", London 2004. Ders. (Hrsg.), „A Companion to Greek and Roman Sexualities", Malden 2014. Andrew Goddard, Don Horrocks(Hrsg.), „Homosexualität. Biblische Leitlinien, ethische Überzeugungen, seelsorgerliche Perspektiven", Gießen 2016 (im Original handelt es sich dabei um eine viel beachtete Veröffentlichung der Britischen Evangelischen Allianz) und für eine offene Sicht Craig A. Williams, „Roman Homosexuality". Second Edition, Oxford 2010. James V. Brownson, „Bible. Gender, Sexuality: Reframing the Church's Debate on Same Sex Relationships", Grand Rapids 2013. William Loader, „Same Sex Relationships: A 1st Century Perspective" 2014 auch online nachlesbar: http://wwwstaff.murdoch.edu.au/~loader/LoaderSameSex.pdf. Martin Grabe, „Homosexualität und christlicher Glaube. Ein Beziehungsdrama", Gießen 2020

102 Als wenige konservative Belege bleiben letztlich die Aristophanesrede aus Platons Symposium und einige Beispiele von Vasenmalerei, die aber sehr wohl auch anders interpretiert werden können. Gerne verwiesen wird auch

auf die „Heilige Schar von Theben", eine spartanische Militäreinheit aus dem 4. vorchristlichen Jahrhundert, die aus homosexuellen Paaren bestanden haben soll. Aber genau in dieser Militäreinheit wurde unumkehrbar streng zwischen „Geliebtem und Liebhaber" unterschieden, was die hierarchische Statusordnung eindeutig belegt. Völlig abstrus, wenn man dann meint, Paulus habe 400 Jahre später (!), ein derartiges Phänomen vor Augen gehabt, als er seinen Brief an die Römer verfasste.

103 Goddard, Horrocks (Anm. 58), S. 65

104 Ebd. S. 23

105 Tobias Künkler, Tobias Faix, Johanna Weddigen, „Christliche Singles. Wie sie leben, glauben, lieben", 2020

106 Ebd. S. 106–133, insbesondere 132 f.

107 David P. Gushee beschreibt die amerikanische Situation folgendermaßen: *„In summary, then, studies show that purity culture and abstinence-only sex education do not raise the age of first sexual experience. They do not decrease the number of sexual partners. They do, however, increase the experience of sexual guilt and anxiety and decrease sexual efficacy and satisfaction, especially among women."* A. a. O. S. 123

108 Im Zusammenhang mit dem stark kritisierten „Familienpapier der EKD" hatte der Rat der EKD 2014 die Arbeit einer Kommission an einer Sexualethik, welche die Denkschrift der EKD von 1971 ablösen sollte, aus Sorge vor erneuter Aufregung gestoppt. Einige der Kommissionsmitglieder veröffentlichten dann 2015 ihre Ergebnisse: Peter Dabrock, Renate Augstein, Cornelia Helfferich, Stefanie Schardien, Uwe Sielert, „Unverschämt – schön. Sexualethik: evangelisch und lebensnah", 2015. Ich habe dieses Buch mit Gewinn gelesen und glaube, dass sich hier in der Tat viele Impulse für eine verantwortliche, evangelische Sexualethik finden lassen.

109 https://www.united4rescue.com/

110 https://www.youtube.com/watch?v=_Injl5qQddw

111 Ich finde die Beobachtung wichtig, dass es im eher biblizistischen, fundamentalistischen und kulturunsensiblen Bereich der evangelikalen Welt auch intensive Diskussionen über den „Klimawandel" gibt. Sowohl der Klimawandel an sich, als auch dessen humane Verursachung und die Relevanz dieser Frage für unsere Gesellschaft und die Christenheit werden weithin geleugnet. Natürlich kann man trotz der übergroßen Mehrheit von Wissen-

schaftlern, die die entsprechenden Modelle unterstützen, anderer Meinung sein. Nur, woher kommt das? Und warum so zahlreich in dieser eher kleinen Gruppe? Ich glaube, dass auch hier die hermeneutischen Vorentscheidungen einen anderen Blick auf Welt und Leben verhindern. David P. Gushee, a. a. O., S. 58: „*Conservative Christians have been a retrograde force on the environment for various reasons. They have believed evangelism and personal morality mattered more. They have feared that environmentalism was a Trojan horse for pantheism or nature worship. They have sometimes held to an archaic human-dominion-over-the-earth theology. They have believed Jesus was coming back soon so the fate of the earth was irrelevant. Their theological drama was a drama of personal salvation and could not broaden to include the cosmos. Some have believed that God has promised not to allow catastrophic harm to come to the earth, because God is in control and will end history only at the divinely orchestrated apocalypse. And when environmental concern became more strongly identified with Democrats and political liberals than conservatives and Republicans, that sealed the deal. Today climate change has come to dominate the environmental agenda.*"

112   David P. Gushee, a. a. O., S. 26

113   Sas empfiehlt Gushee, ohne dabei allerdings an den Pietismus zu denken. A. a. O. S. 28: „*The evangelicalism-building process involved submerging older sectarian distinctions. One aspect of a way forward for post-evangelicals is to revive earlier, healthier, pre-,evangelicalism' traditions and distinctions.*"

114   https://wort-und-fleisch.de/der-postevangelikalismus/

115   Noch einmal Gushee, S. 144: „*But in historical perspective we can see that the worst parts of Trumpism track closely with the worst parts of the long evangelical political heritage: racism, sexism, nationalism, xenophobia, and indifference to ecology and the poor.*"

Über die Kraft der Psalmen.

Reiner Knieling
Kraftworte – Psalmen neu formuliert.
Intensiv. Berührend. Lebensnah.
Gebunden · mit Schutzumschlag
12,5 x 18,5 cm · 160 Seiten
€ 15,–
ISBN 978-3-86334-293-7

Die zeitlosen Psalmen in modernem Gewand. In diesem Buch finden sich
50 besonders „starke Stücke" aus den Psalmen und einige weiteren Kernstellen
der Bibel neu formuliert. Vertraut und doch ganz anders, gehen sie direkt in
Herz und Seele und erschließen den Reichtum und die Kraft der bekannten
Texte ganz neu. Der Autor Reiner Knieling sorgt mit seiner langjährigen
theologischen Praxiserfahrung dabei für eine solide und lebensnahe Basis.

„Ein bewegendes Buch, das ebenso auf dem Nachttisch
wie auf dem Altar liegen kann."

Evangelisches Literaturportal

Leseprobe unter www.adeo-verlag.de

adeo
Unterwegs. Sein.

Die Bibelzitate sind der folgenden Übersetzung entnommen:
Lutherbibel 1984, 2017
© 2021 Deutsche Bibelgesellschaft, Stuttgart

© 2021 adeo Verlag
in der SCM Verlagsgruppe GmbH
Dillerberg 1, 35614 Asslar

1. Auflage 2021
Best.-Nr. 835312
ISBN 978-3-86334-312-5

Umschlaggestaltung: Mareike Schaaf
Satz: Uhl + Massopust, Aalen
Druck und Verarbeitung: GGP Media GmbH, Pößneck
Printed in Germany

www.adeo-verlag.de